Hospitalidad irracional

IMPULSA

Will Guidara

Hospitalidad irracional

El poder de dar más de lo que se espera de ti

Traducción de Gema Moraleda

IMPULSA

Título original: *Unreasonable Hospitality. The Remarkable Power of Giving People More Than They Expect*

Esta edición ha sido publicada por acuerdo con Optimism Press, un sello de Penguin Publishing Group, una división de Penguin Random House LLC.

Primera edición: enero de 2025

Ediciones Península,
Diagonal 662-664
08034 Barcelona
edicionespeninsula@planeta.es
www.edicionespeninsula.com

REALIZACIÓN PLANETA - fotocomposición
Impresión y encuadernación: Liberdúplex
Depósito legal: B. 23.058-2024
ISBN: 978-84-1100-322-3

Printed in Spain - Impreso en España

PEFC Certificado
Este libro procede de bosques gestionados de forma sostenible
PEFC/14-38-00305
www.pefc.es

A Frank Guidara: mi padre, mi mentor y mi mejor amigo,
por mostrarme siempre qué significa que algo esté «bien»
y ayudarme a ver lo increíblemente plena que puede
llegar a ser una vida dedicada a la hospitalidad.
Y a todas las personas con quienes he trabajado en
Eleven Madison Park, NoMad y Make It Nice,
que dieron tanto de sí para cuidar a los demás.
Este libro es un reconocimiento a todas ellas.

Índice

Carta de Simon Sinek

En Optimism Press imaginamos un mundo donde la mayoría de las personas despiertan todas las mañanas llenas de inspiración, se sienten seguras en su contexto y, al acostarse, se consideran realizadas con su trabajo. Y lo cierto es que es más probable que seamos capaces de construir un mundo así si nos comprometemos a hacerlo juntos.

Pero hay un problema...

Durante las últimas décadas nos hemos ido alejando de nuestros congéneres. Antes hacíamos cosas juntos. Acudíamos a la iglesia y a otros lugares de culto. Nos reuníamos con amigos y vecinos, y conocíamos a gente nueva en las ligas de bolos de los centros cívicos locales. Sin embargo, hoy en día la asistencia a las iglesias ha descendido muchísimo y las ligas de bolos prácticamente han desaparecido. Si sumamos a esto el auge de la comunicación digital y un aumento de la demanda de teletrabajo, el resultado es que nos sentimos más solos y aislados que en ningún otro momento de nuestra historia reciente. Aun así, la intensa necesidad de sentir que formamos parte de algo sigue intacta, es innata al ser humano. Y ahí es donde entra en juego *Hospitalidad irracional*.

En apariencia, este es un libro que habla de un emprendedor talentoso que ayudó a convertir un restaurante modesto de Nueva York en el mejor del mundo. Sin embargo, es algo más, mucho más grande e importante. Es un libro que versa sobre cómo tratar a la gente. Cómo escuchar. Cómo sentir curiosidad. Y cómo aprender a amar la sensación de hacer que otras personas se sientan bienvenidas. Es un libro sobre cómo hacer que las personas se sientan partícipes de algo.

Los grandes restaurantes del mundo llegaron a serlo desafiando nuestra concepción de la comida: su origen, elaboración, presentación y, claro está, su sabor. Pero cuando Will Guidara se propuso convertir Eleven Madison Park en el mejor restaurante del mundo, se le ocurrió una idea alocada para conseguirlo: «¿Y si abordáramos el trato al cliente con la misma pasión, atención al detalle y rigor que dedicamos a la comida?».

La mayoría de la gente considera la hospitalidad algo que practican. Will cree que el servicio es un acto de servicio, valga la redundancia, y por eso valora qué sentimientos despiertan sus acciones en los demás. Así fue como entendió que si quería que los equipos que trabajaban a su cargo en primera línea se obsesionaran con las sensaciones que provocaban en los clientes, él tendría asimismo que obsesionarse con las sensaciones que causaba en sus empleados. Ambas cosas van de la mano: un gran servicio no existe sin un gran liderazgo.

Will no solo transformó un restaurante, sino que además desafió la idea misma del servicio. Las lecciones de *Hospitalidad irracional* son tan válidas para agentes inmobiliarios, vendedores de seguros o incluso agencias gubernamentales como lo son para quienes trabajan en restaurantes y hoteles. Sus propuestas de liderazgo son adecuadas tanto para empresas que prestan servicio directamente a clientes como para las que sirven a otras empresas. De hecho, cualquier organización puede beneficiarse de su filosofía.

En este libro, Will nos muestra lo mucho que podemos influir en la vida de una persona cuando le hacemos sentir que forma parte de algo y, lo que es igual de importante, lo inspirador que puede ser trabajar unidos para transmitir esa sensación de pertenencia. Y es una idea que vale la pena compartir.

¡Sé irracional e inspirador!

Simon Sinek

1

Bienvenidos a la economía de la hospitalidad

En casa estábamos encantados.

Nuestro restaurante, el Eleven Madison Park, acababa de recibir cuatro estrellas de *The New York Times* y un par de premios James Beard. Pero cuando mi socio y jefe de cocina, Daniel Humm, y yo llegamos al cóctel de bienvenida de la entrega de los premios The World's 50 Best Restaurants de 2010, que se ofrecía la noche anterior a la ceremonia, entendimos que aquella era otra liga.

Imagina a todos los cocineros y restauradores famosos que conozcas revoloteando en una sala, bebiendo champán y poniéndose al día con sus amigos. Pues ninguno de ellos nos dirigía la palabra. Nunca me había sentido tan «el chico nuevo» del instituto, buscando un sitio donde sentarse el primer día en la cafetería a la hora del almuerzo, ni siquiera cuando fui el nuevo del instituto.

Que nos hubieran invitado a esa fiesta era un gran honor. Los premios a los cincuenta mejores restaurantes del mundo solo se concedían desde 2002, pero se habían convertido de inmediato en una cita importante para el sector. Sobre todo, porque los fallaba un prestigioso jurado formado por mil expertos de todo el mundo, y porque hasta entonces nadie había pensado en jerarquizar los mejores restaurantes del planeta. Al hacerlo, los premios incitaban a esos locales a intentar ser aún mejores en lugar de conformarse y dormirse en los laureles.

La ceremonia de entrega de los premios se celebraba en el Guildhall de Londres, un lugar tan regio e imponente que bien podría haber sido un palacio. Cuando Daniel y yo nos sentamos, bastante intimidados, bromeamos intentando deducir en qué posición de la lista estaríamos basándonos en dónde habían sentado a otros cocineros como Heston Blumenthal, de The Fat Duck, en Inglaterra, o a Thomas Keller, del Per Se. Ambos habían estado entre los diez mejores el año anterior.

Yo aposté por el puesto cuarenta. Daniel, siempre más optimista, se decantó por el treinta y cinco.

Las luces se apagaron y sonó una música. El maestro de ceremonias era un británico guapo y con pinta de galán. Y aunque estoy seguro de que se llevaron a cabo todas las formalidades, presentaciones y «gracias por venir» antes de lanzar la bomba, en mi recuerdo apenas hubo un breve preámbulo antes de que aquel hombre dijera: «Para empezar, y entrando en la lista en la posición cincuenta, desde Nueva York: ¡el Eleven Madison Park!».

Fue como si el suelo se abriera bajo nuestros pies. Nos hundimos en las sillas, cabizbajos.

Por desgracia, lo que no podíamos saber (porque era la primera vez que acudíamos a aquel evento y porque éramos el primer restaurante que se nombraba) era que cuando dicen tu nombre también proyectan tu imagen en la pantalla gigante del auditorio para que todos los presentes vean cómo celebras el éxito.

Solo que nosotros no lo estábamos celebrando. ¡Éramos los últimos de la lista! Muerto de vergüenza al ver nuestros abatidos rostros en aquella pantalla de diez metros de alto, le di un codazo a Daniel y los dos forzamos una sonrisa y saludamos con la mano. No bastó y, además, llegó tarde: un auditorio lleno de los cocineros y restauradores más reconocidos de todo el mundo, nuestros héroes, acababan de ser testigos de nuestra devastación. La noche acabó para nosotros antes de empezar.

En la recepción posterior nos encontramos a Massimo Bottura, el jefe de cocina italiano del Osteria Francescana, un tres estrellas Michelin de Módena y número seis de la lista (tampoco era que nos la supiéramos de memoria). Al vernos se puso a reír y no podía parar: «¡Se os ha visto muy contentos, ¿eh?!».

Una broma justa y simpática, sí, pero a Daniel y a mí no nos hizo gracia. Era un honor que nos reconocieran como uno de los mejores cincuenta restaurantes del mundo; lo sabíamos. Aun así, de todas las personas que había en aquella sala, éramos los últimos.

Nos fuimos temprano de la fiesta y nos dirigimos al hotel, donde nos hicimos con una botella de *bourbon* en el bar y nos sentamos en los escalones de la calle, dispuestos a ahogar las penas.

Dedicamos el siguiente par de horas a transitar las cinco fases del duelo. Salimos del auditorio en modo negación: ¿en serio nos había pasado lo que nos había pasado? Después llegó la ira: ¿quién demonios se habían creído que eran? La negociación duró un suspiro y nos bebimos la mayor parte de la botella en estado depresivo antes de llegar a la aceptación.

Por un lado, es absolutamente ridículo decir que cualquier restaurante es «el mejor del mundo». Pero la importancia de la lista de los cincuenta mejores es que señala qué establecimientos tienen una mayor influencia en el panorama internacional de la gastronomía en un momento determinado.

Las técnicas pioneras del chef español Ferran Adrià en El Bulli presentaron al mundo la cocina molecular. René Redzepi abogó por usar alimentos recolectados y cazados en los terrenos y las aguas cercanas a su restaurante de Copenhague, el Noma, y así nació el movimiento «kilómetro cero». Y si has salido a comer fuera o te has paseado por el colmado de tu barrio durante los últimos diez años, habrás notado la influencia que esas innovaciones han tenido en mi sector y también en otros.

Esos cocineros tuvieron la valentía de hacer algo que nadie había hecho hasta entonces y de introducir elementos que cambiaron las cosas para todo el mundo.

Nosotros aún no. Nos habíamos deslomado para conseguir entrar en esa lista, pero ¿acaso habíamos hecho algo que fuera realmente novedoso? Cuanto más hablábamos, más claro teníamos que no.

Contábamos con todo lo necesario: ética de trabajo, experiencia, talento, equipo. Sin embargo, habíamos estado operando como galeristas de arte venidos a más: elegíamos las mejores características de los grandes restaurantes que nos habían precedido y las aplicábamos.

Nuestro restaurante era excelente y hacía felices a muchas personas, pero aún no habíamos dado ningún golpe en la mesa.

Cuando era joven, mi padre me regaló un pisapapeles que decía: «¿Qué harías si supieras que no puedes fracasar?». En eso pensaba cuando Daniel y yo escribimos: «Seremos el número uno del mundo» en una servilleta de cóctel.

Era tardísimo y la botella estaba casi vacía cuando regresamos trastabillando a nuestras respectivas habitaciones. Aunque me sentía agotado, mis pensamientos no se despegaban de aquella servilleta.

La mayoría de los cocineros de la lista de los cincuenta habían marcado la diferencia centrándose en la innovación, en las cosas que había que cambiar. Por el contrario, al pensar en qué quería cambiar yo, me centré en lo único que permanece inalterable. Las modas vienen y van, pero **el deseo humano de que nos cuiden no desaparece jamás**.

La comida de Daniel era extraordinaria; él era sin duda uno de los mejores chefs del planeta. De modo que si llegábamos a convertirnos en un restaurante centrado en la conexión y la amabilidad, en proporcionar sensación de pertenencia tanto a las personas que trabajaban para nosotros como a las que servíamos, y lo hacíamos de forma apasionada, consciente y entusiasta, entonces quizá podríamos llegar a ser grandes.

Yo quería ser el número uno, pero lo que deseaba no era el premio en sí, sino formar parte del equipo capaz de marcar esa diferencia.

Justo antes de quedarme dormido, alisé la servilleta y añadí dos palabras más: «Hospitalidad irracional».

El servicio es blanco y negro; la hospitalidad tiene color

Cuando era más joven, presumía de hacer muy buenas preguntas en las entrevistas de trabajo.

Ahora creo que la mejor técnica para entrevistar es no tener técnica: lo único que hay que hacer es conversar el rato necesario para llegar a conocer un poco a la otra persona. ¿Parece alguien curioso y apasionado por lo que intenta construir? ¿Tiene integridad? ¿Es una persona a quien puedo respetar? ¿Es alguien con quien puedo imaginarme (e imaginar a mi equipo) compartiendo felizmente mucho tiempo?

No obstante, antes de tener la experiencia suficiente para dejar fluir la conversación, una de mis preguntas favoritas era: «¿Qué diferencia el servicio de la hospitalidad?».

La mejor respuesta me la dio una mujer a quien al final no contraté. Ella respondió: «El servicio es blanco y negro; la hospitalidad tiene color».

«Blanco y negro» significa que haces tu trabajo de forma competente y eficaz; «color» significa que consigues que la gente se sienta muy a gusto con el trabajo que haces para ellos. Llevar el plato correcto a la persona correcta de la mesa correcta es servicio. Pero establecer un vínculo genuino con la persona a la que sirves para poder establecer una conexión auténtica es trato.

Daniel Humm y yo dedicamos once años a convertir el Eleven Madison Park, un restaurante de dos estrellas muy apreciado, aunque modesto, que servía montañas de marisco y suflés, en el restaurante número uno del mundo. Entramos en la lista de los cincuenta mejores persiguiendo la excelencia, el blanco y negro, prestando atención a los detalles y acercándonos al máximo a la perfección. Sin embargo, llegamos al número uno pasándonos al Technicolor: ofreciendo un trato tan a medida, tan sobresaliente, que solo puede describirse como irracional.

Teníamos una idea radical de lo que podía ser la experiencia del cliente, y nuestra visión no se parecía a nada de lo que ya había. «No es que seáis poco realistas —nos decían invariablemente cada vez que contemplaban una de nuestras reinvenciones—. Es que estáis siendo irracionales.»

Esa palabra, *irracionales*, pretendía desactivarnos, poner punto final a la conversación, que es lo que suele pasar cuando se pronuncia. En cambio, lo que hizo fue dar lugar a una nueva y se convirtió en nuestro grito de guerra. Porque nadie que haya cambiado las reglas del juego a lo largo de la historia lo ha hecho siendo racional. Serena Williams. Walt Disney. Steve Jobs. Martin Scorsese. Prince. En cualquier disciplina, en cualquier ámbito (deportes, entretenimiento, diseño, tecnología, finanzas) tienes que ser una persona irracional para ver un mundo que aún no existe.

Hace mucho que se alaba a los jefes de cocina de los mejores restaurantes del mundo por parecer irracionales con los platos que sirven. En el Eleven Madison Park comprendimos el gran poder que conlleva ser irracionales a la hora de despertar sentimientos. Escribo este libro porque creo que ya es hora de que todos empecemos a ser irracionales en la hospitalidad.

Obviamente, espero que todas las personas de mi sector lean este libro y emprendan ese camino, pero creo que esta idea podría causar un seísmo si se expandiera más allá de los restaurantes. Durante la mayor parte de su historia, Estados Unidos funcionó como una economía de manufactura; hoy en día somos una economía de servicio en una proporción exagerada: más de tres cuartas partes de nuestro PIB procede de la industria de los servicios. Así que da igual si te dedicas a la venta al detalle, las finanzas, el sector inmobiliario, la educación, la sanidad, la informática, el transporte o las comunicaciones: tienes una oportunidad increíble para aplicar la misma creatividad e intención (e irracionalidad) en la búsqueda de la hospitalidad como en cualquier otro aspecto de tu negocio. Porque la decisión de poner a su equipo y a sus clientes en el centro de todas las decisiones es lo que distingue a las mejores empresas.

Por desgracia, esa habilidad nunca se había valorado menos que en nuestra actual cultura del trabajo hiperracional e hipereficiente. Estamos inmersos en una transformación digital. Es algo que ha mejorado muchos aspectos de nuestras vidas, pero también ha hecho que muchas empresas hayan dejado de lado el componente humano. Están tan centradas en los productos que han olvidado a las personas. Y aunque quizá sea imposible cuantificar en términos económicos el impacto de hacer que alguien se sienta bien, no pienses ni por un segundo que no es importante. De hecho, lo es mucho más.

La respuesta es simple, aunque no fácil: crea una cultura de hospitalidad. Lo que implica prestar atención a preguntas que llevo toda la vida planteándome: ¿cómo hacer que las personas que trabajan para ti y las personas a las que sirves se sientan vistas y valoradas? ¿Cómo proporcionarles una sensación de pertenencia? ¿Cómo hacer que sientan que forman parte de algo más grande que ellas? ¿Cómo hacer que se sientan acogidas?

En mi profesión hay un debate eterno sobre si la hospitalidad se puede enseñar. Muchos líderes a quienes respeto creen que no; yo no podría estar más en desacuerdo. De hecho, en 2014 fundé un congreso para personal de sala con mi amigo Anthony Rudolf, que en aquel momento era el director general del Per Se, con la intención de hacer precisamente eso.

Los cocineros se reunían de forma regular en distintas convenciones en todo el mundo, pero no había ni una sola destinada a las personas que trabajan en los comedores. Por ello decidimos poner en marcha un espacio destinado a personas apasionadas y con ideas afines para crear comunidad, intercambiar ideas e inspirarnos mutuamente, y contribuir así a la evolución de nuestro oficio.

La llamamos Welcome Conference y fue un éxito instantáneo en el entorno de la restauración. Personal de sala de todo Estados Unidos acudió a las conferencias, hizo contactos tomando una copa y regresó a casa con energías renovadas.

Sin embargo, en la tercera edición del congreso, al observar a los asistentes vimos a sumilleres y camareros sentados al lado de personas que no trabajaban en restaurantes: titanes tecnológicos, dueños de pequeños negocios, CEO de inmobiliarias gigantescas. Esas personas creían, igual que yo, que la manera de tratar a sus clientes era tan valiosa como el servicio que proporcionaban. Y sabían que lo que pudieran aprender de los líderes de mi ámbito empresarial podría dar un gran impulso a la forma de dirigir sus negocios.

Cuando creas una cultura en la que la hospitalidad es lo primero, todo el negocio mejora, y eso puede suponer encontrar y retener mejor talento, convertir a los clientes en auténticos fans o mejorar la rentabilidad. Mi esperanza es que este libro sea parte del movimiento que nos conduzca a esa nueva era. Pero lo que me motiva no es tu punto de partida; o, al menos, no es lo único. Porque lo que de verdad me gustaría hacer es transmitirte un secretillo, uno que los grandes profesionales de verdad de mi oficio conocen: **la hospitalidad es un placer egoísta**. Hacer que los demás se sientan bien te hace feliz.

En este libro compartiré historias de los veinticinco años que he dedicado a trabajar en todos los puestos de un restaurante, desde friegaplatos hasta propietario y todo lo que hay entre ambos. Y compartiré las lecciones, las pequeñas, las grandes y las pequeñas que resultaron ser grandes, que he aprendido sobre servicio y liderazgo desde la perspectiva de la hospitalidad. En otras palabras: todo lo que debes saber para que tu mundo blanco y negro pase a tener color tanto para ti como para las personas con quienes trabajas y a quienes sirves.

Bienvenidos a la economía de la hospitalidad.

2

Hacer magia en un mundo que la necesita

El día de mi duodécimo cumpleaños, mi padre me llevó a cenar al Four Seasons.

En aquella época, yo no tenía ni idea de que el Four Seasons era el primer restaurante de lujo auténticamente estadounidense. Ni que su interior elegante y moderno de mediados de siglo era tan icónico que acabaría siendo nombrado lugar emblemático por el Ayuntamiento de Nueva York.

Tampoco sabía que James Beard y Julia Child les habían asesorado con el menú, ni que el presidente John F. Kennedy había celebrado allí su cumpleaños una hora antes de que Marilyn Monroe le dedicara su «Happy Birthday, Mr. President». Ni que personas famosas, titanes de la industria y jefes de Estado podían averiguar si su estatus en la clasificación en perpetuo cambio de la ciudad había descendido o no en función de lo cerca que estaba su mesa de la piscina ornamental de mármol de Carrara que hay en el centro del comedor.

Lo que sí sabía era que el Four Seasons era el lugar con más estilo y más bonito en el que había estado en toda mi vida.

Me alegré de haber insistido para que mi padre me comprara una americana clásica de Brooks Brothers azul marino con botones dorados; allí había que ir bien vestido. Recuerdo mirar con los ojos desorbitados y boquiabierto cómo un camarero uniformado despiezaba mi pato con manos expertas en un carrito brillante que había aparcado justo al lado de nuestra mesa. Cuando se me cayó la servilleta al suelo, me la cambió por una nueva y me llamó «señor».

«Las personas olvidarán lo que haces, olvidarán lo que dices, pero nunca olvidarán lo que les haces sentir.» Esta cita, que se atribuye a menudo (aunque seguramente de forma incorrecta) a la gran escritora estadounidense Maya Angelou, quizá sea una de las afirmaciones sobre la hospitalidad más sabias que se han hecho. Porque, treinta años después, aún no he olvidado cómo me hizo sentir el Four Seasons.

El restaurante me hechizó, y a mí me encantó que así fuera. Puso el mundo en pausa para que todo lo demás desapareciera; lo único real para mí durante aquellas dos horas y media fue lo que había en aquella sala.

Esa noche aprendí que un restaurante podía hacer magia, y eso me atrapó. Cuando salimos de allí, sabía exactamente qué quería ser de mayor.

Las personas nunca olvidan cómo les haces sentir

Mi padre y mi madre trabajaban en la hostelería.

Se conocieron en 1968, cuando mi padre era empleado en Phoenix de Sky Chefs, la empresa de *catering* de American Airlines. En aquella época, la gente se arreglaba para volar y en los aviones se servía comida deliciosa.

El marcado acento de Boston de mi padre llamaba la atención en Arizona, y un día alguien del equipo le dijo: «Eh, Frank, hay una mujer en el avión que habla igual que tú». Era mi madre, que también tenía un fuerte acento de Boston. Ella era azafata, que es como se llamaba en los viejos (y peores) tiempos al personal femenino de cabina, cuando las pesaban todas las semanas y no se les permitía seguir trabajando después de casarse.

Los dos bostonianos conectaron. Mi padre reconoció a mi madre enseguida; resultaba que habían ido al mismo colegio durante la primaria y en cuarto él se había prendado de ella, que no le recordaba en absoluto. Él le había perdido la pista cuando habían empezado el instituto; ella se trasladó a Westchester, al norte de la ciudad de Nueva York, tras la muerte de su madre, para vivir con unos parientes.

Y de repente allí estaba.

Se enamoraron locamente. (La cosa fue complicada durante un tiempo porque mi padre sirvió tres años en el ejército en Vietnam y porque ambos estaban prometidos con otras personas cuando se encontraron.) Se casaron en 1973.

Mi padre dejó American Airlines y se fue moviendo en el ámbito de la restauración antes de aceptar el puesto de vicepresidente regional de Ground Rock, una cadena de restaurantes informales a la antigua usanza, conocida por ofrecer cacahuetes enteros para picar y permitir que los clientes tirasen las cáscaras al suelo. Se mudaron a Sleepy Hollow, en Nueva York. Mi madre conservó su empleo y viajaba por todo el mundo (los tiempos cambiaron y American Airlines derogó la norma sobre el estado civil del personal de vuelo). Después de nacer yo, mi prima Liz se mudó con nosotros para ayudar a mis padres a cuidar de mí cuando ellos trabajaban.

Mis padres tuvieron una buena vida. Eran felices en casa y compartían una feroz ética del trabajo, así como un intenso orgullo por sus respectivas carreras. Mi madre acabó sus estudios universitarios asistiendo a clases nocturnas y llegó incluso a sacarse el título de piloto, aunque nunca se le dio demasiado bien conducir un coche, lo que hace que me pregunte quién pensó que era buena idea ponerla a los mandos de un avión.

Entonces, un día, mientras atendía a los pasajeros de primera clase, a mi madre se le derramó un café.

A lo largo de toda mi trayectoria laboral en restaurantes, a mí se me han caído muchas cosas. Pero el desempeño de mi madre rayaba siempre en la excelencia y aquel incidente resultó llamativo; más aún porque, pocas semanas después, se le derramó otro.

Fue entonces cuando acudió al médico.

Varios meses y un sinfín de visitas y pruebas después, le diagnosticaron un tumor canceroso en el cerebro. La enfermedad se había expandido y los médicos no pudieron eliminar por completo quirúrgicamente el tumor; tuvieron que emplear radioterapia para matar lo que no habían podido extirpar.

La operaron por primera vez cuando yo tenía cuatro años. La intervención fue bien, aunque la mitad izquierda del rostro le quedó algo flácida y el brazo y la pierna de ese lado, inutilizados (lo que, por cierto, no mejoró su habilidad para conducir). Pero en aquella época la radioterapia era menos precisa que hoy en día y el propio tratamiento empeoró su estado.

Sin embargo, ella no permitió que su salud en constante deterioro le impidiera ejercer de madre. Me llevó en coche a mis entrenamientos de tenis un par de veces por semana hasta que le resultó imposible. Cuando empezó a costarle demasiado subir y bajar del asiento delantero, me dejaba y me esperaba pacientemente dentro del vehículo durante una hora y media, en mitad de las ventiscas invernales neoyorquinas.

Ella era así. Me quería incondicionalmente.

Una noche se cayó bajando las escaleras. Mi padre trabajaba en horario de restaurante, algo que hizo prácticamente toda su vida laboral; cuando llegó a casa, sobre las once, nos encontró a mi madre y a mí durmiendo en el último escalón. Yo era demasiado pequeño para ayudarla, pero no para ir a buscar cojines y una manta y montar un agradable nido.

Con el tiempo, mi madre quedó tetrapléjica. Después, perdió la capacidad de comunicarse. Pero siguió adelante, siguió viviendo.

Mi padre quería que yo fuera lo más independiente posible, dadas las circunstancias, así que vendió nuestra casa y nos mudamos a tres calles de mi colegio. De este modo, no dependería de que otras personas me llevaran de un lado a otro en coche y mis amigos acabarían yendo a mi casa por comodidad. Cuando estudiaba en el instituto empecé a tocar la batería. Toqué en grupos de punk, de ska y de funk. Ensayábamos en mi habitación, que estaba justo encima de la cocina, donde mi madre solía pasar el día. Escuchar a un grupo de adolescentes destrozar miles de veces los míticos primeros acordes de «Come as You Are» de Nirvana habría sido una pesadilla para la mayoría de la gente. A mi madre le encantaba.

Con el tiempo empezaron a ir profesionales a casa para ayudar a cuidarla. Todos los días, ella le pedía a la persona que estuviera de turno que llevara su silla a la esquina de la calle para esperarme. Ya no podía hablar ni ponerse de pie para abrazarme, pero podía estar ahí con su amplia sonrisa cuando regresaba a casa del colegio. Esa sonrisa era lo único que necesitaba y me enseñó una lección inestimable: qué supone sentirse bienvenido de verdad.

El poder de una bienvenida de verdad

Cuando estudiaba en la universidad, mis padres vivían en Boston. En aquel momento, mi madre dependía de una serie de aparatos médicos. Si tenía que viajar, debía hacerlo en una ambulancia medicalizada con un equipo especial. Yo tenía un grupo de funk de dieciséis miembros llamado Bill Guidara Quartet y hacía años que mi madre no me veía tocar, y a mi padre se le ocurrió que podía llevarla a Ithaca a ver una actuación. El viaje también serviría de prueba para el que harían en el futuro para acudir a mi graduación.

En aquella época aún se podía fumar en los bares, cosa que interferiría con el equipo médico de mi madre, así que hablé con las autoridades para que nos permitieran dar el concierto en el Willard Straight Hall, el centro social del sindicato de estudiantes de Cornell. No fue un concierto como los que solíamos hacer, pero sí una experiencia increíble: pude tocar el «Superstition» de Stevie Wonder para mi madre, que estaba entre el público en su silla de ruedas.

Su sonrisa desprendía luz en la oscuridad de la sala.

El semestre siguiente, el segundo y último que iba a pasar en Cornell, hice la que acabaría siendo mi asignatura favorita: cocineros invitados, coordinada por un profesor llamado Giuseppe Pezzotti, que era una auténtica leyenda en la universidad.

Con los años, Cornell ha ido evolucionando y se ha ido centrando cada vez menos en sus programas de gastronomía en restaurantes y hoteles, y más en los de consultoría y servicios inmobiliarios. Pero aún quedábamos un grupito que estaba más interesado en cómo ser un *maître* clásico, a la antigua usanza, que en las hojas de cálculo, y Giuseppe Pezzotti era nuestro rey. (Para que te hagas una idea: en su clase aprendí a pelar uvas con cuchillo y tenedor.)

Por lo que a mí respecta, cocineros invitados era la clase más genial de Cornell, porque nos permitía experimentar la gestión de un restaurante de verdad. Cada semestre acudía un chef a organizar una cena ejecutada exclusivamente por los alumnos. Un grupo de estudiantes se convertía en el equipo de responsables del chef, otro en el personal de cocina y el tercero se encargaba del comedor.

Yo tuve la suerte de formar parte del equipo de responsables del extraordinario Daniel Boulud. Daniel es tan reconocido en mi ámbito que nos referimos a él por su nombre de pila; así es también como se llama su restaurante de Nueva York con estrella Michelin, que abrió sus puertas en 1993 después de ser durante años el aclamado jefe de cocina de Le Cirque. Desde entonces, su imperio se ha expandido y posee una gran cantidad de restaurantes en lugares tan alejados entre sí como Londres, Palm Beach, Dubái y Singapur.

Es sin duda uno de los cocineros más famosos del mundo y, aun así, no tuvo problema en ir al norte del estado de

Nueva York para cocinar en el contexto de una asignatura universitaria. Más adelante, yo mismo entendería que es algo por completo acorde con su talante. Daniel es muy conocido por su generosidad con los jóvenes que empiezan en nuestro sector.

A mí me tocó ser el director de *marketing* de la cena, aunque lo cierto era que una cena organizada por un cocinero tan famoso como Daniel no necesitaría mucho *marketing*: el evento se vendería solo en cuanto se diera a conocer. Aun así, yo quería hacer algo chulo. A sabiendas de que los comensales querrían verlo en acción, monté una mesa para el chef en la cocina. Era la primera vez que se hacía en la historia de cocineros invitados. Tener una mesa formal totalmente montada en mitad de la fea cocina industrial de la universidad resultaba raro, así que la rodeé con un cordón de terciopelo rojo para aportar un toque de distinción.

Subastamos las plazas para la mesa del chef y conseguimos unos cuantos miles de dólares que donamos a la entidad caritativa Taste of the Nation. Pocas semanas después, yo mismo asistí a su cena anual con un gran cheque de cartón de Cornell, pero lo que me hacía más ilusión era ejercer de anfitrión del chef y su equipo. Aunque no tenía muchos recursos económicos, me aseguraría de que vivieran una buenísima experiencia.

La avanzadilla del equipo de Daniel (sus dos segundos jefes de cocina, Johnny Iuzzini y Cornelius Gallagher) llegarían el jueves. Con el tiempo, Johnny se labró una exitosa carrera en la televisión y ganó varios premios James Beard como jefe de repostería de los restaurantes de Jean-Georges Vongerichten; Neil obtendría tres estrellas de *The New York Times* como jefe de cocina del Oceana, un impecable templo del marisco situado en la zona de Midtown, en Manhattan. Sin embargo, en ese momento, ambos eran muy jóvenes, y yo, un empollón de la escuela de hostelería que intentaba impresionarlos. Así que cuando llegó la hora de ir a buscarlos al aeropuerto, le pedí prestado su Audi A5 a la compañera que se sentaba a mi lado en clase. Era el mejor coche de nuestro curso.

En Ithaca no hay restaurantes elegantes. Si quieres que alguien se lo pase bien, lo llevas al Pines, es decir, al Glenwood Pines, a orillas del lago Cayuga. El Pines es conocido por sus vistas y por sus enormes hamburguesas con queso servidas en pan francés. Estamos hablando de jalapeños rebozados y rellenos de queso, lámparas publicitarias de marcas de cerveza con pantallas de cristal pintado sobre mesas de billar que funcionan con monedas y un partido de fondo en el televisor que hay detrás de la barra de madera nudosa.

Las hamburguesas no decepcionaron y las cervezas que las acompañaban tampoco estuvieron mal. Más tarde, mis distinguidos invitados me preguntaron si no sabría por casualidad dónde conseguir un poco de hierba.

Y lo cierto era que sí lo sabía. El grupo acabó en mi casa, en el número 130 de College Avenue, la típica casa para montar fiestas universitarias, con su mesa de billar cutre en el comedor y un par de sillones mohosos en el porche, donde la juerga se alargó hasta altas horas de la madrugada.

La mañana siguiente, yo fui a clase tambaleándome mientras Neil y Johnny se dirigían a la cocina del hotel Statler, ubicado en el campus y gestionado por alumnos, para empezar con los preparativos de la cena de cocineros invitados. No volví a verlos hasta aquella noche, después de que llegara el chef Boulud. Yo estaba nerviosísimo por conocerlo, pero Daniel fue encantador desde el principio, y saltaba a la vista que Johnny y Neil se alegraban de volver a verme.

La cena transcurrió de forma brillante. Después, todo el mundo, Daniel, Neil, Johnny y la mayoría de los alumnos de mi clase, fuimos, como era costumbre, al Rulloff's, un bar cutre cercano al campus. A medida que la noche se alargaba, y se alargaba (y se alargaba), empezaron a llegar amigos míos y, como si fuera lo más natural, acabamos regresando a mi casa donde, además, siempre había al menos un barril de cerveza en el sótano por si acaso. Pero la gente empezó a tener hambre y los armarios de mi cocina, incluidos aquellos cuyas puertas colgaban de una única bisagra desde el día que me había mudado allí, estaban vacíos.

Y así es como terminé a la una de la madrugada con Daniel Boulud y una cogorza monumental intentando convencer a los de seguridad de que tenía que volver a entrar en la cocina del hotel Statler.

«Soy el chef de la velada de esta noche —explicó Daniel con su encantador acento francés cuando llegamos al mostrador— y necesito entrar en la cocina.» Una vez dentro, cogimos sartenes, mantequilla, huevos, trufas y caviar y regresamos al 130 de College Avenue.

Y ahí estaba Daniel Boulud, en mi cocina desvencijada, bebiendo cerveza Milwaukee's Best del típico vaso de plástico rojo y haciendo huevos revueltos con trufa para un montón de universitarios borrachos. ¿Podría ser que uno de los cocineros más reconocidos del mundo se subiera a la mesa de billar con un barril de cerveza y se pusiera a beber a morro mientras hacía el pino? Ni lo confirmo ni lo desmiento.

A las tres de la madrugada, no sin cierta reticencia, la fiesta llegó a su fin y nos despedimos entre abrazos.

La nobleza en el servicio

Un mes y medio después de la cena de cocineros invitados, mis padres habían hecho todos los preparativos para asistir a mi graduación. Entonces, dos días antes de la fecha prevista para emprender el viaje, mi madre entró en coma.

Mi prima Liz fue a Ithaca con su familia en una autocaravana para que no estuviera solo durante la ceremonia. Después de lanzar el birrete al aire, me fui directo a mi coche.

Cuando llegué al hospital de Boston en el que mi madre estaba ingresada, ya era de noche. Mi padre se había ido a casa y yo me quedé dormido sobre la cama de mi madre. Cuando abrí los ojos de madrugada, ella estaba despierta.

Lo que pasó después fue extraordinario. Por primera vez en seis años, mi madre habló de forma inteligible. «¿Te has graduado?», me preguntó, y yo le dije que sí. Estuvimos charlando mucho rato. No tenía que esforzarme para entenderla y a ella no le costaba hablar.

Al final, volvió a irse. Fui corriendo a buscar a un médico. «¡Se ha despertado!» Pero daba igual: volvía a estar en coma.

La mañana siguiente fui al piso a ver a mi padre. Estaba agotado después de pasar muchas horas al lado de mi madre en el hospital. En un intento por animarle, y animarme, le propuse ir a la pista de *squash* para jugar un partidito rápido. Luego, mientras nos cambiábamos, sonó su teléfono. En cuanto le vi la cara, supe que mi madre había muerto.

Escribí unas palabras para leerlas en su funeral, pero cuando fui a hacerlo, no me parecieron adecuadas. En lugar de eso, acabé contando algunas anécdotas divertidas, entre ellas, que, a pesar de los muchos problemas que tenía mi madre a la hora de comunicarse, siempre fue perfectamente capaz de decir bien los números de la tarjeta de crédito de mi padre cuando quería comprar por teléfono. Más tarde dimos una gran fiesta con baile. En lugar de llorar su pérdida, celebramos su vida.

Mucho tiempo después, un cliente del Eleven Madison Park me dijo que mientras que la mayoría de las personas guardan el mejor vino de sus bodegas para las grandes celebraciones, él se lo bebe en sus peores días. Eso me hizo pensar al instante en el funeral de mi madre, porque fue justo eso lo que hicimos aquella noche. La fiesta fue perfecta, a ella le habría encantado.

Como saben todas las personas que han perdido a alguien importante, los días posteriores a esa gran pérdida pueden ser muy oscuros. Los familiares que han acudido regresan a sus casas, ya nadie te lleva comida y la familia inmediata se queda sola. El impacto y la sorpresa desaparecen, y la pena estalla.

La semana siguiente a la muerte de mi madre, yo tenía que volar a España con una beca. El plan era trabajar como aprendiz a cambio de alojamiento y comidas en un hotel escuela propiedad de un exalumno de Cornell. Pero no me parecía adecuado irme a España una semana después de la muerte de mi madre. Sobre todo, no quería dejar solo a mi padre.

Fue él quien insistió en que no rompiera mi compromiso. «¿Qué vas a hacer? ¿Quedarte aquí sentado y triste? Súbete al avión. Si cambias de parecer, siempre puedes dar media vuelta y volver a casa.»

Así que, en mitad de ese intenso periodo de duelo, empecé a mirar cómo podía llegar a España. Aunque yo estaba en Boston, el único vuelo que encontré con tan poco margen de tiempo fue uno que salía del JFK de Nueva York, y mi padre se ofreció a llevarme en coche.

Eso me dio una idea. Sin nada que perder, mandé un correo al chef Boulud: «¿Podría ir con mi padre a tu restaurante el sábado que viene?».

La gente tiene que reservar con meses de antelación para ir al Daniel, pero la respuesta que obtuve no pudo ser más amable: «Me encantará que vengáis. Tú me recibiste en tu casa y ahora yo te recibiré en la mía».

Mi padre y yo llegábamos tarde, tuvimos que cambiarnos y ponernos el traje en una gasolinera en la I-95. Yo no tenía ni idea de qué esperar, y lo cierto es que aunque no hubiéramos estado yendo a uno de los mejores restaurantes del mundo, me habría sentido igual de nervioso: era la primera vez en mi vida que llevaba a mi padre a un restaurante en lugar de llevarme él a mí.

El director general del Daniel nos recibió en la puerta. «Al chef Daniel le hace mucha ilusión que cenen con nosotros esta noche. Su mesa está aquí mismo.» Atravesamos el bar, el comedor formal, la cocina y subimos unas escaleras para llegar al Skybox, un lujoso comedor privado con paredes acristaladas desde el que se ve la cocina donde cuarenta cocineros, y el chef Boulud, trabajan en unas instalaciones de última generación.

Cenar en esa mesa es algo que solo se hace una vez en la vida, y yo estaba tan asombrado que no podía ni hablar. Sin embargo, el hielo se rompió inmediatamente cuando la voz de Daniel tronó por el intercomunicador que había en aquel reservado: «¡Willieeeeee!».

A continuación, la cocina empezó a hacernos llegar una serie de platos exquisitos que Daniel en persona nos describía por el intercomunicador a medida que nos los servían. Mientras degustábamos aquella comida deliciosa, bebíamos aquellos vinos soberbios y experimentábamos el trato cariñoso de Daniel, vi que años de agotamiento y dolor se esfumaban del rostro de mi padre.

Esa noche fue el momento más triste que he vivido, y que quiero vivir jamás, y lo mismo le pasó a mi padre. Sin embargo, incluso en medio de tanto pesar, el chef Boulud y su equipo nos regalaron a ambos lo que me siguen pareciendo cuatro de las mejores horas de mi vida. Me asombra que uno de los cocineros más famosos del mundo se quedara hasta tan tarde para enseñarnos la cocina, y la cena fue tan bonita y tan larga que para cuando Daniel nos estaba abrazando para despedirse, mi padre y yo éramos los únicos que quedábamos en todo el restaurante, no los últimos clientes: las últimas personas. No había nadie más. Tampoco hubo cuenta.

Yo en aquellos días ya había decidido que dedicaría mi vida a la restauración y me gustaba la idea, pero aquella noche aprendí que dedicarse al servicio puede ser una labor muy importante y muy noble. En un trance horriblemente triste, Daniel y su equipo nos ofrecieron a mi padre y a mí un rayo de luz en forma de cena que ninguno de los dos olvidaremos nunca. Como es obvio, nuestro sufrimiento no desapareció, pero durante unas pocas horas gozamos de un auténtico momento de respiro. Aquella cena nos proporcionó un oasis de consuelo y reparación, una isla de deleite y cariño en el mar de nuestro dolor.

Cuando trabajas en hostelería, **aunque yo creo que se puede aplicar a cualquier ámbito, trabajes de lo que trabajes**, tienes el privilegio de participar de algunos de los momentos de celebración más felices de la vida de muchas personas y también de ofrecer un paréntesis de solaz y alivio en las épocas más difíciles.

Lo más importante es que tenemos la oportunidad, y la responsabilidad, de hacer magia en un mundo que la necesita desesperadamente.

3

El extraordinario poder de la intención

De pequeño solía ir a trabajar con mi padre todos los sábados.

Durante la mayor parte de mi infancia y adolescencia, mi padre fue presidente de Restaurant Associates, una empresa de restauración enorme que con el tiempo se ha expandido a todos los ámbitos, desde pequeñas cafeterías y cadenas de restaurantes hasta establecimientos de lujo como el Rainbow Room o el Four Seasons.

Los que supervisaba para RA, entre ellos el Brasserie, los restaurantes del Rockefeller Center y los programas de comida y bebida del Lincoln Center, siempre estaban llenos y bulliciosos. Era habitual que mi padre me dejara una hora con un cocinero o uno de los camareros, que me asignaba alguna tarea para tenerme ocupado. A mí me encantaba estar entre bambalinas y sentir el aflujo de energía que me invadía al pasear por aquellos comedores.

Cuando tenía trece años, aproximadamente un año después de nuestra cena en el Four Seasons (volviendo del SeaWorld, para ser exactos), mi padre me preguntó qué quería hacer con mi vida.

Aunque pueda parecer una locura plantear esta pregunta a un chaval de trece años, mi padre no daba nunca puntada sin hilo, ni en la crianza ni en ningún otro ámbito. Todos los días se levantaba, sacaba a mi madre de la cama, la ponía en su silla de ruedas, la ayudaba a ducharse y después le preparaba y le daba el desayuno, todo eso antes de ir a trabajar. Quince horas después, cuando llegaba a casa, lo hacía todo de nuevo, pero en el orden inverso, y siempre encontraba un momento para verme tocar a la batería una nueva canción que hubiera aprendido o ayudarme con los deberes.

Me parecía increíble lo abnegado y activo que era, y ahora entiendo que nunca habría sido capaz de llegar a donde llegó como hombre de negocios, marido y padre sin planificar con meticulosidad cada uno de sus días, organizar sus prioridades y decidir qué cosas no eran negociables. Para mi padre, hacerlo todo con intención no era un lujo ni una filosofía empresarial: era una necesidad.

Yo heredé de él la conciencia de lo importante que es eso. Como verás, *intención* es una palabra que uso mucho. **Obrar con intención significa que todas las decisiones importan, desde las más relevantes hasta las, en apariencia, mundanas.** Hacer algo con intención significa que lo haces con conciencia, con un objetivo clarísimo y con vistas a un resultado que es el que deseas.

Viviendo en este contexto, quizá no resulte tan raro que yo supiera con exactitud cuáles eran mis objetivos vitales ya con trece años. En primer lugar, quería estudiar Dirección de Restauración en la Escuela de Hostelería de la Universidad Cornell. En segundo, quería abrir mi propio restaurante en Nueva York. Y en tercero, quería casarme con Cindy Crawford.

Todo lo que hice a partir de ese momento fue con esos objetivos en mente, y debo decir con orgullo que cumplí dos de los tres, y que en el caso del tercero conseguí algo mejor. (Sin ánimo de ofender a la señora Crawford, mi esposa es realmente magnífica.)

Encontré mi primer trabajo de verdad a los catorce años, en un establecimiento de la franquicia de helados Baskin-Robbins, en Tarrytown. Eché a perder una cantidad enorme de pasteles en mi andadura. La verdad es que escribir «Feliz cumpleaños» con una manga pastelera sobre un pastel helado es mucho más difícil de lo que parece. En los años del instituto, trabajé como friegaplatos y recepcionista en la franquicia de la cadena Ruth's Chris Steak House de Westchester, y durante las vacaciones de verano, como ayudante de camarero en el Spago, el restaurante del chef Wolfgang Puck. Más tarde hice de camarero en el Tribeca Grill de Drew Nieporent; incluso llegué a pasar un verano trabajando en otro restaurante de Wolfgang Puck llamado ObaChine.

En el último curso, pedí plaza en la Escuela de Hostelería de la Universidad Cornell, y la conseguí.

A mi padre no le gustó esa decisión. No es que estuviera en contra de que quisiera ganarme la vida en el mundo de la restauración, sino que no estaba convencido de que debiera comprometerme con esa trayectoria tan pronto; si me sacaba un grado de Dirección de Hostelería, eso significaría que mi destino estaba escrito. (También tenía experiencia con exalumnos de Cornell que acostumbraban a salir de allí creyendo que ya estaban más que preparados para ser directores generales, y él no quería que yo me convirtiera en uno de esos cretinos.) Pero cuando me admitieron, supe que quería tachar ese objetivo en mi lista.

Me encantó Cornell y allí conocí a algunos de mis mejores amigos. Cuando la graduación empezó a estar cerca, mi amigo Brian Canlis y yo nos fuimos a Manhattan y echamos a andar desde Tribeca parando a tomar un aperitivo o una copa de vino en algunos de los mejores restaurantes de la ciudad: el Nobu, el Montrachet, el Chanterelle, el Zoë, el Gotham Bar and Grill, el Gramercy Tavern, el Union Pacific, el Tabla y el Eleven Madison Park. Y seguimos subiendo hasta llegar a Alain Ducasse, Café des Artistes y más.

De los muchos restaurantes que vimos, hubo dos, el Tabla y el Eleven Madison Park, ambos propiedad del restaurador Danny Meyer, que me llamaron la atención. Me sentí muy cómodo en sus comedores y regresé a la universidad con muchas ganas de saber más sobre ellos. Casualmente, un par de meses después, Richard Coraine, uno de sus socios, fue a Cornell a dar una charla en una de mis asignaturas y yo me enamoré de su empresa, la Union Square Hospitality Group.

En aquel momento, Danny solo tenía cuatro restaurantes: el Union Square Cafe, el Gramercy Tavern, el Eleven Madison Park y el Tabla. El Gramercy Tavern y el Union Square Cafe eran dos de los más apreciados de Nueva York. Siempre ocupaban la primera y la segunda posiciones en *Zagat*, la prestigiosa guía anual de restaurantes neoyorquinos. El Eleven Madison Park era un establecimiento de corte clásico que siempre estaba lleno y que contaba con un comedor extraordinario: la antigua sala de reuniones revestida de mármol de un emblemático edificio de estilo *art déco*. El Tabla, situado en un espacio adyacente y más pequeño, era el restaurante indio más interesante del país.

Danny había revolucionado las cenas de alta cocina en Nueva York dando su toque único, típico del Medio Oeste estadounidense, al concepto de salir a cenar. Sus restaurantes ofrecían una experiencia que era a la vez cálida e informal, y más excelsa, sobre todo gracias a las personas que trabajaban a su cargo.

El pilar de la cultura corporativa de su empresa era una filosofía que Danny denominaba «hostelería liberal», que echaba por tierra las jerarquías tradicionales y priorizaba a los trabajadores por encima de todo, clientes e inversores incluidos. Esto no implicaba que el cliente fuera a pasarlo mal; todo lo contrario, de hecho. La gran idea de Danny era que si contrataba a grandes personas, las trataba bien, e invertía de verdad en su crecimiento personal y profesional, ellas tratarían de maravilla a los clientes. Y eso era justo lo que sucedía.

Cuando me gradué en Cornell, no tenía dudas: Danny Meyer era el tipo para quien quería trabajar. Y cuando volví a Nueva York procedente de España, conseguí una entrevista con Richard Coraine. Irónicamente, me entrevistó en el Eleven Madison Park, aunque al final me ofreció un puesto de encargado en el Tabla. Sin embargo, antes de aceptar la oferta de Richard, me permití un último momento de duda. Ni el EMP ni el Tabla eran pretenciosos, pero sí eran establecimientos más lujosos que aquellos en los que me había imaginado trabajando: yo era (y sigo siendo) más de hamburguesa con queso que de *foie-gras*.

No era la primera vez ni sería la última que recurriría a mi padre en busca de consejo. Él, después de escucharme, me dijo: «Es más fácil aprender a hacer las cosas bien en el entorno de la excelencia que abandonar malos hábitos. Siempre podrás reducir la marcha o frenar más adelante, pero recorrer el camino a la inversa es más difícil».

Un mes después dirigía el equipo de recepción del Tabla. Ahí empezó mi formación.

4

Lecciones de hostelería liberal

El Tabla transformó la cocina india contemporánea en Estados Unidos. Y el motor de dicha transformación fue el chef Floyd Cardoz, que cocinaba platos inspirados en su herencia familiar, originaria de la región india de Goa.

El Eleven Madison Park y el Tabla habían abierto sus puertas al mismo tiempo, pero el EMP había obtenido dos estrellas de *The New York Times* mientras que el Tabla había obtenido tres, algo muy codiciado. Esto fue un gran triunfo para la cocina india y un gran reconocimiento a la intensa tenacidad de Floyd y lo realmente deliciosa que era su comida.

En el Tabla fue donde descubrí el poder que otorga no ser el favorito. A pesar de su gran éxito, este restaurante nunca ganó tanto dinero como otros del grupo; sin embargo, Floyd insistía en llevar con orgullo, como si fuera una medalla, lo de no estar en la élite. Mientras tanto, él iba a lo suyo, y sacaba de su cocina algunos de los mejores platos de la ciudad.

Floyd quería que los nuevos jefes de comedor respetaran lo que se hacía en su cocina, así que todos pasamos por ella brevemente cuando empezamos. Yo me planté allí asumiendo con ingenuidad que había ido a ver trabajar a los cocineros de turno, pero en lugar de eso, me llevaron a la zona de preparación y me dieron un cubo de gambas para que las desvenara. Pasé las tres horas siguientes muy entretenido y hasta los codos de tripas de gamba.

Al día siguiente, Floyd me pidió que picara cebolla, lo cual me aterrorizó. Aunque había preparado algún que otro plato y asistido a varias clases de cocina en la universidad, estaba seguro de que no sabría hacerlo al nivel requerido allí, y era verdad. Floyd no me gritó, pero sí tiró la cebolla a la basura y me quitó el cuchillo para mostrarme cómo había que hacerlo. Ver la intensidad, el respeto y la concentración que dedicó a la más humilde de las tareas de la cocina fue un buen avance de lo que estaba por venir.

A pesar de su dureza, era imposible no adorar a Floyd y su amplia sonrisa. Su expresión de asombro infantil al vernos probar por primera vez un plato nuevo que nos rompía los esquemas era un regalo tan inspirador como su comida.

Cuando los mejores líderes entran en una sala suceden dos cosas. Quienes están a su cargo se envaran un poco y se aseguran de que todo esté perfecto... y también sonríen. Y eso era lo que nos pasaba con Floyd. El Tabla era un sueño enorme y alocado, y todas las personas que trabajábamos en él habríamos hecho cualquier cosa para ayudar a convertirlo en un éxito.

Hacer más de lo necesario

En su revolucionario libro sobre hostelería liberal, *Setting the Table* [Poner la mesa], Danny Meyer explica la historia de una pareja que estaba celebrando su aniversario en uno de sus restaurantes. En mitad de la velada, recordaron que habían dejado una botella de champán en el congelador de su casa. Llamaron al sumiller para preguntarle si era probable que explotara antes de su vuelta (seguramente sí). El sumiller solucionó el problema cogiendo las llaves de su casa y rescatando la botella para que la pareja pudiera relajarse y acabar de disfrutar de su cena de celebración. Al llegar a casa, encontraron el champán a buen recaudo en la nevera, junto con una lata de caviar, una caja de bombones y una tarjeta de felicitación del restaurante.

Aquella historia y otras parecidas circulaban por la empresa. Nos incitaban a todos a buscar nuevas formas de hacer que la experiencia de nuestros clientes fuera un poco más relajante y placentera, sin incidentes de ningún tipo. Y así, la primera vez que una clienta nos dijo que se iba a ausentar un momento durante la comida para ir a echar unas monedas al parquímetro que estaba a un par de manzanas, nos resultó natural ofrecernos a hacerlo por ella.

Con el tiempo, este gesto se convirtió en parte del servicio. La persona que recibía a los clientes les preguntaba: «¿Cómo han llegado al restaurante?». Si contestaban: «Hemos venido en coche», la respuesta era: «¡Muy bien! ¿Y dónde han aparcado?». Si decían que en zona de parquímetro, les preguntábamos cuál era su coche para poder acercarnos a echar un par de monedas durante la cena.

Este gesto era la definición misma de la gentileza, un gesto amable, aunque no esencial, que sumar a la experiencia del cliente. ¡Era una muestra de hospitalidad que ni siquiera tenía lugar dentro del restaurante! Sin embargo, este regalo tan sencillo, que costaba cincuenta centavos, rompía los esquemas de los clientes.

Sistematizarlo hizo que dejara de ser un acto de heroísmo y se convirtiera en algo natural, como llevar los abrigos al guardarropa u ofrecer la carta de postres. Y cuanto más normalizamos nosotros ese regalito, más extraordinario les parecía a quienes lo recibían.

El entusiasmo es contagioso

Randy Garutti, que acabó siendo CEO de Shake Shack, era director general del Tabla cuando yo empecé a trabajar allí.

Randy era una presencia tremendamente positiva y un fan descarado de todas las personas que trabajaban para él, el complemento perfecto para la intensidad de Floyd y el altavoz idóneo de la combinación de energía e integridad característica de Union Square Hospitality Group.

El socio de Danny, Richard Coraine, solía decirnos: «Lo único que hace falta para que suceda algo extraordinario es una persona con entusiasmo». Randy era esa persona.

Había practicado deportes de competición desde siempre y eso hacía que aportara a todas sus actividades tanto la ética del trabajo infatigable de los atletas como el sentido de la tutoría y del trabajo en equipo de un entrenador. Las reuniones previas a las comidas, que llamábamos *«briefings»* imitaban los conmovedores discursos en los vestuarios justo antes de una gran final que se ven en las películas y que siempre acababan con él alzando el puño frente a nosotros y animándonos: «¡Vamos, chicos, ya lo tenéis!».

Los ánimos de Randy eran como una ola que te arrastraba, quisieras tú o no, y por eso era capaz de enfrentarse a un grupo de personas distraídas, hambrientas y quizá incluso resacosas y convertirlo en su ejército personal. De él aprendí esto: **haz que tu energía influya en las personas con quienes hablas, y no lo contrario.**

Para un recién graduado universitario algo cínico, el radiante optimismo de Randy a veces podía llegar a rayar en lo inverosímil. Si le preguntabas qué tal estaba, él respondía: «¿Sabes, tío?, estoy intentando que hoy sea el mejor día de mi vida». Quizá yo pusiera los ojos en blanco, pero ese positivismo inquebrantable resultó ser irresistible, básicamente porque Randy creía a pies juntillas en lo que decía y, antes de darnos cuenta, nosotros también.

Además, nos transmitía cierta sensación de responsabilidad buscando formas de demostrarnos que también creía en nuestro criterio.

«¿Te importa si hoy salgo un poco antes?», preguntaba, lanzándome las llaves de la puerta principal. Con veintidós años, me sentía muy halagado por quedarme al mando. Si el jefe no estaba, entonces el jefe era yo, motivo por el que aún me esforzaba más cuando se ausentaba.

Y lo que es más importante: nunca olvidé lo mucho que su confianza significó para mí, y por eso, desde que pasé a ser yo quien lanza las llaves, siempre ha sido mi prioridad hacer que la gente que trabaja para mí sienta eso mismo.

El lenguaje crea cultura

Danny siempre ha entendido que el lenguaje puede crear cultura cuando transmite ideas esenciales fáciles de comprender y enseñar. Se le da muy bien acuñar frases que resumen experiencias habituales, posibles obstáculos y resultados favorables.

Frases que se repetían una y otra vez en correos electrónicos, en reuniones y entre los miembros del equipo de USHG. «Presión constante y amable» era la versión de Danny del término japonés *kaizen*, la idea de que todo el mundo en la organización debería mejorar constantemente, ser siempre un poquito mejor. «Hostelería atlética» significaba que siempre hay que perseguir la victoria, ya sea jugando al ataque (mejorando aún más una experiencia ya magnífica) o a la defensiva (pidiendo perdón y corrigiendo un error). «Sé un cisne» nos recordaba que lo que deben ver los clientes es la preciosa curvatura del cuello y las plumas blancas e inmaculadas flotando en la superficie del estanque, no los pies palmeados pataleando con frenesí bajo la superficie para impulsarse.

Había un montón más de frases como estas relacionadas con historias reales, como la del champán rescatado del congelador. Se animaba a quien tuviera alguna a que la compartiera para que entrara a formar parte del canon.

Gracias al libro de Danny, *Setting the Table*, muchos de estos conceptos y máximas se han incorporado a la cultura general.

Mi favorita era «Supón siempre lo mejor», un recordatorio de que hay que asumir lo mejor de las personas, incluso cuando (o quizá sobre todo cuando) no se comportan precisamente bien. Así que en lugar de expresar decepción con un empleado que llega tarde y empezar a darle un sermón por haber dejado tirado al equipo, mejor preguntarle antes: «Llegas tarde, ¿va todo bien?».

Danny nos animaba a presuponer también lo mejor en nuestros clientes. Cuando alguien nos lo pone difícil, es natural y humano concluir que esa persona ya no merece nuestro mejor servicio. Pero otra forma de abordar esto es pensar: «Quizá esta persona esté siendo despectiva porque su pareja le ha pedido el divorcio o porque tiene a un ser querido muy enfermo. Quizá esta persona necesite más amor y un mejor trato que cualquier otra de esta sala».

Los restaurantes son entornos de trabajo frenéticos, así que resultaba muy útil tener claves preestablecidas. El lenguaje compartido implicaba que pudiéramos ofrecer un mejor trato a nuestros clientes y a nuestros compañeros. Porque cuando empiezas a concentrarte en ser caritativo con todas las personas que te rodean, empiezas a serlo también contigo.

Nos hablaron de muchos de estos conceptos en nuestro primer día de trabajo, en la reunión para las nuevas incorporaciones. Aquellas reuniones en sí ya eran algo poco habitual; mis amigos de Cornell trabajaban en grandes empresas de restauración que no hacían nada parecido. Y la importancia de aquellas reuniones en la cultura de USHG lanzaba un mensaje inmediato: «Aquí hacemos las cosas de una determinada manera, y eso es más trascendental que enseñarte a moverte por el comedor o a presentar un plato».

Para empezar, Danny pedía a todo el mundo que se presentara con una o dos frases. Así nos conocíamos un poquito más, lo que nos facilitaba saber a quién pedir un favor o consejo (y era útil cuando querías impresionar a alguien en una cita y te pasabas por otro de los restaurantes del grupo a tomar una copa de vino).

Pero aquellas presentaciones tenían otro mensaje incorporado. Que el jefe de la empresa estuviera dispuesto a dedicar al menos la mitad del tiempo de la reunión a escucharnos uno por uno era muy impresionante. Se trataba de la primera pista de que la idea central de la hostelería liberal, la prioridad de cuidarnos entre nosotros, era cierta.

Durante el resto de la reunión, Danny nos explicaba cada una de esas frases y el papel que tenían en la cultura, lo que nos demostraba en el acto que las palabras eran relevantes. No se centraba en el qué, sino en el porqué. Como resultado, aquellas reuniones parecían más charlas de orientación universitarias que una presentación sobre procedimientos empresariales.

Al estar en aquella sala tenías la sensación de haberte unido a un movimiento o aceptado una misión; aquello era una comunidad viva y emocionante más importante que tú.

Llámala como quieras

Los amigos que trabajaban en otras grandes empresas de hostelería de todo el país nunca se creían lo que les contaba de la mía. Algunos llegaban a soltar comentarios maliciosos del tipo: «O sea, que trabajas en una secta...».

Sabía a qué se referían; entre el idioma propio y compartido, la dedicación confesa a nuestros jefes y el compromiso poco convencional de cuidarnos entre nosotros, la sensación era que había cierta devoción por USHG. Sin embargo, al final entendí que *secta* es la palabra que usan quienes trabajan en empresas que no han invertido lo suficiente en sus culturas para definir a las empresas que sí lo han hecho.

El estilo de gerencia de Danny hacía que el cuidado fuera algo genial, lo que probablemente resultaba ridículo si trabajabas en otro tipo de empresa. Pero quienes trabajábamos para él no podíamos escapar a las repercusiones positivas de la cultura que había creado, que estaba pensada para que la gente se sintiera bien.

Nos gustaba acudir al trabajo; a nuestros compañeros les gustaba acudir al trabajo. Cuando llegaban los jefes, nos esforzábamos un poquito más, no porque nos dieran miedo, sino porque queríamos que vieran que estábamos a la altura de lo que se requería en nuestro rinconcito del mundo. Y todos los días veíamos a los clientes salir del restaurante satisfechos, revitalizados y de mejor humor que al entrar. Se morían de ganas por repetir la experiencia, y nosotros también.

Esta cultura era potente y funcionaba. ¡Llámala «secta», llámala como quieras! Yo estaba orgulloso de formar parte de ella, y me daba igual la denominación: nadie iba a convencerme de que me equivocaba.

Así que me emocioné mucho cuando Danny anunció que abriría un restaurante y club de *jazz* llamado Blue Smoke en el Flatiron y me pidió que fuera el ayudante del director general. Había sido músico durante toda mi vida y era una gran oportunidad para alguien de veintidós años.

Lo que nos lleva a la siguiente pregunta: ¿cómo es posible que rechazara la oferta?

5

¿Lo importante es el servicio o el negocio?

«Antes de enamorarte de esa forma de trabajar deberías estar seguro de que existen otros enfoques.»

Cuando llamé a mi padre por teléfono mientras regresaba a casa caminando después del servicio de cenas en el Tabla, esperaba que le hiciera tanta ilusión como a mí que me hubieran ofrecido mi empleo soñado en Blue Smoke. En lugar de eso, con su estilo calmado y mesurado, se preguntó si aquel era el mejor paso para mí y me hizo una lista de los motivos por los cuales tal vez no lo fuera. Yo le escuché, como hacía siempre, porque mi padre no solo aconseja, sino que también dedica tiempo a exponer los porqués, una habilidad de liderazgo que yo siempre he intentado emular.

Él sabía lo mucho que me gustaba trabajar para Danny Meyer y me dijo que lo que estaba aprendiendo allí no lo aprendería en ningún otro sitio. Pero, en aquel momento, la empresa de Danny solo tenía cuatro restaurantes. Y aunque fueran cuatro de los mejores del país, mi padre me estaba animando a pensar en trabajar para un grupo de restauración más grande, con procedimientos y sistemas establecidos que USHG aún no había tenido tiempo de implementar.

Fue durante aquella llamada cuando me habló del concepto de restaurantes centrados en el servicio y restaurantes centrados en el negocio.

Me explicó en qué se diferenciaban. Simplificando mucho: ¿dónde trabajan los empleados mejor pagados de la empresa, en los propios restaurantes o en las oficinas centrales? Eso dice mucho de cómo está siendo dirigida.

En las empresas centradas en el servicio, los miembros del equipo tienen más autonomía y libertad creativa. Y como suelen sentirse más responsables de lo que hacen, se entregan más al trabajo. A menudo ofrecen un mejor trato porque son más hábiles; no hay una gran cantidad de normas ni sistemas que se interpongan en la conexión humana. Sin embargo, esos restaurantes no suelen tener una gran estructura ni supervisión, que es lo que hace que una empresa gane mucho más dinero.

Por su parte, las empresas centradas en el negocio disponen de todos los sistemas necesarios de administración y control en áreas como la contabilidad, las compras y los recursos humanos para convertirse en negocios prósperos, lo que a menudo redunda en mayores beneficios. Pero estos sistemas son, por definición, de control, y cuanto más control arrebatas a las personas que están en el terreno, menos creativas pueden ser, y los clientes lo notan.

Las empresas centradas en el servicio pueden ser muy prósperas y las centradas en el negocio pueden dar un trato magnífico. Con todo, sus prioridades son distintas en aspectos que pueden afectar de forma fundamental a la experiencia del cliente.

Entendí lo que quería decir mi padre. Aunque Danny era el tipo más centrado en el trato que podías encontrar, su negocio había crecido de forma orgánica, por lo que apenas había implementado ninguna infraestructura típica de gran empresa. En aquel momento, USHG ni siquiera tenía una sede administrativa; de hecho, el despacho de Danny no era más que una sala ubicada en el sótano del Gramercy Tavern.

Los empleados de Danny gozaban de muchísima autonomía, algo fabuloso para la creatividad: los jefes de cocina no tenían que justificar el uso de un ingrediente especial o muy caro ni rellenar mil formularios para autorizarlo. No obstante, aquella autonomía a veces también implicaba que se perdiera dinero. Si cada jefe de cocina del grupo compraba el lavavajillas a un proveedor distinto, que era lo que pasaba, la empresa desperdiciaba la valiosa oportunidad de negociar colectivamente un mejor precio en un elemento que no afectaba al cliente.

Mi padre reconoció que la formación que estaba recibiendo sobre servicio en la empresa de Danny era increíble, pero él quería que yo llegara a dirigir algún día una empresa que se centrara tanto en el servicio como en el negocio.

Había llegado el momento de recibir la otra mitad de mi educación.

El control no tiene por qué asfixiar la creatividad

El Tabla se contaba entre los restaurantes más solicitados de Nueva York cuando dejé de trabajar en él para incorporarme a Restaurant Associates, la antigua empresa de mi padre, como ayudante de compras y contabilidad de los restaurantes del edificio MetLife, o, dicho de otra manera, cuando pasé de estar en la recepción de uno de los restaurantes más glamurosos de Nueva York a bajar al sótano de uno de los menos.

Ken Jaskot, responsable de compras de RA, no necesitaba un ayudante a tiempo completo, y tampoco lo necesitaba el de contabilidad, Hani Ichkhan, así que repartía mi tiempo entre ambos. Desde las seis de la mañana hasta el mediodía, aprendía a inventariar una cámara frigorífica, recibir un pedido, calcular los costes de los bienes vendidos y hacer los encargos de comida y suministros. Después de almorzar, me cambiaba de camisa, me ponía americana y corbata y me dedicaba a hacer números en el departamento de contabilidad del piso de arriba.

Es imposible exagerar la importancia de realizar ambos trabajos simultáneamente. La compra de comida y bebida se lleva treinta centavos de cada dólar que ingresa un restaurante, y la mayor parte de lo que entra en una cámara frigorífica solo dura unos pocos días. Para mí, las ostras no eran una entelequia clasificada como artículo de lujo ni una celda en una hoja de cálculo: eran aquellas rocas feas y valiosas que contaba a mano por la mañana, que llegaban enterradas en hielo y yo ponía a buen recaudo en su acuario.

Arriba, Hani me hacía rellenar informes administrativos sobre todos los aspectos del negocio: gastos, ingresos, nóminas, coste de los alimentos e inventario, todos los días. Por ello, cuando comenzaba mi jornada laboral tomaba decisiones sobre el terreno y dedicaba el resto del día a seguir el impacto que tenían esas mismas decisiones en el balance de la empresa. Era una fusión de escuela de negocios y campamento militar.

¿Qué fue lo que me sorprendió? Que me encantó.

Hani era tan de la vieja escuela que aún usaba un libro de contabilidad encuadernado en cuero. En su despacho, hablar de «números rojos» no era una metáfora: se refería al color de la tinta. Verlo pasar las páginas de un informe era como ver a Floyd experimentar con las especias en el Tabla; por primera vez veía a alguien abordar la vertiente económica del negocio con la misma pasión irracional y el mismo ingenio que Danny ponía en su hostelería liberal.

Resultaba magnífico comprobar que aquello era posible. Una tarde, Hani destacó uno de mis informes. Se había fijado en que el coste de los alimentos de un restaurante en concreto se había disparado por segundo mes consecutivo. Fue a buscar otro de mis informes; el restaurante en cuestión vendía mucha langosta. Y otro informe más: el precio de la langosta estaba por las nubes. Una llamada rápida a Ken para confirmarlo: la demanda había superado a la oferta y los precios se habían disparado.

Una llamada al jefe de cocina: ¿estábamos vendiendo el plato por debajo de coste? Así era, teniendo en cuenta lo que estábamos pagando por el ingrediente, pero no se podía subir el precio lo suficiente para compensar el coste sin horrorizar a los clientes. En ese caso, la solución era clara: aquel plato, por muy popular que fuera, tenía que salir del menú, al menos hasta que bajara el precio de la langosta. Afortunadamente, el jefe de cocina había estado jugando con un plato de vieiras que podía sustituirlo.

Mientras tanto, en nuestro despacho: «¡Will! Mira quién más está vendiendo langosta en la empresa». Tras otra serie de llamadas, se dio por finalizada la temporada de langosta en Restaurant Associates.

La emoción de las pesquisas era contagiosa; ver desplegarse aquel análisis fue tan excitante que me habría gustado tener a mano unas palomitas. Pero el episodio fue también una muestra magistral de lo poderoso que era el sistema creado por Hani. En cuanto se percató del coste de aquel alimento, tuvo todos los recursos necesarios, y también la autoridad, para destapar y resolver el problema. Ahorró a la empresa una cantidad de dinero incalculable en veinte minutos y sin moverse de su mesa. De repente, mis aburridos informes ya no me lo parecían.

En una empresa centrada en el servicio, es muy probable que esa llamada telefónica no se hubiera hecho. Y en el caso de que el contable hubiera detectado el error (¡asumiendo que la empresa tuviera contable!) y se hubiera puesto en contacto con el jefe de cocina, seguramente le habrían dicho que no se metiera donde no le llamaban.

Sin embargo, escuchar aquella conversación telefónica me enseñó que tener a alguien en las oficinas con esa capacidad de control puede resultar de lo más beneficioso. El plus del jefe de cocina estaba vinculado a su gasto en ingredientes, y si sus cifras eran sistemáticamente bajas, perdía su empleo. Eso explicaba el alivio que percibí en su voz cuando Hani le contó el origen de las pérdidas. Que nuestra oficina fuera eficiente significaba que aquel tipo no tuviera que preocuparse por los números y pudiera dedicarse a lo suyo, que era ser jefe de cocina. No le estábamos robando su creatividad, se la estábamos devolviendo.

Se suele hablar de lo complicado que es el negocio de la restauración, y es cierto que no es fácil; los propietarios de restaurantes se enfrentan a variables únicas y márgenes estrechos. No obstante, toda estadística terrorífica que hayas oído sobre la cantidad de restaurantes que fracasan en su primer año de andadura tiene mucho más que ver con las personas que se lanzan a ello sin entender la parte empresarial de la actividad. Cuando me fui del Tabla para incorporarme a RA, pensaba que yo de mayor quería ser Danny. Después de lo de las langostas, quería ser Hani.

Confía en el proceso

Sin embargo, que me divirtiera mucho aprendiendo de él no significaba que Hani no estuviera también volviéndome loco.

En las clases de contabilidad en Cornell nos dijeron que todo empieza y acaba en la cuenta de resultados, que proporciona una panorámica a vista de pájaro, una foto fija del negocio que nos dice qué estamos haciendo bien y a qué debemos prestar más atención.

Así que todo el tiempo que estuve trabajando para Hani me moría de ganas de echar mano a una cuenta de resultados de uno de los restaurantes que él supervisaba, pero él las guardaba como oro en paño; no me permitía ni echarles una ojeada.

Eso no evitó que le diera la tabarra: «¿Puedo ver una cuenta de resultados? ¿Y ahora? ¿Cuándo podré? ¿Qué te parece hoy mismo?». Él invariablemente me contestaba que me pusiera con los informes.

Y entonces, un día, seis largos meses después, Hani me puso una cuenta de resultados ante los ojos. Apenas la había abierto cuando empezó a lanzarme preguntas, pero él me había preparado bien: haber hecho aquella cantidad infinita de informes secundarios me había capacitado para abordar cualquier problema que pudiera surgir.

Y como yo trabajaba tanto en las plantas superiores como en el sótano, tenía casi un sexto sentido para interpretar lo que decían las hojas de cálculo. ¡La cifra de la fila de los productos desechables era altísima! Y no se había despilfarrado, y tampoco se había pedido de más; lo que pasaba era que el proveedor había mandado demasiadas bolsas con nuestro logo para que los clientes que lo desearan se llevaran la comida, y los chicos de abajo las habían guardado en las estanterías antes de que nos percatáramos del error. Y sí, deberían haber comprobado el albarán antes de desempaquetar un pedido, pero al menos yo sabía por qué aquella fila parecía contener un error.

De modo que agradezco haber tenido a un líder como Hani en ese momento de mi vida; hay muchas cosas que no habría aprendido de haberme saltado esos pasos. Pensé mucho en él más adelante, a lo largo de mi carrera, cuando tuve a mi cargo a personas jóvenes ávidas de asumir más responsabilidad o de ostentar un cargo más elevado. Que Hani me hiciera esperar no supuso un obstáculo en mi camino, sino que me obligó a asentar mis cimientos y me dio una base sólida en la que confié a partir de entonces. Esperar no mermó mi ambición ni dificultó mi progreso; me enseñó a confiar en el proceso: una lección cuya sabiduría entendí cuando fui yo quien tuvo que enseñar a mi propio equipo que la forma correcta de hacer las cosas empieza por saber abrillantar una copa de vino.

No hay nada como aprender algo desde cero.

A veces el control asfixia la creatividad

Nueve meses después, RA me cambió de puesto. Pasé de ser ayudante híbrido de compras y contabilidad a ayudante del director general y contable del Nick + Stef's Steakhouse, en el Madison Square Garden.

El Nick + Stef's es un restaurante poco corriente, sobre todo porque suele estar muerto a todas horas, excepto justo antes de un partido en el MSG, cuando se convierte de forma brusca en uno de los restaurantes más populares de Nueva York. Dos horas antes del partido, la gente llega como una marabunta, pide bistecs enormes y preciosas botellas de vino y al cabo de un rato, diez minutos antes del saque inicial, la clientela al completo se pone en pie y vuelve a salir en tromba. Aquella irregularidad hacía que todos los que trabajaban allí tuvieran que asumir más de un rol, lo que lo convertía en el lugar perfecto para mí.

Como ayudante del director general, corría por toda la planta durante la previa del partido resolviendo problemas y ayudando a los camareros. Estaba encantado de volver a pisar el comedor, hablar con los clientes y afinar su experiencia. En las horas flojas, llevaba la contabilidad y ponía en práctica todo lo que había aprendido de Hani.

Dos meses más tarde, los cambios que había introducido habían mejorado en dos puntos la rentabilidad del restaurante, y a mí me hacía tanta ilusión elaborar aquel informe como me había hecho mandar por primera vez a alguien a recargar el parquímetro de un cliente del Tabla.

Entonces, una tarde, mientras echaba una mano detrás de la barra, me percaté de que unas flores ornamentales no permitían al camarero establecer contacto visual con los clientes que ocupaban los dos últimos taburetes de la barra. Fácil: cambié el jarrón de sitio y lo llevé al otro extremo, donde quedaba igual de bien. Y, encima, la nueva ubicación evitaba que los clientes vieran el trasiego, a veces un poco desordenado, que había detrás de la barra, en la zona a la que los camareros iban a buscar las bebidas para llevarlas a las mesas.

Sin embargo, dos días después, las flores habían vuelto a su sitio. Le pregunté el motivo al director general. «Vino alguien del departamento de Arte y Diseño de las oficinas centrales y no le gustó. No puedes andar moviendo cosas sin preguntarles a ellos; ese no es nuestro trabajo, sino el suyo.»

Un momento... ¿Qué?, ¿que no podía mover un jarrón?

En cierto modo lo entendí. Cuando tienes muchos restaurantes, debes contar con mecanismos de control. Yo tengo bastante buen criterio con el diseño, pero no todo el mundo es igual; no puedes permitir que la gente tome decisiones arbitrarias sobre el aspecto de tus restaurantes.

Aun así, ¿cómo puede alguien que está en una oficina, que nunca ha trabajado detrás de una barra, menos aún una como la nuestra, creer que sabe mejor que nosotros dónde poner un jarrón? Esta pregunta me atormentaba cada vez que veía aquel en concreto, y a los camareros doblando el cuello para mirar a los clientes que se sentaban a su alrededor. Yo había aprendido de Hani que las empresas centradas en el negocio no tenían por qué asfixiar la creatividad por definición. Pero aquel jarrón me enseñó que si no prestas atención, sí que lo hacen.

Pese a ello, fue el único bache en una experiencia por lo demás magnífica, y no dejé que me arredrara. Seguía divirtiéndome en la sala las noches de partido y sacando mucho trabajo en el despacho.

Entonces, uno o dos meses después, tuve un problema con un camarero.

Lo llamaremos Felix. La forma de ser de Felix resultará familiar a las personas que ejerzan como encargadas de cualquier negocio con servicio al cliente. Hablamos de alguien muy irrespetuoso con sus compañeros, con quien a menudo era una verdadera pesadilla trabajar, pero que se considera inmune al despido porque es muy querido por los clientes de la empresa.

Yo tengo mucho que decir sobre los Felix del mundo. **Que unos cuantos clientes habituales quieran mucho a un empleado no significa que se le deba permitir erosionar los pilares de todo lo que se está intentando construir.** Por carismáticas y encantadoras que sean esas personas en público y por muy valiosas que puedan parecer las relaciones que establecen con los clientes, el daño colateral que los Felix hacen a la cultura de un negocio es demasiado grave para tolerarlo.

Una noche, Felix llegó al trabajo en pleno turno de cenas, dos horas tarde. Eso suponía un problema, porque la afluencia de público en el Nick + Stef's antes de un partido no era ninguna broma, ni siquiera con la plantilla al completo.

Con todo, cuando cruzó la puerta, apliqué la caridad que había aprendido y presumí su parte buena.

—Hola, te he llamado. Estaba preocupado, ¿va todo bien?

Sin pedir perdón, Felix me dijo, como quien no quiere la cosa:

—He perdido la noción del tiempo.

Ahí fue cuando pasé de la preocupación al enfado.

—Hemos estado sudando la gota gorda corriendo de un lado a otro para cubrirte. ¿Dónde has estado?

—No tengo por qué darte explicaciones —contestó, riéndose de mí y empujándome a un lado para entrar en los vestuarios.

—No hace falta que te cambies —le dije a su espalda—. Estás despedido.

Al día siguiente, recibí una llamada de Recursos Humanos.

—Nos ha llamado Felix. Aunque sabemos que puede ser difícil, a los habituales les encanta y la media de sus cuentas siempre es alta, así que hemos decidido readmitirlo. Irá mañana a trabajar; sería magnífico que le pidieras perdón.

De nuevo, por un lado, lo entiendo, de verdad que sí: una gran empresa no puede permitirse que un encargado de veintitrés años despida sin motivo a todo el que lo saque de quicio. Pero quienquiera que estuviera en aquel despacho revisando en una hoja de cálculo cuánta comida y cuánto vino vendía Felix no tenía ni idea del impacto destructivo que tenía este en el conjunto del equipo.

Yo sí, y estaba furioso. Centrarse en el negocio estaba muy bien, todo correcto; sin embargo, en algún punto debes ceder parte del control a gente de confianza que trabaja sobre el terreno, personas que conectan en tiempo real con tu equipo y tus clientes.

El excapitán de la marina David Marquet sostiene que en muchas organizaciones las personas que están en lo más alto tienen toda la autoridad y ninguna información, mientras que quienes están en primera línea tienen toda la información y ninguna autoridad.* Yo estaba aprendiendo que, llevado al extremo, la inteligencia empresarial podía convertirse en estupidez en un restaurante.

* Simon Sinek, *Leaders Eat Last*, Portfolio/Penguin, Nueva York, 2017. [Hay trad. cast.: *Los líderes comen al final*, Madrid, Empresa Activa, 2017.]

Sigo defendiendo mi decisión de despedir a Felix. Y sigo pensando que es inaceptable que Recursos Humanos revirtiera mi decisión sin preguntar (y sin pedirme siquiera mi versión de los hechos).

He pensado muchas veces en esta experiencia a la hora de mediar en disputas entre mis propios trabajadores. «Nuestra prioridad son nuestros empleados» debería incluirlos a todos. Hay muchas personas que malinterpretan este principio, que es el fundamental de la hostelería liberal de Danny Meyer. Cuando decimos: «En primer lugar, nos cuidamos mutuamente», eso no significa solo que el encargado tenga que cuidar a los asalariados, sino que todo el mundo cuida a todo el mundo.

Los encargados también son asalariados. Eso no significa que siempre tengan razón o que deban poder despedir a empleados veteranos y leales a su antojo. Pero **si cuidas a tus encargados y les proporcionas lo que necesitan para tener éxito, los pones en mejor posición para poder cuidar a sus equipos**.

Después de quejarme un poco, olvidé el incidente, aprendí a trabajar con Felix y seguí con mis obligaciones, aunque mentiría si dijera que dicho incidente no cambió mi relación con aquel empleo. Sentí que me habían arrebatado el poder de decisión, porque así era. Y con esa falta de poder resultaba difícil darlo todo, dedicar entre doce y catorce horas al día a ejecutar las ideas de otras personas sabiendo que confiaban tan poco en mí.

Unos meses después, aproveché un día que libraba para almorzar en el Union Square Cafe, del que era director general mi antiguo jefe Randy. (En aquella época no tenía mucho dinero, y almorzar donde trabajan tus amigos suele traducirse en aperitivos gratis.) Al salir del restaurante, me encontré con Danny Meyer en Union Square. Él no me conocía mucho, pero habíamos tenido buena relación cuando yo trabajaba en el Tabla y nos paramos un momento a charlar.

Yo quería seguir conectado con Danny, porque le admiraba. Así que uno o dos días después le mandé un correo electrónico explicándole qué había sido de mí desde que me había ido del Tabla el año anterior, también todo lo que estaba aprendiendo sobre contabilidad y compras.

Danny me respondió al día siguiente y me dijo en confianza que había firmado un acuerdo para llevar los restaurantes del renovado Museo de Arte Moderno (MoMA). «Me encantaría hablar contigo de esto.»

Era el año 2004 y el MoMA iba a reabrir sus puertas después de dos años durante los cuales se había llevado a cabo una ampliación y renovación valoradas en 450 millones de dólares. Danny iba a abrir un restaurante de lujo en la planta baja del museo, llamado The Modern, con vistas al legendario jardín de esculturas del MoMA. El jefe de cocina sería Gabriel Kreuther, una estrella en auge del Alsacia y uno de los Mejores Nuevos Chefs de 2003 según la revista *Food & Wine*. El diseño del comedor era impresionante: moderno y sereno. El Bar Room, una zona más informal situada enfrente, serviría platillos y cócteles en su larga y lujosa barra.

La apertura de The Modern sería sin duda una de las más esperadas y emocionantes del año, pero no era eso lo que me interesaba. Cuando recibí el correo electrónico de Danny, lo primero que pensé fue: «¡Guau! Se van a quedar con la restauración de todo un museo. Imagina esa cuenta de resultados».

Y en nuestra reunión, Danny me ofreció precisamente el puesto que yo quería: director general de las operaciones del servicio de comida informal del museo. Este abarcaba dos cafeterías, donde los visitantes del museo podían tomar una ensalada a mediodía o un café para recargar las pilas, otra cafetería para los trabajadores, y un equipo propio de *catering* para reuniones de trabajo y actos pequeños. En otras palabras, sería el responsable de todo menos del restaurante de lujo de la planta baja.

Era perfecto. Me lo había pasado muy bien en Restaurant Associates y debo gran parte de mi éxito a lo que aprendí allí. Podría haberme quedado en aquella empresa y haber hecho grandes cosas con ellos. Pero lo que me ofrecía Danny era ciertamente único y estaba por completo en mi línea: la oportunidad de averiguar si sería capaz de incorporar la filosofía del negocio centrado en la empresa a la empresa más centrada en el servicio del mundo.

Encontrar el equilibrio entre creatividad y control

Me encantaba el MoMA.

Se había reubicado al equipo del museo en unas instalaciones provisionales de Long Island durante la larga reforma, así que yo fui el primer trabajador que tuvo un despacho en el nuevo museo. Entrar en el edificio vacío mientras se acababan de encajar las últimas piezas me permitió ver los entresijos de un museo cuando no está abierto al público. Durante las primeras dos semanas pasé todas las mañanas por delante de los nenúfares de Monet. Estaba apoyado contra la pared, como el póster enmarcado de Pearl Jam que nunca llegué a colgar en mi habitación de la residencia universitaria.

Mi primer despacho en el MoMA estaba en la quinta planta. Era enorme, de unos setenta y cinco metros cuadrados, y daba al jardín de esculturas. Antes de que te emociones, te diré que me pusieron allí porque estaban acabando las plantas desde la superior hacia abajo. Cuando el equipo del museo empezó a regresar al edificio, me fueron bajando, planta a planta, como a Milton en aquella película de los noventa, *Trabajo basura*, hasta acabar en el subsótano. Cosa que indica lo prioritario que era el programa de comida y bebida. O, al menos, la parte que era mi responsabilidad.

Y lo mismo pasaba en el seno de mi propia empresa. En USHG, todo el mundo estaba centrado en The Modern y el Bar Room, ambos grandes éxitos desde que abrieron sus puertas, adorados por igual y de forma instantánea por críticos y público.

Mientras tanto, las cafeterías del museo eran la fea del baile del USHG, y a mí eso me encantaba. Nadie nos prestaba atención, y gracias a eso teníamos muchísima libertad creativa. Yo me puse enseguida a implementar mi idea: hacer que las cafeterías del MoMA se centraran tanto en el negocio como en el servicio. Pero lo que descubrí casi inmediatamente fue que caminar sobre esa cuerda floja es muy muy difícil.

Todas las decisiones que tomaba ponían de manifiesto las contradicciones naturales entre mejorar la calidad de la experiencia de los clientes y hacer lo mejor para el negocio. Centrarse en el servicio implicaba liderar con confianza, lo que conllevaba permitir que quienes trabajaban para mí hicieran lo que creyeran mejor para los clientes. Centrarse en el negocio significaba dirigir con mano dura. ¿Qué era lo correcto?

Un ejemplo, de muchos: los costes de alimentos de nuestras cafeterías eran altos, sobre todo por el desperdicio: rellenábamos las estanterías de comida preparada con platos recién hechos casi hasta la hora del cierre, lo que significaba que tirábamos muchísima comida al final del día. Aunque la solución obvia era dejar de rellenar las estanterías a determinada hora, yo detestaba la idea de que los últimos en llegar se tuvieran que conformar con el sándwich o la ensalada que quedara.

Hani seguramente se habría sentado con la jefa de cocina, Meg Grace, para decirle que usara un jamón normalito en vez de *prosciutto* italiano. Pero ni yo tenía esa relación con Meg ni ninguno de los dos quería eso para nuestros clientes.

Meg y yo llegamos a un acuerdo que ambos podíamos asumir: ella seguiría usando ingredientes caros, y dejaríamos de rellenar las estanterías más o menos una hora antes del cierre. Para compensar, haríamos cualquier ensalada o sándwich del menú a petición de quienes llegaran a última hora. El coste de la mano de obra quedó más que compensado con el ahorro en comida desperdiciada.

Fue un paso en la buena dirección, aunque no una solución perfecta; yo echaba de menos la abundancia organizada de las neveras llenas. Sin embargo, la experiencia me demostró que la creatividad iba a ser el ingrediente principal para conseguir un equilibrio real entre centrarse en el negocio y centrarse en el servicio.

La regla del 95/5

El jardín de esculturas del MoMa es un espacio único en Nueva York. Inaugurado en 1939, fue rediseñado en 1953 por Philip Johnson (que fue también quien diseñó el Four Seasons) como una «sala sin techo», una galería exterior en perpetuo cambio que combinara naturaleza con arte y arquitectura de una forma totalmente nueva. Grandes esculturas reposan en estilizadas zonas asimétricas pavimentadas en mármol, donde los pájaros cantan en los parterres como si no supieran que están en medio de Manhattan.

No hay nada que se le parezca siquiera en toda la ciudad.

Cuando llevaba más o menos un año trabajando en el MoMA, empecé a inquietarme. Echaba de menos la energía del estreno; dar vida a una idea nueva tiene algo de mágico, y yo quería volver a vivir esa experiencia.

Así que me obsesioné a fondo y por completo con el diseño del carrito de helados para el jardín de esculturas. Dado que el carrito compartiría espacio con obras de arte de Henry Moore, Pablo Picasso y Henri Matisse, por no hablar de las instalaciones temporales de artistas contemporáneos como Richard Serra, debía ser perfecto en todos los aspectos.

Necesitaba al socio correcto, así que hablé con otro conocido perfeccionista: Jon Snyder, propietario de il laboratorio del gelato, una empresa del Lower East Side que produce pequeñas cantidades de denso helado italiano, de los mejores del mundo, con ingredientes de calidad de cocina profesional.

Jon se sumó de inmediato a la oportunidad de ser el proveedor oficial de helado para el jardín de esculturas del MoMA.

Teniendo en cuenta el alto perfil de aquella ocasión, le convencí de que sufragara el carrito y establecimos un acuerdo base a precio de ganga para su helado, por lo general muy caro. (Si consideramos el volumen, también era un buen acuerdo para él.)

Nos lanzamos de cabeza al proyecto y Jon demostró ser un socio de lo más «peligroso». Por ejemplo, encontró una empresa en Italia que fabricaba unas cucharillas azules magníficas. ¿Cómo de magnífica puede ser una cucharilla de plástico? Vas a tener que fiarte de mí: tenían forma de pala, estaban diseñadas de maravilla y eran del todo únicas. También eran ridícula y desoladoramente caras.

Pero tuve que decir que sí; el jardín de esculturas las merecía. No había otra opción.

La primera vez que mi jefa vio una, entornó los ojos y me preguntó cuánto habían costado. Se lo dije y ella entornó aún más los ojos: «Luego hablaremos de eso». Sin embargo, un mes después, nos sentamos a revisar la primera cuenta de resultados del carrito y no volví a oír hablar de las cucharillas.

Había gestionado el 95 por ciento de mi presupuesto de forma agresiva, enarbolando la marca MoMA para conseguir un helado italiano excelente con un gran descuento y un carrito precioso gratis. Me había ganado el derecho a despilfarrar un poco en las cucharillas, el detallito que creía que transformaba por completo la experiencia de tomarse un helado allí.

Esto es lo que más adelante denominaría «la regla del 95/5»: **controla hasta el último céntimo del 95 por ciento de tu negocio y gasta de forma «insensata» ese último 5 por ciento.** Suena irresponsable, pero, de hecho, es todo lo contrario. Dado que ese último5 por ciento tiene un impacto desmedido en la experiencia del cliente, es dinero muy bien invertido.

Esto lo confirmé una tarde, cuando vi al director del museo, Glenn Lowry, invitar a helado a un grupo de comisarios que habían venido de visita. Todos y cada uno de ellos dedicaron unos segundos a admirar la cucharilla. Me gusta pensar que algunos visitantes del museo tomaron un segundo helado solo porque les encantó la cucharilla.

La regla del 95/5 acabaría siendo uno de mis principios operativos centrales en el Eleven Madison Park. El maridaje, tomar un vino distinto con cada plato en un menú degustación, es habitual en los restaurantes de lujo. Y, como con todo, teníamos un determinado presupuesto para esos maridajes. Pero en lugar de repartirlo de forma uniforme entre todos los vinos que servíamos, que es como suele hacerse, pedíamos a nuestros sumilleres que seleccionaran vinos un poco menos caros para la mayoría de los platos (no eran vinos menos excelentes, porque nuestro director de área era un gran experto y nuestra bodega, muy diversa) y entonces, al final, podíamos derrochar en una copa especial, rara y más cara.

Si te encanta el vino, siempre es emocionante beber un borgoña *grand cru*. Sin embargo, esa oportunidad no surge casi nunca durante un maridaje convencional, así que imagina la emoción de nuestros clientes cuando pasaba. La regla del 95/5 nos proporcionaba la capacidad de sorprender y emocionar a todos los que solicitaban el maridaje y lo convertían en una experiencia que no olvidarían.

La regla del 95/5 se amplió también a la gestión de equipos. Mi experiencia en el despacho de Hani nunca abandonaba mi mente cuando trataba con el personal; siempre que podíamos, nos esforzábamos por minimizar los cambios de turno y las temidas horas extras. Y después, unas cuantas veces al año, me gastaba una cantidad obscena de dinero en una experiencia de equipo, que podía ser cerrar un día el restaurante para hacer una actividad destinada a estrechar lazos o contratar un DJ y comprar un par de cajas de Dom Pérignon para dar una de las fiestas de empresa desenfrenadas por las que éramos conocidos. La regla del 95/5 me aseguraba no estar mandando al garete el presupuesto; me permitía ser indulgente en determinados momentos porque era muy disciplinado el resto del año.

Y cuando en el EMP nos lanzamos a implementar la idea de la hospitalidad irracional, ese 5 por ciento se exprimió más que nunca. Uno de mis ejemplos favoritos: una familia española de cuatro miembros estaba cenando en nuestro local la última noche de sus vacaciones en Nueva York. Los niños de la mesa desbordaban emoción, y por el mejor de los motivos: por la ventana se veía caer una espesa nevada, y ellos nunca habían visto la nieve.

En ese instante, mandé a alguien a comprar cuatro trineos. Cuando acabaron de cenar, contratamos a un chófer para que los llevara en todoterreno a Central Park y regalarles una experiencia especial: unas cuantas horas de juego sobre nieve recién caída. Aquel 5 por ciento, que gastábamos «insensatamente» (en realidad era todo lo contrario), nos permitía dar forma a esos recuerdos inolvidables de nuestros clientes.

Esta norma fue de suma importancia para mi éxito, y se puede trazar su origen hasta la magnífica formación que recibí en los sótanos y las oficinas de Restaurant Associates. Mi padre, como siempre, tenía razón; me alegro muchísimo de que me animara a dar ese salto.

Mi experiencia en el MoMA me mostró que era posible centrarse en el negocio y en el servicio al mismo tiempo. El equipo se sentía empoderado y los clientes, felices, y nosotros estábamos llevando un negocio ágil, eficaz y rentable.

Entonces, Danny me llamó para que volviera a reunirme con él.

6

Establecer una auténtica relación de socios

Si eras alguien en Hollywood, comías en Spago, la joya de la corona de un imperio presidido por el chef Wolfgang Puck, que revolucionó la restauración en Estados Unidos al popularizar la cocina californiana.

Pasé allí el verano antes de empezar a estudiar en la universidad, trabajando de ayudante de camarero. En realidad, de medio ayudante de camarero. Spago era una máquina bien engrasada y allí los ayudantes eran increíblemente rápidos, limpios y eficientes. Como yo no podía ni soñar con estar a su altura, me dieron la mitad de la responsabilidad; todos los demás ayudantes se encargaban de catorce mesas y yo, solo de siete. La otra mitad del tiempo hacía trabajos secundarios, es decir, el necesario mantenimiento entre bambalinas para que un restaurante funcione bien, como abrillantar la cristalería y doblar servilletas, por lo que recibía solo la mitad de propinas que mis compañeros.

Había sido mi padre quien me había conseguido el trabajo, así que el equipo podría sin duda haber recelado y haberme hecho novatadas, pero a mí me hacía tanta ilusión trabajar allí y me esforzaba tanto que todo el mundo me trataba como a su hermanito pequeño.

Entonces, una tarde, durante un turno de comida muy movido, abrí la puerta del aparador del comedor donde guardábamos los cubiertos, las servilletas y los platos. Quien lo había llenado había dejado una pila muy alta de platitos para el pan apoyada precariamente contra la puerta, así que en cuanto la abrí, se deslizaron todos hacia el suelo y se hicieron añicos.

Al ruido ensordecedor le siguieron un par de segundos de silencio sepulcral. Unos cuantos clientes aplaudieron.

El estruendo, el gasto, el lío, el fallo... Estaba horrorizado. Te aseguro que no hacía falta que fuera nadie a echarme la bronca. Aun así, las puertas de la cocina se abrieron de par en par y por ellas salió el jefe en tromba dando gritos. Desgañitándose y delante de todo el mundo, compañeros y clientes, me dijo con todo detalle lo que opinaba de mi torpeza.

El recuerdo de la vergüenza y la rabia que sentí aquel día me sobrevuela siempre que tengo que gestionar un error cometido por mi equipo. Nunca olvido el gran impacto, tanto en el buen sentido como en el malo, que puede tener un gesto de un líder. Y el mensaje general que estaba transmitiendo el jefe de cocina era clarísimo: ni me respetaba a mí ni a ninguna otra de las personas que trabajaban en el comedor. Según su punto de vista, lo importante en los restaurantes de lujo era la comida; nosotros estábamos solo al servicio de la magia que él obraba en la cocina.

Y a mí eso me pareció un asco.

El pato que había cenado aquella noche con mi padre en el Four Seasons estaba delicioso, pero había formado parte de algo más grande: la espectacular sala, las obras de arte, la iluminación, los arreglos florales, los manteles, la cubertería, los uniformes impecables del equipo y la forma en que hicieron sentir al chaval de doce años que era yo la persona más importante de aquella sala. La combinación creó una atmósfera de pura magia. La comida formaba parte de ella, pero no lo era todo.

Durante la mayor parte del siglo xx, cuando salías a cenar lo hacías para ver y dejarte ver; el nombre del cocinero no figuraba en el menú. En cambio, a principios de la década de 1980, con el advenimiento de los cocineros famosos, el foco empezó a desplazarse hacia la cocina. Las personas comenzaron a comer mejor que nunca, pero el trato recibió un duro golpe. A mí, personalmente, no me gusta la carne muy hecha, aunque defenderé tu derecho a pedir que te la sirvan así sin recibir a cambio una mueca condescendiente o, en según qué lugares, una negativa rotunda por parte de la cocina.

Yo amaba los restaurantes y quería trabajar con un equipo para cuidar mucho a quienes sirviéramos. Pero había aceptado que el más alto nivel de la restauración de lujo no era para mí.

Así que cuando, durante nuestra reunión, Danny me preguntó si me gustaría ser director general del Eleven Madison Park, no supe qué decir.

Nunca digas «nunca»

El Eleven Madison Park estaba en el mismo edificio que mi querido Tabla, aunque no podían ser más distintos.

El emblemático edificio *art déco* fue diseñado para albergar la sede de la aseguradora Metropolitan Life Insurance

Company. De haberse construido según la previsión inicial, habría sido el rascacielos más alto del mundo. Sin embargo, la Gran Depresión empezó justo después del inicio de las obras, en 1929, y solo se completaron treinta de las más de cien plantas previstas. De modo que los vestíbulos de la planta baja, donde se hallaban los restaurantes, eran increíblemente amplios, porque estaban pensados para pertenecer a un edificio el triple de grande.

En el Tabla, la altura se había dividido en dos niveles, pero el Eleven Madison Park estaba diseñado para deslumbrar y allí los techos eran altísimos.

La palabra a la que siempre acabo recurriendo para describir la sala del EMP es *llamativo*. Por decirlo de otra forma: la primera vez que alguien entraba en aquel espacio se quedaba boquiabierto.

Su escala es impactante: techos de más de diez metros, suelos de terrazo hasta donde abarca la vista y ventanas gigantescas de dos pisos de altura con vistas al Madison Square Park. Al cruzar el umbral, sientes que estás frente a una estampa viva del vibrante pasado de Nueva York, en una sala que captura el espíritu de otra época. Ya no se hacen espacios así, ya no se pueden hacer; nunca volverá a construirse algo igual.

Danny había creado allí un exitoso establecimiento de estilo clásico, uno de esos restaurantes bulliciosos y agradables donde sabes que los martinis siempre están bien fríos y las patatas fritas que acompañan al bistec, deliciosas. Había vestido la sala con bancos de cuero negro y encargado al artista Stephen Hannock una enorme pieza para decorar la pared del fondo. Unos gigantescos adornos florales unían los dos comedores, y los camareros los cruzaban con platos tradicionales, resistentes y con ribete rojo, llenos de chuletones de ternera y otros platos franceses.

A la gente le encantaba aquel Eleven Madison Park, pero Danny no podía evitar sentir una incómoda desconexión entre la sala y el uso que él le daba. Los clientes también lo notaban. Reservaban mesas para celebrar aniversarios y cumpleaños importantes; llevaban anillos de compromiso encima para hacer allí la pedida de mano. Y era raro, porque en ese momento el EMP no era un restaurante para grandes ocasiones, lo que pasaba es que sí daba esa sensación. La magnificencia de la sala y el exceso de teatralidad parecían pedir a gritos arreglarse e ir a celebrar un acontecimiento especial, no a comerse una hamburguesa.

Cuando el EMP abrió, en 1998, obtuvo una reseña de dos estrellas en *The New York Times*. Y tras recibir otra reseña mediocre de dos estrellas en 2006, Danny decidió solucionar eso que tanto lo incomodaba y, para ello, pidió a Richard Coraine que viajara por todo el país para encontrar a un cocinero que pudiera cocinar a la altura de aquella sala espectacular.

Daniel Humm solo tenía veintinueve años, pero había empezado su carrera de cocinero profesional en algunos de los hoteles y restaurantes suizos más lujosos a los catorce años y había obtenido su primera estrella Michelin a los veinticuatro. Su cocina en el Campton Place le había granjeado una reseña de cuatro estrellas en el *San Francisco Chronicle* que elogiaba su perspectiva contemporánea de la cocina europea, basada en la técnica.

Se dice que Richard ni siquiera acabó de comer en el Campton Place antes de salir a llamar a Danny: «Creo que hemos encontrado a nuestro hombre».

Daniel ya había arrancado motores en el EMP, lo que significaba que la comida era buenísima, y cada día mejoraba. Pero el restaurante no acababa de funcionar como conjunto. Habían fichado a un director general de otro grupo de restauración y su enfoque no encajaba con el equipo ya existente, el nuevo cocinero y la cultura de Union Square Hospitality Group. Así que, después de unos meses, Daniel le dijo a Danny que creía que el restaurante necesitaba un nuevo director general.

Danny estuvo de acuerdo, siempre y cuando la nueva persona fuera de la empresa.

A lo que Daniel respondió: «Vale. ¿Qué te parece Will?».

Él y yo no nos conocíamos mucho, pero todas las semanas, los directores generales y los jefes de cocina de USHG nos reuníamos en torno a la gran mesa de la sala de juntas de las oficinas de Union Square. Al final de cada encuentro, todo el mundo hablaba de sus proyectos experimentales, y aunque yo era la persona más joven de los presentes, estaba tan emocionado con todo lo que estaba haciendo en el MoMA que hablaba más que cualquier otro: «¡Chicos, tenemos una cafetera BUNN de color negro mate que es una maravilla!», «Estoy montando un concurso para encontrar al mejor barista de la empresa. Mandad a vuestros equipos, porque he convencido a una marca de café italiano para que nos regale un viaje a Italia como primer premio», «Chicos, tengo que hablaros del carrito de los helados. No, en serio, ¿habíais visto alguna vez algo tan perfecto como esa cucharilla azul?».

Es posible que a Daniel le molestara que yo hablara tanto en aquellas reuniones, pero también vio una pasión que le hizo pensar que quizá yo sería un buen fichaje para la tarea que se avecinaba.

Mientras tanto, a mí la oferta de Danny me pilló por sorpresa y al principio no me emocioné demasiado. Los restaurantes de lujo no me hacían mucha gracia y él quería hacerme responsable del que pretendía que fuera el más lujoso de toda la empresa.

Llamé a mi padre.

—No sé, papá —le dije—. Por muy extraordinario que sea el chef, yo no quiero trabajar para él. Tenemos que ser socios. Yo no puedo trabajar con alguien que no respete lo que hacemos en el comedor.

Mi padre siempre decía: «**Corre hacia lo que quieres en lugar de huir de lo que no quieres**». Así que me preguntó directamente:

—¿Cuál es el trabajo de tus sueños?

Tuve clarísima la respuesta:

—Quiero dirigir el Shake Shack.

En aquel entonces solo había uno, aún no era una cadena, pero yo estaba obsesionado con él. Me encantaba tanto la idea como la propuesta gastronómica: clásicos de la comida rápida estadounidense con ingredientes de calidad preparados y servidos en un quiosco en un parque. (ShackBurger, patatas fritas con queso, con el queso aparte y una Coca-Cola. Me sigue obsesionando Shake Shack.)

Mi padre me dijo:

—A ti te encanta trabajar en Union Square Hospitality Group. ¿Tú quieres crecer dentro de la empresa?

Le dije que sí.

—Pues, entonces, si quieres que ellos te ayuden cuando lo necesites, tendrás que hacer lo mismo por ellos.

Volví a reunirme con Danny con una propuesta:

—Seré director general del Eleven Madison Park durante un año si después puedo ir a trabajar al Shake Shack.

Aceptó.

Tomar decisiones juntos

El siguiente paso era reunirme con Daniel y eso me ponía nervioso. Hasta entonces había huido de la restauración de lujo por el poder que tenían en ella los chefs. No era el único: en ese ámbito parecía haber una distancia insalvable entre quienes cocinaban y quienes servían la comida. Todos formábamos parte del mismo equipo, pero lo normal era que no lo pareciera. Siempre había un único vencedor en aquel tira y afloja, y en los restaurantes de lujo acostumbraba a ser el chef quien salía victorioso. Si iba a encargarme del Eleven Madison Park, tenía que saber que Daniel estaba dispuesto a considerar nuestra sociedad de una forma nueva.

Nos reunimos en el Crispo, un animado restaurante italiano de la calle Catorce, donde descubrimos nuestro amor compartido por la pasta y el barolo. Nos parecíamos en más cosas. Yo llevaba desde los catorce años trabajando en restaurantes; él también. Ambos éramos perfeccionistas, apasionados de nuestro trabajo y desacomplejadamente ambiciosos.

También había grandes diferencias. Daniel se había formado en Europa, trabajando en restaurantes con tres estrellas Michelin muy clásicos, mientras que yo había estado haciendo inventarios de cámaras frigoríficas en Restaurant Associates y aprendiendo un nuevo estilo de hostelería más relajado con Danny Meyer. Así que contemplábamos el mundo y, en especial, la hostelería de una manera muy muy distinta. Sin embargo, en última instancia, pensamos que nuestras diferencias se complementarían.

Acabamos la noche en un bar dominicano, a dos puertas del Crispo, tomando cervezas hasta muy tarde. Allí fue donde le expliqué a Daniel por qué me incomodaba tanto la idea del restaurante de lujo.

—Me encanta la hospitalidad —le dije—. Quiero hacer feliz a la gente. Y no estoy dispuesto a pasarme la vida entera convenciéndote de que lo que haces tú es tan importante como lo que hago yo. Si no formamos una sociedad, si lo que sucede en el comedor no es tan importante como lo que sucede en la cocina, entonces ni me lo plantearé.

Que la cocina y el comedor se comunicaran de forma más abierta era una idea que también tenía sentido para Daniel. Él había trabajado en un restaurante europeo donde la brigada de cocina tenía incluso prohibido entrar en el comedor. En otro habían instalado una pantalla de plexiglás en la zona de pase (el área de la cocina donde se emplata y se acaba la comida antes de llevarla al comedor) para que la brigada de sala no pudiera hablar con quienes trabajaban dentro. Se comunicaban mediante notas.

Eso me dolió. A diferencia de los camareros y sus ayudantes, la brigada de cocina no ve iluminarse de emoción y aprecio los rostros de los clientes cuando la comida llega a la mesa; no ven a los comensales extasiados de placer tras el primer bocado. Un jefe de cocina no debería tener que comprobar los platos que llegan a la zona de lavado para saber si a una mesa le ha gustado o no la comida.

Cuando Daniel y yo nos despedimos aquella noche, un poco tocados por la cerveza, habíamos decidido qué guiaría la trayectoria de nuestra empresa durante toda su existencia: seríamos un restaurante regido desde ambos lados del muro.

En un restaurante donde manda el cocinero se prioriza la comida, mientras que en uno donde manda el jefe de sala se prioriza el servicio. Decidimos que si íbamos a tomar decisiones juntos, siempre elegiríamos lo que fuera mejor para el restaurante en su conjunto.

7

Fijar expectativas

«Ser el restaurante de cuatro estrellas de la próxima generación.»

Ese fue nuestro primer objetivo en el Eleven Madison Park. Daniel y yo llegamos a él de la forma más orgánica, tomando aquellas primeras cervezas en el bar dominicano y en las muchas noches que siguieron a aquella.

En ese momento, el panorama de los restaurantes de lujo de Nueva York estaba cambiando. Habían cerrado muchos establecimientos clásicos, de manteles blancos, como el Lutèce y La Caravelle; a la gente, sobre todo a los más jóvenes, ya no les gustaba aquella formalidad acartonada.

A algunos restaurantes caros les iba bien, pero incluso nuestros preferidos, como el Jean-Georges, el Daniel, el Per Se y Le Bernardin, los poseía y dirigía gente que nos sacaba veinte años. Aunque tenían legiones de clientes habituales e incondicionales, aquellos restaurantes no eran la vanguardia de nada. A pesar de ser establecimientos muy apreciados, no se hablaba de ellos en el sector.

Mientras tanto, Daniel y yo teníamos veintitantos años y a la gente de nuestra edad lo que le gustaba eran los sitios irreverentes e informales. La pasta del Babbo era impecable, y te la comías escuchando el *Led Zeppelin IV* a todo volumen. Lo primero que veías nada más entrar en el Ssäm Bar era una fotografía a tamaño natural del combativo tenista John McEnroe, que era, además, el único elemento ornamental de la sala. El comedor del Prune era del tamaño de la habitación de un piso de Nueva York; la cocina abierta quedaba tan cerca que el cocinero podía, y a menudo lo hacía, estirar el brazo por encima de la zona de pase para dejar un cuenco de olivas en tu mesa. Y los cócteles más innovadores y mejor elaborados del mundo se tomaban en un *speakeasy* (antiguo bar clandestino) al que se entraba por una cabina telefónica situada en un local minúsculo de perritos calientes del East Village.

Aquellos restaurantes allanaron el terreno para lo que llegaría pocos años después: el kung pao de pastrami del Mission Chinese o la pizza Cheezus Christ ('Quesu Cristo') del Roberta's, un antiguo almacén apenas acondicionado, con suelo de cemento y paredes cubiertas de grafitis de Bushwick. Esos restaurantes servían la mejor comida de Estados Unidos en aquel momento y, en esencia, cambiaron la idea de lo que era salir a cenar. Los propietarios gastaban su dinero en ingredientes, no en cristalería, y los camareros a los que contrataban acostumbraban a ser más del tipo «tatuado con *piercings*» que «francés con traje».

Sin embargo, por magnífica que fuera la comida de aquellos sitios, gran parte de la hospitalidad se desatendía. El bo ssäm del Momofuku era una paletilla de cerdo cocinada durante horas que se enrollaba en hojas de lechuga en la mesa y se comía acompañada de ostras. Era, sin lugar a dudas, uno de los platos más deliciosos que se podían degustar en Nueva York. Pero el restaurante no aceptaba reservas y tampoco disponía de un espacio dentro donde esperar, de modo que si querías probar aquel cerdo cocinado a fuego lento, tenías que pasar una hora a la intemperie en pleno febrero, y cuando por fin te sentabas, lo hacías en un taburete desvencijado de madera contrachapada, sin cojín ni respaldo.

Daniel y yo imaginamos un restaurante de lujo donde pasar un buen rato sin tener la sensación de que en cualquier momento fuera a aparecer un adulto a darte con una vara en los nudillos para que te sentaras como es debido. No obstante, queríamos hacerlo sin sacrificar ninguna de las comodidades ni gloriosas tradiciones de servicio que convierten una cena de lujo en algo memorable y especial. Queríamos casar el cariño, la atención y, por descontado, la excelencia y el lujo de los restaurantes de cuatro estrellas clásicos con el elemento sorpresa y el deleite —la diversión— de una experiencia más informal.

Queríamos que las cenas de alta cocina fueran «guais».

Ese era, al menos, nuestro sueño. Pero del dicho al hecho, hay un gran trecho.

El reconocimiento es importante

Nunca dejes pasar la oportunidad de obtener información privilegiada antes de empezar a trabajar en un sitio.

Afortunadamente, yo ya contaba con una gran avanzadilla en el EMP. Sam Lipp, un tipo entusiasta con una pasión incomparable por hacer feliz a la gente, se había ido al EMP hacía unos meses, junto con nuestra colega Laura Wagstaff; eran dos de mis mejores encargados en el MoMA. Así que, antes de empezar, fui a tomar una copa con Laura.

Laura es tenaz y dinámica, una brillante solucionadora de problemas y una incansable defensora de las personas a su cargo, y por eso no hay nada que me alegre más que tenerla a mi lado susurrándome consejos. Es Laura quien me dice que un miembro del equipo necesita mimo y cariño, si me estoy poniendo demasiado intenso o cuándo me estoy obsesionando con lo que no debo. Es ella quien me da un toque en el hombro y me dice: «Esto hay que llevarlo con tacto» o «Será mejor que te calmes un poco». (Por si todavía no ha quedado claro, creo que todos los líderes deberían tener a una Laura, alguien que se sienta cómodo avisándote cuando no te estás comportando de la mejor manera posible.)

¿Otra cosa buena que tiene Laura? Nunca se queja. Jamás. De modo que cuando la vi menear la cabeza mirando su cóctel y diciéndome que el EMP no iba bien, supe que aquello pintaba mal.

O, citando sus palabras: «Mal mal».

El primer problema, me dijo, radicaba en que los trabajadores se habían dividido en dos bandos.

Uno de ellos era la vieja guardia, camareros y encargados que llevaban años trabajando allí. En aquel momento, el EMP solo tenía dos estrellas, pero se trataba de un restaurante bullicioso y popular, con muchísimos clientes habituales, lo que significaba que los camareros se ganaban bien la vida allí. Y el estilo de servicio era acorde con la carta, en este caso, fácil y relajado, sin demasiado refinamiento ni atención al detalle.

El otro bando era el escuadrón del lujo, los encargados que habían llegado con Daniel. Procedían de restaurantes prestigiosos de todo el país y sabían que el EMP podía llegar a ser excepcional. Por desgracia, no se les estaba dando bien transmitir su estilo de servicio al equipo antiguo ni ayudar a quienes no se estaban adaptando a él a buscar otro puesto de trabajo. Querían que se hicieran las cosas a su manera, la única manera «correcta», y les irritaba que nadie estuviera nunca a la altura de su nivel de exigencia.

Así, los camareros y encargados que habían llevado el restaurante durante años y estaban orgullosos de todo lo que habían creado se sentían en falso y poco respetados, mientras que al escuadrón del lujo le frustraba la falta de progreso en la senda hacia la excelencia.

En suma: todos estaban cabreados.

Que el restaurante estuviera muy mal organizado no hacía más que agravar las fricciones. Aunque se habían establecido muchos estándares, no había sistemas de verdad para comunicarlos. No es de sorprender que aquello generase muchas situaciones confusas.

En mi primera semana allí, vi que un jefe de comedor corregía la forma de llevar la bandeja a un camarero. El pobre chico no había dado ni diez pasos cuando otro jefe lo paró y le dijo que debía coger la bandeja como la llevaba antes. Una pequeña incoherencia, vale, pero si los jefes no eran capaces de ponerse de acuerdo en cómo querían que se llevaran las bandejas y comunicárselo a quienes lo hacían, ¿qué esperanza había de que pudieran implementar ideas de mayor calado?

Mientras tanto, un menú que no había cambiado prácticamente durante años ahora lo hacía sin parar. Había muchos proveedores nuevos y especiales, y el tipo de cliente al que le gustaba la comida de Daniel quería saber de qué granja era el queso de cabra y con qué hierbas silvestres se alimentaban los animales durante la primavera. Sin embargo, la información, y era ingente e incluía una carta de vinos larguísima y cambiante, se daba al vuelo, un alud de datos que nadie era capaz de retener, menos aún veinte minutos antes de la hora a la que se suponía que debían compartir su entusiasmo con los clientes.

Además, la sala tenía el mismo número de asientos que cuando el EMP servía bistecs con patatas. Incluso en los restaurantes mejor gestionados, es habitual que haya mucho ajetreo los sábados por la noche en hora punta, forma parte de la diversión de trabajar en un restaurante. Pero los restaurantes de cuatro estrellas no tienen ciento cuarenta sillas, y es por algo: no se puede servir ese tipo de comida, ni proporcionar ese nivel de servicio, al volumen de clientela de un restaurante convencional.

Así que las normas básicas del servicio habían desaparecido. Los clientes se sentaban más tarde de la hora a la que habían reservado y después tenían que esperar sus platos mucho rato. En las peores noches, la barra estaba llena de gente esperando y perdiendo la paciencia.

Un fin de semana hubo tal disparidad entre el número de reservas que había aceptado el restaurante y la cantidad de platos que era capaz de sacar la cocina que los miembros del equipo empezaron a tararear entre sí la canción «Welcome to the Jungle» ('Bienvenidos a la selva') de Guns N' Roses cada vez que se cruzaban en la zona de pase. Se suponía que debían ofrecer una experiencia elegante y atenta; en cambio, el jefe de comedor fue a ver Laura y le dijo sin paños calientes: «Para hacer esto, preferiría trabajar en un bar de carretera».

Como aquel era un restaurante de Danny Meyer, el equipo reaccionó rápidamente invitando a champán y disculpándose mucho por la espera. No obstante, las maniobras de distracción tienen un límite. La gente iba a cenar al nuevo EMP o bien porque le encantaban los restaurantes de Daniel Meyer o bien porque había oído hablar maravillas de su comida. Y, en cualquier caso, salía decepcionada. El restaurante estaba enfadando a más gente que a la que hacía feliz.

Suma a tu equipo

Los negocios con culturas sólidas cuentan con una ventaja fascinante que a menudo no se tiene en consideración: cuando un empleado asciende en la organización, le molesta que las cosas se hagan de cualquier otra forma que no sea la suya.

Y esa molestia es lo que sentí yo al entrar en el EMP el primer día.

Echando la mirada atrás, ahora podría hacer una lista de todo lo que estaba torcido y explicar qué hice para enderezarlo. En la versión épica de la historia, adopté una postura experta y enumeré una serie de principios inspiradores de gestión que transformaron el restaurante en cuestión de una semana.

Sin embargo, lo cierto es que la forma que tenía Danny de hacer las cosas, el trato que dispensaba a sus empleados y clientes, estaba tan incrustado en mi conciencia que durante los primeros meses me limité a actuar por instinto.

Lo que más necesitaba el equipo era acompañamiento. Sentirse vistos y apreciados. Que se les explicara con claridad lo que se esperaba de ellos. Que la disciplina fuera consistente. Necesitaban sentir que eran una parte vital e importante de un excitante mar de cambios, no obstáculos para llevarlos a cabo.

Desde la perspectiva de la gerencia, teníamos que regresar a lo fundamental, y en Union Square Hospitality Group lo fundamental era cuidar los unos de los otros. El escuadrón del lujo no procedía de USHG, y aunque hubiera sido capaz de asimilar este aspecto crucial de nuestra cultura, centrada en la plantilla, estaba tan obsesionado con dejar su huella en el restaurante que la habría ignorado. Por eso Danny había insistido en que el siguiente director general fuera alguien de la empresa; para él, ese aspecto de la cultura no era negociable.

Cerrar la brecha entre las dos facciones pasaba por algo esencial: mejorar la comunicación. Al mismo tiempo, necesitábamos sistemas por los que todo el mundo supiera qué debía hacer y cómo.

Mi esperanza era que ambos ajustes aumentaran la sensación de seguridad del equipo y lo inspirara para llevar a cabo nuestra misión. Mejorar el restaurante requeriría mucho trabajo, pero nada tendría sentido si los empleados detestaban trabajar allí. Si no era capaz de hacer que se sumaran a nuestro proyecto en cuerpo y alma, la idea esencial, alcanzar la excelencia, nacería muerta.

Los líderes escuchan

Alguien me había contado que unos años antes un tipo llamado Christopher Russell había causado una gran impresión en su equipo con su primer discurso como director general del Union Square Cafe. (Yo no estaba, así que voy a parafrasear.)

Les dijo: «Me hace mucha ilusión estar aquí; creo en este restaurante y lo amo profundamente. También tengo claro cuál es mi trabajo: hacer lo que más convenga al establecimiento, no a ninguno de vosotros. La mayoría de las veces, lo que es mejor para el negocio coincide con lo que es mejor para el equipo. Pero la única forma que tengo de cuidar a cada uno de vosotros como individuos es priorizando siempre el restaurante».

Me encanta. Aquel discurso era una muestra de liderazgo lleno de confianza, una llamada a la movilización y una forma de explicar al equipo de buen principio lo que podía esperar de él como jefe.

Yo me inspiré en ese enfoque para elaborar el discurso de mi primer día. La diferencia era que Christopher había trabajado como camarero y encargado en el Union Square Cafe durante años antes de ser ascendido. Conocía hasta el último centímetro del restaurante y a todos los empleados de aquella sala, desde cuál era su cóctel favorito hasta cómo se llamaban sus mascotas. La gente confiaba en él. Se había ganado el derecho a pronunciar un discurso así. Yo no.

Uno de los mejores consejos que me han dado sobre entrar en una nueva empresa es: **«No te tires a la piscina en bomba. Entra pasito a pasito»**. Es un consejo que doy también a quienes se unen a la mía: da igual el talento que tengas y lo mucho que puedas aportar; concédete tiempo para entender la organización antes de intentar aportar.

Tener otros ojos y oídos sobre el terreno, en especial los de Laura y Sam, en quienes confiaba, fue todo un regalo. Sin embargo, no sabía nada más aparte de los datos que ellos me proporcionaban. Así que, aunque me sentí tentado de optar por un discurso impactante sobre hacia dónde iba el restaurante, primero debía saber dónde estaba.

Una de las cosas más complicadas de aterrizar en un entorno nuevo es que cada cual cuenta la historia a su manera.

Tienes que conectar con todo el mundo y aceptar que quizá tardarás un poco en determinar si ese encargado es de verdad una malísima persona o si lo que pasa es que sus prioridades difieren de las de quien se está quejando. **No siempre vas a estar de acuerdo con todo lo que oigas, pero lo primero que debes hacer es escuchar.**

Durante aquellos primeros meses en el EMP hubo muchas acusaciones y muchas culpas que repartir; nunca he estado en una situación donde hubiera tantas personas que tuvieran razón y estuvieran equivocadas al mismo tiempo. Parte de la vieja guardia trabajaba sin ganas, pese a lo cual era fácil entender por qué muchos de ellos opinaban que el escuadrón del lujo tenía que relajarse un poquito.

En cualquier caso, daba igual quién tuviera razón y quién no, porque nadie se estaba comunicando como es debido. Los miembros del equipo de primera línea no hablaban entre sí porque nadie hablaba con ellos y no se escuchaban porque sentían que nadie los escuchaba, por lo cual dediqué mis primeras semanas de aclimatación a reunirme con todos ellos y escucharlos.

Fue toda una lección; aprendí infinidad de detalles sobre el restaurante que de otro modo habría tardado muchísimo en descubrir. Aquellas reuniones también me enseñaron que el tiempo invertido da para mucho. Sentarte a hablar con los miembros del equipo les demuestra que te preocupa lo que piensan y cómo se sienten, y eso les facilita confiar en que quieres lo mejor para ellos.

Por eso, después pedí a los encargados que dejaran de sentarse juntos en las comidas de familia, es decir, cuando la plantilla comparte mesa antes de abrir el restaurante. Al separarse y mezclarse con los demás, descubrieron, como me había pasado a mí, que las comidas son una oportunidad perfecta para compartir ideas y perspectivas que, de otro modo, se pierden.

Busca los tesoros enterrados

Mi padre comandó un pelotón en Vietnam. Él es el primero en reconocer que no se le dio muy bien; de hecho, es bastante probable que se lo asignaran porque nadie más quería el cargo.

En aquel pelotón había un tipo al que apodaron Kentucky, de donde procedía. Kentucky era gandul y no estaba en forma; su coordinación mano-ojo era inexistente y su puntería, horrorosa. Mi padre decía que tampoco era el peine con más púas del cajón; si es que tenía alguna, o eso pensaba él al principio.

Intentar conocer a sus soldados fue la forma que encontró mi padre para canalizar su frustración inicial. Al hablar con Kentucky, supo que aquel chico había vivido toda su vida en los densos y profundos bosques del sur rural y que debía su excepcional sentido de la orientación a toda una vida desplazándose por aquella tierra. Lo que también significaba que, por oscuras que fueran las junglas de Vietnam, por espeso que fuera el follaje o complicado el terreno, Kentucky siempre encontraba el camino, a diferencia de mi padre y de otros chicos de ciudad, que se enfrentaban por primera vez en su vida a una situación como aquella.

De modo que mi padre desplazó a Kentucky de la zona central del pelotón, donde lo habían asignado para evitar males mayores, a una posición en la primerísima fila donde siempre hizo un trabajo excelente. Al dedicar tiempo a conocer a los chicos, mi padre convirtió a uno de los peores del pelotón en uno de sus mejores activos.

En los negocios, me dijo, tú eliges a tu equipo; pero incluso si lo heredas, tú decides si quieres seguir trabajando o no con ellos. En la guerra te asignan al equipo, no puedes despedir a nadie y muchos ni siquiera quieren estar allí. Y las consecuencias de las malas decisiones en Vietnam eran mucho más graves que equivocarse de plato con un cliente.

La responsabilidad de un líder es identificar los puntos fuertes de las personas de su equipo, por muy enterrados que estén.

Pensaba en esto a menudo durante mis reuniones individuales con el nuevo equipo del EMP. Era tentador deshacerse de cualquiera cuya fama no fuera la de ser un empleado estelar; al final, habría gente que tendría que irse. Pero antes debía asegurarme de que no hubiera alguna habilidad oculta bajo un rendimiento mediocre.

A Eliazar Cervantes le costaba llevar los platos a las mesas; sus encargados se quejaban una y otra vez de que no prestaba atención. Lo cual, en parte, era cierto, porque a Eliazar no le interesaba mucho aprender sobre comida. Era comprensible que no recordara la añada del vinagre balsámico: el tema no le apasionaba.

Después de hablar con él, descubrí una cosa que los demás no sabían. Era increíblemente organizado y un líder natural, la clase de persona a la que no le cuesta ejercer su autoridad y que es capaz de llevar el timón con mano firme incluso cuando parece que toda la empresa está descarrilando. La solución no era echarle la bronca ni despedirlo, sino asignarle otro rol.

Eliazar se convirtió en el facilitador de la cocina. El facilitador es la persona que dice a los cocineros cuándo deben empezar a preparar los platos y se asegura de que estos lleguen a la persona correcta en un tiempo igual de correcto. Los buenos saben con exactitud qué ha pedido cada mesa, en qué punto del plato anterior se encuentran y cuánto tarda en hacerse el segundo. En un restaurante como el EMP, debía tener en mente las treinta mesas a la vez.

En otras palabras: todas las noches, el facilitador dirige una orquesta sinfónica mientras procura que los aviones no choquen en pleno vuelo. Es uno de los trabajos más importantes de un restaurante y también uno de los más complicados.

Y ver a Eliazar desempeñarlo era como ver a alguien jugar al ajedrez en tres dimensiones. Cuando pasó de un puesto sin componente organizativo ni oportunidades de liderazgo a uno que dependía de tener esas aptitudes, Eliazar no tardó en dar lo mejor de sí mismo y todo el restaurante vio su genialidad.

Durante años fue un jefe de facilitadores brillante en el Eleven Madison Park y se convirtió en una pieza esencial de nuestro éxito. Encontrar sus habilidades ocultas y las de otros miembros del equipo fue un paso importante. El rompecabezas empezaba a resolverse.

Separa críticas de emociones

¿Sabes cuando uno de tus amigos se desenamora pero no se atreve a tener esa conversación tan incómoda con su pareja sobre por qué su relación ya no funciona y entonces se comporta como un imbécil con la esperanza de que la otra persona se harte y lo deje? Pues eso había pasado mucho en el EMP, en el ámbito de la gestión, durante la etapa anterior.

Así que informé al equipo de que a mí no me asustaban las conversaciones incómodas, que me dijeran cosas difíciles ni decirlas yo.

La asignatura más valiosa que cursé en Cornell fue la de lengua española y la segunda, la de aprender a usar Excel. Pero también debo reconocer que una que se llamaba «conductas en las empresas» no estuvo mal. Básicamente, porque nos hicieron leer *El ejecutivo al minuto*, de Ken Blanchard y Spencer Johnson

Es un libro que aún hoy sigo regalando a todos los empleados a los que asciendo. Es un recurso asombroso, en especial a la hora de comentar a una persona aspectos de su trabajo. En mi opinión, sus mejores enseñanzas son: **critica el comportamiento, no a la persona; halaga en público, critica en privado; halaga con emoción, critica sin ella.**

Cuando alguien que trabajaba para mí hacía bien una tarea, me aseguraba de encontrar un momento para decírselo frente a la mayor cantidad posible de compañeros. Recibir halagos, sobre todo frente a tus iguales, es adictivo. Siempre quieres más.

Para asegurarnos de que lo estábamos haciendo de forma consecuente, instauramos el premio mensual Bien Hecho, cuando todo el equipo de encargados votaba a una persona de la cocina y a una del comedor que hubieran ido un paso más allá en el trato con el cliente o con sus compañeros.

Nuestra inspiración fueron los premios a Empleado del Mes que suelen verse en sitios como McDonald's. Esos premios no suelen ser muy apreciados: los cuelgan en marcos horteras cerca de los lavabos con fecha de cuatro meses antes, pero es fantástico **reconocer el buen trabajo en periodos de tiempo regulares y preestablecidos**.

Colocábamos la fotografía del empleado o la empleada que hubiera ganado el premio Bien Hecho sobre el reloj de fichar para que pudieran gozar del reconocimiento de sus compañeros. También les dábamos una tarjeta regalo de cien dólares para gastar en el restaurante, así podían presumir de su lugar de trabajo con amigos y familia.

Éramos tan cuidadosos con las críticas como con los halagos. Invitaba a los empleados a acudir a mí si pensaban que había algo que podíamos hacer mejor y a hacerlo mucho antes de que su frustración estuviera a punto de desbordar el vaso. De un modo similar, animaba a los encargados a solucionar de inmediato cualquier problema que surgiera en sus equipos antes de que la cosa arraigara y, por tanto, adquiriera una dimensión emocional.

Cuando los encargados jóvenes toman las riendas del poder (y la mayoría de los encargados de nuestro sector lo son cuando empiezan, porque ganan muy poco), quieren gustar. Trabajan con sus equipos catorce horas al día y a menudo acaban saliendo con ellos y tomándose unas copas después del trabajo; es normal que quieran ser considerados parte del grupo.

De modo que cuando un camarero se presenta con la camisa sin planchar y dejas pasar esa infracción leve para preservar el ambiente cordial, no nos engañemos, lo haces tanto por el camarero como por ti. No dices nada. Y tampoco lo haces al día siguiente cuando ves que la camisa sigue sin planchar, ni al otro ni al otro.

El vigésimo día, empiezas a tomarte esas arrugas como algo personal. La realidad es que el tipo no ha planchado la camisa porque nadie se lo ha dicho. Pero, en tu cabeza, no lo hace porque no te respeta ni a ti como encargado, ni al restaurante donde trabaja ni a los demás miembros del equipo. Esa camisa arrugada se ha convertido para ti en un rótulo de neón parpadeante: a ese tipo le importa un bledo la empresa que tú intentas construir.

Tu resentimiento se encona, y cuando por fin hablas con tu empleado sobre el tema de la camisa sin planchar, la cosa ya es personal, y emocional. Voy a chafarte el final: la conversación que al final tendrás con él acabará mal.

En nuestras reuniones de gestión hablábamos de cómo evitar esos momentos. Muchas de esas confrontaciones podrían evitarse con toques de atención tempranos, claros y serenos, como llevarse a un aparte al tipo de la camisa arrugada y decirle: «¡Hola! Buenos días, me alegro de verte. Oye, se te ve un poco desaliñado; ¿por qué no vas un momento arriba y le das un repasito a la camisa con la plancha antes de sentarnos todos a almorzar?».

Todos los encargados viven con la fantasía de que su equipo es capaz de leerles la mente. Sin embargo, la realidad es que tienes que expresar con precisión lo que esperas de él. Y tu equipo no puede ser excelente si no estás pendiente de que se cumplan los estándares que has establecido. Normaliza esas reconvenciones haciéndolas al momento siempre que sea necesario.

Y haciéndolas en privado. Aún recuerdo el rubor de vergüenza y terror subiéndome por el cuello cuando el jefe de cocina me gritó en el comedor del Spago, y seguiré haciéndolo el resto de mi vida. Y aunque fue una experiencia terrible, también fue un privilegio ver de cerca un error que yo no quería cometer jamás.

Corrige a un empleado frente a sus compañeros y no te lo perdonará nunca. De hecho, el bochorno que siente impedirá que esa persona recuerde nada de lo que le estás diciendo. En cambio, si haces la misma corrección en privado, todo cambia.

Ya sean críticas o halagos, el trabajo del líder es decir constantemente a su equipo cómo lo está haciendo. Pero todos sus miembros deberían oír más a menudo las cosas que han hecho bien que aquellas en las que deberían mejorar; de lo contrario, se desaniman y se desmotivan. Y si no eres capaz de encontrar más motivos de halago que de crítica, eso es un problema de liderazgo: o no estás formando lo suficiente a esa persona o lo has intentado y no funciona, lo que significa que no debería estar en la plantilla.

Estas normas ayudan a tu equipo a sentirse seguro, sobre todo si las aplicas con coherencia. La coherencia es uno de los aspectos más importantes y menos valorados del liderazgo. Una persona no puede sentirse a gusto en el trabajo si teme qué versión de su encargado encontrará cuando llegue. De forma que si eres el jefe, tienes que ser coherente y controlar tu humor para que el camarero de la camisa arrugada no lo acabe pagando por la bronca que has tenido esa mañana con tu pareja.

Eso es lo ideal; pero, seamos sinceros: **de vez en cuando vas a meter la pata. Cuando suceda, pide perdón**. La pasión por lo que haces comporta cierta intensidad inherente y, a veces, eso puede sacarte de quicio. Yo desde luego he expresado mi enfado y decepción de formas que no eran las ideales para corregir a alguien en un lugar de trabajo. Sin embargo, siempre me he asegurado de pedir perdón, no por la recriminación o el comentario en sí, sino por la forma en que lo he expresado.

Treinta minutos al día pueden transformar una cultura

A pesar de todo este discurso sensiblero sobre escuchar y aprender, en el fondo a mí lo que me gusta son los sistemas. Y en 2006, el EMP necesitaba con desesperación unos cuantos.

Cuando empiezo un cambio, siempre busco la mejor palanca, lo que sea que me permita transmitir la mayor cantidad de fuerza con la menor cantidad de energía. Y no hay mejor palanca que una reunión diaria de treinta minutos con tu equipo.

La mayoría de los restaurantes celebran una reunión diaria antes del servicio. Se denomina «*briefing*» y es el momento de presentar y explicar los nuevos elementos del menú, los nuevos vinos que se ofrecerán por copas y los nuevos pasos del servicio.

Sin embargo, puede ser mucho mucho más que eso: **una reunión diaria de treinta minutos es el espacio donde un grupo de individuos se transforma en un equipo**. De hecho, creo fervientemente que si todas las consultas de dentistas, agencias de seguros y empresas de mudanzas mantuvieran reuniones diarias de treinta minutos con sus equipos, la atención al cliente como la conocemos experimentaría un cambio profundo.

En el EMP, nuestra forma de llevar los *briefings* establecía un tono que era al menos tan importante como lo que decíamos. La asistencia era obligatoria. Las reuniones empezaban puntuales a las once y cinco y duraban treinta minutos exactos. El primer año, lideré todas y cada una de aquellas reuniones, tanto las de las comidas como las de las cenas, de lunes a viernes. Quería que el equipo me viera y supiera que era coherente, estaba disponible y me responsabilizaba ante ellos; quería que supieran que yo hacía exactamente lo que decía que haría cuando había dicho que lo haría.

En la etapa anterior de aquel restaurante, los *briefings* se habían limitado a lo que se servía en el plato o en el vaso: el ingrediente principal es tal, ha madurado tanto tiempo, se acompaña con tal y así es como se acompaña la salsa.

La transferencia de información básica es de vital importancia, sobre todo cuando se están cambiando tantas cosas. En otros restaurantes de Danny Meyer, los encargados repartían indicaciones impresas que incluían los nuevos platos del menú, los vinos nuevos y datos sobre granjas y productores para que la gente se las llevara a casa y las memorizara. Pero, seguramente porque todo iba muy rápido, aquella práctica había ido dejándose de lado en el EMP.

Yo la recuperé de inmediato: no podía haber ambigüedad en cuanto a lo que se esperaba que supieran los camareros. Los encargados debían escribir, revisar y corregir de forma meticulosa todas las descripciones del menú y los vinos, y debían tenerlas listas e impresas para la reunión con los camareros de forma que estos pudieran anotar cosas en ellas durante las presentaciones verbales que hacían la brigada de cocina y el sumiller.

La primera semana me acosté tarde todos los días diseñando una plantilla para que esas notas quedaran elegantes y bien organizadas. Eso era insensato, **pero no hay tarea pequeña**, y yo quería que esas notas estuvieran tan pensadas y tuvieran tan buen aspecto como el pato glaseado con miel de lavanda que servíamos a los clientes. En este caso, quienes iban a recibir mi trato eran los miembros de mi equipo y no pensaba ponerme en pie y hablarles de excelencia sin ser un modelo de esta.

Cuando se hacen bien, los *briefings* llenan de combustible el depósito de tu equipo justo antes de que este salga a llenar los de las personas a quienes se disponen a servir.

Comunicar estándares consistentes mediante mucha repetición era importante; un buen encargado se asegura de que todo el mundo sepa lo que debe hacer y después se asegura de que lo han hecho: esa es la parte aburrida de ser un líder. Pero una gran parte del liderazgo consiste en dedicar tiempo a decirle a tu plantilla por qué hacen lo que hacen, y yo usaba los *briefings* para profundizar en ese aspecto.

Les hablaba del espíritu del restaurante y de la cultura que estábamos intentando construir. Usaba esas reuniones para inspirar y animar a mi equipo y para recordarles por qué luchábamos. Aquellos treinta minutos eran nuestro momento para celebrar victorias, incluso las más pequeñas, y reconocer en público que algún empleado lo estaba bordando.

Nuestras reuniones seguían el mismo esquema todos los días y así la plantilla al completo sabía exactamente qué esperar. Empezábamos con temas administrativos («El jueves es el último día para pedir cambios relacionados con el seguro médico, llamad a Angie si tenéis cualquier duda»). Después, yo comentaba por encima alguna cosa que me hubiera inspirado; podía ser un artículo que hubiera leído sobre otra compañía o una experiencia de servicio que hubiera vivido en otra empresa.

La inspiración era ubicua. Un día, no conseguí que me dieran hora en el sitio donde solía ir a cortarme el pelo, así que acabé entrando a una típica barbería de Nueva York, con sus postes giratorios azules, rojos y blancos y los peines en remojo en frascos de desinfectante azul. Mientras pagaba por mi corte, el barbero me preguntó con voz ronca:

—¿Qué le apetece?

Le miré confundido: señalaba tres bidones enormes con grifos que contenían ginebra, vodka y whisky.

—¡Whisky! —exclamé con una sonrisilla, y él me sirvió un trago en un vasito de plástico como esos que te da el dentista para enjuagarte la boca antes de despedirse de ti.

Esa tarde, conté esa anécdota durante el *briefing*. ¿A quién diablos se le había ocurrido lo de los minichupitos? Era algo nimio, ridículo, irrelevante. Una dosis de generosidad diminuta ¿con qué finalidad? Superar tus expectativas, subirte el ánimo, quizá solo pintarte una sonrisa en la cara al salir por la puerta. Era maravilloso y yo quería que inspirara al equipo tanto como me había inspirado a mí.

Todos los *briefings* empezaban con un saludo y su correspondiente respuesta: «¡Feliz miércoles!», «¡Feliz miércoles!». Y acababan también con un breve diálogo. Yo decía: «¡Buen servicio!», a lo que el equipo respondía, siguiendo la tradición francesa: «*Oui!*».

Sabía si había hecho un buen *briefing* por cómo exclamaban el «*Oui!*», y aquel día lo había hecho.

Robar treinta preciosos minutos a un día que ya estaba lleno de por sí para hacer un *briefing* era mucho pedir, y a veces mi insistencia en llevar a cabo aquellas reuniones era como empeñarse en alinear las sillas de cubierta del Titanic. Esto era así, sobre todo, porque los encargados se apresuraban a hacerme saber que los treinta minutos de la reunión iban a implicar menos tiempo para hacer otras cosas que ya estaban embutidas en la agenda del día.

La respuesta era fácil: «Pues vamos a recortar algunas de esas otras cosas para disponer de este tiempo».

Construir un equipo requiere detenerse, respirar profundamente y comunicarse. Si eso implicaba doblar las servilletas de una forma más básica o simplificar la presentación de la mantequilla para que todo el mundo tuviera tiempo de verse, no me parecía un mal trato. La conexión que alcanzáramos como equipo era, según mi criterio, lo más importante.

Prepáralos para el éxito

En aquella primera época, me senté con un camarero, un tipo inteligente y afable que parecía ideal para nuestra nueva misión. Sin embargo, durante la reunión me pareció que estaba agotado y abrumado.

Cuando le pregunté qué sucedía, él me pasó un taco gigantesco de papel empujándolo sobre la mesa: eran las notas que le habían entregado sobre la carta de vinos. «Es que no voy a ser capaz de aprenderme todo esto», dijo, y no podía culparle; yo mismo me había perdido antes de llegar a la página cuatro.

Los empleados que no están obteniendo los resultados esperados se dividen en dos grupos: los que ni siquiera lo están intentando y los que sí lo hacen. Puede que el resultado final sea parecido, pero la forma de gestionarlos es muy distinta: hay momentos en que es preciso remover cielo y tierra para ayudar a quienes se están esforzando.

Y ese era uno de esos momentos. Sí, quería que el EMP tuviera una de las mejores cartas de vinos del mundo y camareros con los conocimientos necesarios para guiar a nuestros clientes como buenos expertos; aun así, ahogarlos en detalles no era la forma idónea de conseguirlo. Las expectativas eran demasiado elevadas. Teníamos que sentar las bases antes de añadir más elementos. Teníamos que frenar para poder acelerar.

Tiempo después, esto se convertiría en uno de nuestros lemas. Yo le decía a mi equipo: «Sé que estáis muy atareados y que tenéis que hacer mil cosas para servir bien vuestras mesas, pero dedicad diez segundos a comprobar el pedido que habéis introducido en el ordenador, porque equivocaros en un solo plato puede arruinar vuestra noche, ¡y la de nuestros clientes! Si vais demasiado rápido, acabaréis entorpeciendo toda la actividad del restaurante».

De ningún modo pensaba frenar el progreso hacia un servicio más refinado y lujoso; éramos unos cuantos, Daniel y yo incluidos, quienes aspirábamos a mucho en aquel restaurante. Si frenábamos en seco, el grupo tendría la sensación de estar perdiendo inercia.

Sin embargo, lo cierto era que ya lo estábamos haciendo al intentar forzar la máquina. Teníamos que reconstruirla antes de poder meter quinta.

Así que recorté drásticamente lo que estábamos pidiendo a la brigada de sala que se aprendiera de memoria. Ayudó bastante que yo no estuviera superinformado sobre la comida y el vino que estábamos sirviendo. Al estudiar el material al mismo tiempo que mi equipo era más capaz de ver qué necesitábamos saber y de calibrar qué cantidad de información podíamos manejar sin que dejara de ser digerible.

Con el tiempo, sí, nos aprenderíamos los siete microclimas de unos viñedos concretos y obsequiaríamos a nuestros clientes con historias del abuelo del dueño de las bodegas y la relación entre su colaboración con la resistencia francesa y la enigmática imagen de la etiqueta. Pero antes, lo básico: «Este es un chardonnay de 2005 elaborado por Au Bon Climat en California, envejecido en roble francés neutro. Es un vino luminoso y mineral, con una acidez firme, y marida a la perfección con el salmón escocés con daikon, puerros baby y cítricos».

Empezamos a someter a los camareros a un examen quincenal sobre los platos y los vinos. Aunque es muy probable que algunos miembros de la vieja guardia lo considerasen una medida punitiva, en realidad aquello formaba parte de nuestro avance hacia la transparencia: ahora que estábamos explicando con claridad a la gente lo que esperábamos que aprendiera, era lógico responsabilizarlos de ello.

Sin embargo, rechacé de plano el primer examen sobre los platos y los vinos que me presentaron los encargados; era muy difícil, demasiado. «¡Nadie lo aprobará! Yo mismo suspendería.» El objetivo de aquellos exámenes no era suspender a la gente ni dejarla en evidencia, sino asegurarnos de que se sintieran seguros y supieran lo que debían saber. En última instancia, esa es una de las mayores responsabilidades de un gerente: **asegurarse de que quienes se esfuerzan y trabajan con ahínco tienen lo necesario para triunfar**.

No tardé mucho más en dar, por fin, mi conmovedor discurso al estilo de Christopher Russell. No fue ni en mi primer *briefing* ni en el trigésimo: fue cuando por fin empecé a estar seguro de que todos hablaban con todos y sabían lo que se esperaba de ellos.

«Vamos a convertir este restaurante en uno de los mejores de Nueva York —le dije al equipo allí reunido—. Aunque no será fácil, porque ser los mejores nunca lo es, vamos a intentar que sea divertido. Si esto no os encaja, no pasa nada; ayudaremos a quien lo necesite a buscar un puesto más acorde con sus necesidades. Pero si la idea de trabajar en uno de los restaurantes más emocionantes de Nueva York os excita, espero que os quedéis, porque estamos a punto de despegar.

»Os prometo que intentaré ser coherente, hacer lo justo y lo correcto. —Y entonces cité a Christopher—: También tengo claro cuál es mi trabajo: hacer lo que más convenga al establecimiento, no a ninguno de vosotros. La mayoría de las veces, lo que es mejor para el negocio coincide con lo que es mejor para el equipo. Pero la única forma que tengo de cuidar a cada uno de vosotros como individuos es priorizando siempre el restaurante.»

Y acabé con mis propias palabras: «Vamos a crear el lugar adonde nos gustaría ir a comer; vamos a crear el restaurante de cuatro estrellas de la próxima generación. Es ahí hacia donde vamos. ¿Venís?».

8

Romper las reglas y construir un equipo

—Oye, Will, ¿podemos hablar un momento?

Al parecer, había cometido un error. Al cruzar el comedor en el primer turno de cenas había reconocido a un habitual del Tabla. Me había hecho mucha ilusión volver a verlo y había estado un par de minutos en su mesa charlando amigablemente y poniéndonos al día.

Pocos minutos después, el jefe de sección, un firme defensor de la formalidad y el lujo, fue a buscarme.

—Cuando has ido a hablar con la 42, ¿te has apoyado en la mesa? Eso no se hace jamás en un restaurante de lujo. No ponemos las manos en la mesa. No lo hacemos. Nunca.

Sentí cierta ternura por él: es raro gritar a alguien cuando ese alguien resulta ser tu jefe.

—¿Y eso? —No le estaba vacilando, mi curiosidad era del todo genuina.

Tuve la sensación de que le iba a estallar la cabeza.

—Es una norma clásica de la restauración de lujo: no se tocan las mesas.

—Pero ¿por qué?

—No sé por qué, solo sé que no se hace. No se hace y punto.

Fue un momento breve y un tanto desagradable en una época en la que hubo muchos así. Sin embargo, para mí adquirió una importancia enorme y determinó mi enfoque del progreso futuro.

Antes de empezar a trabajar en el EMP había hecho una breve formación en The Modern, el restaurante más formal de la empresa de Danny en esa época. Había sido incómodo. Aunque conocía a muchas de las personas que trabajaban allí, yo siempre había sido el tipo de la cafetería informal, por lo que no se molestaron siquiera en ocultar su escepticismo al respecto de mi nuevo cargo en el Eleven Madison Park. Una de las encargadas más veteranas llegó a preguntarme: «¿Por qué crees que serás capaz de triunfar allí? Ni siquiera has trabajado en un restaurante de cuatro estrellas».

No estaba siendo mala; teniendo en cuenta mi historial y mis intereses, yo no parecía el candidato ideal.

Sin embargo, con el paso del tiempo llegué a considerar que mi falta de experiencia en restaurantes de cuatro estrellas no era una debilidad, sino un superpoder. Mi bisoñez me permitía observar de forma crítica todos los pasos del servicio y plantearme lo único importante: la vivencia del cliente. ¿Nos acercaba una práctica determinada a nuestro objetivo final, que era conectar con las personas? ¿O nos alejaba de él?

La mayor parte de las veces, una formación excelente te hace mejor en tu trabajo. Los atletas practican todos los días para que su memoria muscular tome las riendas cuando tienen en sus manos la pelota o la raqueta. Por definición, un entrenamiento impecable permite llevar a cabo tareas sin necesidad de pensar en por qué estás haciendo lo que estás haciendo. Y eso es fantástico si tu trabajo es tener un porcentaje de acierto de tiros libres fuera de serie.

Pero la memoria muscular no siempre es buena: un entrenamiento así también puede convertirse en unas anteojeras. Aquellas personas meticulosamente formadas en la restauración de lujo hacían lo que habían hecho siempre; no se habían planteado con visión crítica las normas que imponían. No tenían capacidad para determinar si eran buenas o no.

Cuando preguntas: «¿Por qué lo hacemos así?» y la única respuesta es «Porque es como se ha hecho siempre», hay que revisar esa norma.

Saber menos constituye a menudo una oportunidad de hacer más. No tengo nada en contra de la tradición; de hecho, creo que gran parte de nuestro éxito en el EMP estribaba en nuestro profundo amor por la historia de los restaurantes y nuestro respeto por muchos de los rituales clásicos asociados a la restauración de lujo, aunque estuviéramos decididos a renovar el modelo. Sin embargo, una norma que nace de la tradición pero no sirve al cliente o, peor, se interpone en la posibilidad de que un miembro del equipo llegue a establecer una relación de verdad con la persona a quien está sirviendo no funcionará.

De hecho, sospechaba que la fe ciega en esas normas era el motivo por el que estaban cerrando tantos restaurantes de cuatro estrellas consolidados y con un largo historial de éxito.

Los gustos cambian. Mi bisabuela no habría considerado arte casi nada de lo que colgaba en las paredes del MoMA; dos generaciones después, a mí me encantaba. En la misma línea, a mis amigos y a mí no nos apetecía comer en un sitio donde el camarero se quedaba de pie como una estatua al lado de la mesa con las manos entrelazadas a la espalda (y en este caso, uso el masculino totalmente a propósito). Yo quería celebrar las cosas en un restaurante donde la gente que me sirviera se sintiera lo bastante cómoda para apoyarse en mi mesa y charlar, aunque eso implicara poner las manos sobre el mantel de un blanco inmaculado que tenía frente a mí.

Al final, la prohibición de apoyar las manos en la mesa fue una de las normas de los restaurantes de lujo que eliminamos en el Eleven Madison Park.

Al poco, también empezamos a servir «mal» los suflés. Voy a ahorrarte los detalles técnicos, pero diremos que en la presentación clásica el camarero gira el cuerpo en dirección contraria al cliente, por lo que acaba acercándole el codo a la cara. Mi forma (errónea) de servirlo permitía al camarero mantener el contacto visual y seguir conversando con la persona a quien servía, que era sin duda la prioridad, en mi opinión.

Después, los cocineros empezaron a llevar comida a las mesas con sus uniformes blancos de cocina y los animamos a apoyar la rodilla en el suelo mientras explicaban sus platos, si les resultaba cómodo. Nunca habían hecho algo así en Le Pavillon.

Mi poca ortodoxia volvía locos a los equipos formados en la restauración de lujo: ¿cómo diablos íbamos a conseguir otra estrella de *The New York Times* si no éramos capaces de hacer bien ni lo más básico? Pero yo no estaba insinuando que se pudieran servir los suflés de cualquier manera; yo solo quería que se hiciera de un modo en que la tradición no interfiriera con el trato.

Era otra forma de hacer las cosas correctamente.

De un modo similar, cuando llegué al Eleven Madison Park, nuestro regalo de despedida a los clientes era una bolsita de canelés. Esas pastas oscuras, aromatizadas con ron y vainilla y horneadas en unos moldes de cobre untados con mantequilla y cera de abeja son conocidos por la dificultad de su elaboración, de modo que regalarlos era un último giro para impresionar al cliente cuando se dirigía hacia la salida.

A mí eso me parecía innecesario. Si no los habíamos dejado ya boquiabiertos con todo lo que habían experimentado a lo largo de la cena, ya no lo lograríamos. En el mejor de los casos, los pasteles serían devorados en el taxi de camino a casa; en el peor, la bolsita acabaría poniéndose rancia en la encimera de la cocina. Los canelés tenían más en cuenta lo que nosotros queríamos servir que lo que les podía apetecer a nuestros clientes.

Cuando te dejas atrapar por el deseo de mostrar tu destreza, «¡Mira de lo que soy capaz!», te despistas de tu objetivo y de lo único que importa, que es hacer feliz a tu cliente. Así que abandonamos los canelés y, en lugar de eso, empezamos a enviar a los clientes a casa con un frasco de granola. Porque la mayoría de las personas no suelen desayunar pastas francesas raras, pero a todo el mundo le encanta sentarse frente a un bol de granola y yogur.

Era una granola magnífica, de coco y pistacho, dentro de un frasco con nuestro logo de las cuatro hojas. (El desayuno con granola era a menudo la última foto que la gente colgaba en su Instagram para ilustrar su paso por nuestro restaurante.) Aunque también era un toque final de humildad hecho con toda la intención, pensado para que nuestros clientes sintieran que, sin dejar de lado el lujo y la suntuosidad, habían visitado el hogar de alguien.

En los restaurantes, y en cualquier profesión basada en la atención al cliente, el objetivo es conectar con las personas. El buen trato implica romper barreras, no alzarlas. Pasamos los diez años siguientes pensando y sistematizando formas de romper esas barreras. Algunas eran complicadas, pero la primera fue sencilla: establecer una relación real y hacer lo necesario para conectar con las personas a las que estábamos sirviendo.

Contrata a la persona, no a su currículum

En los primeros tiempos en el EMP yo estaba siempre en el restaurante.

Era bueno que la gente que trabajaba para mí me viera con ellos en las trincheras. No me lo pensaba dos veces antes de echar una mano, ya fuera para recoger una mesa o para atender a un cliente insatisfecho.

Aunque, en realidad, yo estaba allí para poder dejar de estar algún día.

Porque al final del día daba igual lo bien que tratara yo a la gente. Es fácil de entender, basta hacer números: por pequeño que sea el restaurante, es imposible que un solo encargado visite todas las mesas y conecte con todos los clientes. Un líder tiene que poder confiar en que su equipo actuará al mismo nivel que él. Lo que implicaba que si quería llevar a cabo cualquier cambio significativo, tendría que rodearme de un gran equipo.

Pero al disponerme a ello, tomé la decisión consciente de alejarme de camareros con experiencia en la restauración de lujo. Si bien nuestra intención era dar paso a un estilo de servicio más elegante, descubrí que las personas que habían trabajado en establecimientos de alta cocina llegaban con muchos malos hábitos adquiridos. Empezamos a buscar a gente que tuviera la actitud y la filosofía de trato correctas.

Buscábamos a personas capaces de salir corriendo detrás de un desconocido por la calle para devolverle la bufanda que se le ha caído, de las que llevan un plato de galletas a la nueva familia que se ha mudado a su barrio para darles la bienvenida o se ofrece a ayudar a una desconocida a subir un cochecito por la escalera del metro. En otras palabras: personas realmente amables que sintieran el deseo de hacer buenas obras, no para obtener un beneficio económico ni para mejorar su karma o algo así, sino porque la idea de ser generosas con los demás mejorara sus días.

Así que tanto daba si nuestros nuevos empleados no sabían muchísimo sobre vinos ni pronunciaban bien los términos en francés. Si les ilusionaba nuestra idea, podríamos enseñarles lo que necesitaran.

No tardé en implementar una nueva política: todo aquel a quien contratábamos empezaba como camarero de cocina, es decir, llevaba comida de la cocina al comedor. Eso significaba que empezaba en el puesto más bajo dentro del comedor, aunque su último cargo en otro establecimiento hubiera sido el de director general.

En la práctica, esto nos ayudaba a cribar: si alguien se negaba a empezar como camarero de cocina, con toda probabilidad no encajaría con nosotros. Y aquel sistema nos ayudaba a formar exhaustivamente a las personas, porque lo que necesitábamos que supieran abarcaba mucho más que el procedimiento correcto para abrir una botella de vino.

Se suele decir que la cultura no se enseña: se adquiere. ¿Y qué mejor manera de apreciar la naturaleza exquisita de la comida de Daniel que pasar seis meses llevando platos de la cocina a la mesa? Y, lo que era más importante, mientras enseñábamos a esas personas detalles técnicos paso a paso, les dábamos también la oportunidad de asimilar por completo la cultura que estábamos construyendo mucho antes de entrar en contacto directo con los clientes.

Y ese modo de elegir a quienes invitábamos a formar parte del equipo fue esencial para nuestro éxito.

Cada contratación manda un mensaje

¿Sabes cuando en las películas un soldado grita: «¡Cubridme!» y echa a correr por el campo de batalla mientras su escuadrón lo protege con una lluvia de disparos al enemigo? Sé que como metáfora del trabajo en un restaurante es un poco melodramática, pero lo cierto es que si no confías en quienes tienes detrás, nunca serás capaz de ejecutar ese gran gesto, ese acto heroico (o uno ínfimo) de hospitalidad que marcará la diferencia ese día.

Cuando el EMP estaba a pleno rendimiento, yo confiaba en que todo mi equipo me cubriera las espaldas, literalmente. Imagina que estuviera recogiendo una mesa y un cliente se pusiera a hablar conmigo. Era feo quedarse ahí de pie charlando con un brazo lleno de platos sucios, pero tampoco quería perder la oportunidad de conectar con un cliente. Así que me pasaba los platos a la espalda a sabiendas de que, aunque tuviera la muñeca retorcidísima y en una postura incómoda, en cuestión de uno o dos segundos uno de mis compañeros me vería y se acercaría a coger esos platos.

Este es un ejemplo pequeño, de los miles que pueden surgir durante una velada, de cómo funciona un equipo que confía en sí mismo. Por eso la contratación es una responsabilidad tan seria. Porque cuando contratas estás eligiendo a una persona que no solo te representará y apoyará, sino que además representará y apoyará al equipo que ya está trabajando para ti.

El estado de ánimo es voluble y una sola persona puede tener un impacto desproporcionado y asimétrico en el equipo, en cualquier sentido. Si contratas a alguien optimista y entusiasta que se preocupa de verdad por las cosas, podrá llegar a inspirar a quienes lo rodean y que estos se comporten igual y mejoren en su trabajo. Si contratas a alguien holgazán, a los mejores miembros de tu equipo acabará pasándoles factura su propia excelencia, porque tendrán que encargarse de lo que esa persona no haga para que la calidad global no se vea afectada.

Al final, la mejor manera de respetar y premiar a los mejores jugadores de tu equipo es rodearlos también de los mejores. Así es como se atrae talento. Y eso significa invertir tanta energía en la contratación como esperas que invierta el equipo en el trabajo. No puedes esperar que alguien lo dé todo de sí si lo acompañas de personas que no están dispuestas a hacer lo mismo. **Tienes que ser tan irracional a la hora de construir tu equipo como lo eres al construir tu producto o experiencia.**

Por eso no hay que precipitarse en la contratación. Es tan horrible que falten manos que los encargados suelen tener mucha prisa para encontrar a un cuerpo que ocupe el vacío. Yo sé lo que es pensar: «Necesitamos a alguien desesperadamente, ¿qué es lo peor que puede pasar si contratamos a esta persona?».

También (por desgracia) he estado en situación de averiguar la respuesta: es mucho peor cargarte a ti y a tu equipo con la persona equivocada, sufrir los perjuicios que acarree y acabar tres semanas después en el punto de partida. Todo el mundo preferirá trabajar un par de turnos extra por semana hasta que encuentres a la persona adecuada.

Alguien muy sabio me dijo una vez: «A la hora de contratar, pregúntate: "¿Esta persona se podría convertir en una de las dos o tres mejores del equipo?". No tiene por qué poder serlo ahora mismo, pero debería tener ese potencial».

Nos estábamos preparando para un gran golpe. Tenía que poder confiar en que cualquiera pudiera gritar: «¡Cubridme!» con la confianza de que el resto del equipo lo haría.

Que tu cultura sea una hoguera

Muchas personas trabajan en restaurantes por la flexibilidad y porque es una forma divertida de pagar las facturas mientras dedican su tiempo y su energía a lo que sea que quieran hacer en realidad. Y en el antiguo EMP un empleado podía fichar, hacer sus horas y olvidarse del trabajo al salir por la puerta, lo que lo convertía en un trabajo magnífico para quienes estaban estudiando Bellas Artes o planeando su debut en Broadway.

Pero ahora se estaba convirtiendo deprisa en un restaurante que requería más, y los exámenes sobre los platos y los vinos nos proporcionaban un método eficiente para averiguar quiénes estaban dispuestos a asumir el reto y quiénes debían seguir su camino en otro lugar. Algunas personas, de ambos casos, entendieron lo que nos proponíamos y decidieron que querían subirse a nuestro tren. Otros consideraron que les iría mejor con algo menos comprometido, lo que significó que tuviéramos que sustituirlos.

En realidad, la contratación fue complicada hasta que afinamos bien la cultura del restaurante. Cuando publicábamos una oferta de trabajo, buscábamos a alguien bueno para que se uniera al equipo, no necesariamente con una formación impecable, sino con energía y entusiasmo por nuestra misión. Sin embargo, aunque esa persona llegara con las pilas cargadas, acababa contagiándose de la negatividad residual de algunos de sus compañeros. El escuadrón del lujo seguía siendo arrogante y algunos de los miembros que quedaban de la vieja guardia no tenían intención de subirse a nuestro carro.

Tres o cuatro veces contraté a personas que prometían, pero que solo duraron un mes antes de que la llama de su entusiasmo se fuera apagando hasta extinguirse.

Así que la siguiente vez que publiqué un anuncio, no me di ninguna prisa en cubrir el puesto. En lugar de eso, esperé hasta que nos quedó otra vacante de camarero y aún otra más y entonces contraté a tres personas magníficas a la vez. En lugar de tener a una sola persona nueva intentando proteger con las manos la llamita de su entusiasmo, aquel pequeño equipo llevó consigo una hoguera que nadie pudo apagar.

Los años siguientes, durante la reunión con un equipo al que acababa de incorporarse un nuevo empleado, les decía: «Sois compañeros de clase, como si acabarais de entrar en la universidad. Apoyaos los unos en los otros, ayudaos los unos a los otros». No obstante, la primera vez que di ese discurso fue a aquellas tres personas. Quería que supieran que si abordaban como equipo su experiencia compartida, el impacto que podían llegar a tener en el restaurante sería muy profundo.

Que hacer las cosas con cariño sea guay

En el instituto, los guais suelen ser los malotes. Los guais no estudian y les da igual lo que los profes opinen de ellos. A esa edad, lo que mola es hacer como que pasas, no enseñar tus cartas para que no parezca que te estás esforzando.

Sin embargo, en cuanto creces un poco, entiendes que las personas que sacan más partido de sus vidas son quienes llevan el corazón en la mano, quienes se dan permiso para ser abiertas, para mostrar su pasión y su vulnerabilidad, y que abordan todo lo que aman sin reservas, con curiosidad y fascinación, con todo su entusiasmo.

Mi amigo Brian Canlis era así.

Me gusta decir que en la universidad yo tenía dos grupos de amigos. Con uno tocaba y salía de fiesta. El otro grupo era Brian. Tenía un lagarto. Le encantaba jugar al ajedrez. Se ponía unas Converse de color lila y siempre llevaba un yoyó en el bolsillo. Era totalmente distinto al resto de mis amigos y tenía más seguridad en sí mismo que cualquiera de nosotros.

Incluso durante nuestro primer año de universidad, cuando la mayoría de los chavales están intentando averiguar quiénes son, y muy a menudo fingiendo ser cosas que no son para encajar, Brian era único. Invertía sin reparos en cosas que le importaban y jamás permitió que el cinismo ni los malos modos de los demás lo distrajeran. Su energía era la que marcaba el tono. Lo que lo convertía en la persona más guay que conocía, a pesar de que, siendo objetivos, nada en él lo era.

Nos conocimos uno de los primeros días de clase y no tardamos en descubrir que ambos nos habíamos criado en restaurantes. En 1950, el abuelo de Brian fundó el restaurante de lujo Canlis, que *The New York Times* definió más adelante como «el mejor y más lujoso restaurante de Seattle durante más de sesenta años». De ellos, treinta lo dirigió su padre, Chris Canlis, antes de cedérselo a Brian y a su hermano Mark. (Y si quieres ver un caso de estudio de cómo un negocio puede construir lealtades y reforzar una comunidad en mitad de una pandemia global devastadora para la restauración, echa una ojeada a la cuenta de Instagram de Canlis de 2020.)

Restaurantes aparte, Brian y yo no podríamos haber sido más distintos. Sin embargo, nos sentábamos juntos en todas las asignaturas y hacíamos juntos todos los trabajos de grupo, entre ellos uno que detallaba un espantoso proyecto de establecimiento en el que su lagarto, Milo, descansaría ufano sobre el atril de recepción de los clientes.

A mí siempre se me habían dado bien los estudios, pero nunca antes había contado con un cómplice. Con Brian no tenía que preocuparme por estar siendo demasiado concienzudo o ambicioso con mis resultados: podía ir a por todo y comprometerme al máximo con lo que estaba estudiando. Muy pronto, mis otros amigos empezaron a orbitar nuestro pequeño grupo y a interesarse en estudiar con nosotros, no solo porque sacábamos unas notas buenísimas, sino también porque nos lo pasábamos en grande en el proceso.

Brian había logrado que hacer las cosas con cuidado fuera guay.

Por eso pensé en él el día que entendí que hacer las cosas con cuidado se había convertido en algo guay en el EMP. En aquella primera época teníamos en la carta una sopa que precisaba de tres camareros para servirse en una mesa de seis. Si se hacía bien, los tres camareros llegaban a ella exactamente al mismo tiempo, dejaban frente a un comensal el cuenco que llevaban en la mano izquierda, daban un paso a un lado, se colocaban en la mano izquierda el cuenco que habían estado sosteniendo en la derecha y lo dejaban frente a otro comensal. Entonces, con una sincronía espectacular, levantaban las campanas de los seis cuencos a la vez.

Hay muchos restaurantes de lujo con servicio sincronizado y la mayoría se aseguran de que los platos toquen la mesa al mismo tiempo. Aun así, yo había visto a menudo a dos camareros caminar en círculos alrededor de una mesa esperando al tercero, de forma que lo que se suponía que debía ser elegante acababa quedando raro.

No es una catástrofe, claro está, pero tampoco se puede decir que sea perfecto.

Y para mí, aquello era importante. Si ese detallito del servicio nos parecía relevante, debíamos cuidarlo y hacerlo bien. Los bailarines memorizan coreografías para que sus movimientos estén coordinados con los de las personas que tienen a ambos lados, y esto era lo mismo: una coreografía. Los camareros que salían los últimos debían moverse un poco más deprisa para llegar a la mesa al mismo tiempo que los que habían salido antes, quienes, a su vez, debían moverse un poco más despacio para dar tiempo a sus compañeros a alcanzarlos. Girar, dejar el primer cuenco, paso, cambio de mano, dejar el segundo cuenco, levantar campanas.

Lo ensayamos. Lo ensayamos, lo repetimos y lo volvimos a ensayar.

Un día que estaba sirviendo con dos personas más del equipo, lo clavamos. Nuestro servicio fue tan perfecto que podría haberse grabado con un plano cenital como los de aquellas películas de los años cincuenta en que las bailarinas emulan flores abriéndose.

Cuando regresamos a la cocina, uno de los otros dos camareros se volvió hacia mí y con una sonrisa rebosante de alegría y entusiasmo me chocó los cinco con una euforia que no he vuelto a ver jamás. Lo habíamos hecho perfecto y él había tenido el mismo subidón de dopamina que yo. Aspirábamos a la perfección, sentíamos amor por nuestro trabajo y estábamos orgullosos.

Las conversaciones que oía durante las comidas de familia también empezaron a cambiar. La gente comentaba con emoción, no el nuevo bar que había descubierto ni su nuevo ligue, sino la mesa que habían servido la noche anterior y lo felices que habían conseguido que los clientes se sintieran.

Hablaban de la hospitalidad en el restaurante, del trato, del que daban y del que recibían. (Lo que me hacía más ilusión era oírlos hablar casi sin respirar de los detalles del servicio de otros restaurantes a los que habían ido: no hay incentivo más potente para dar un buen trato que recibirlo.) Y sus compañeros los escuchaban con sumo interés. Cuando encuentras a un grupo que hace las cosas con el mismo cuidado y cariño que tú, no tienes por qué esconder tus pasiones: las puedes gritar desde las azoteas. Y cuando las personas con quienes trabajas no se quedan atrás, sino que se esfuerzan por llegar a lo más alto, puedes reunirte con ellas en la cima; no tienes que atenuar tu luz para triunfar.

En el EMP, hacer las cosas con cuidado se había convertido en algo guay.

9

Trabajar con intención y propósito

—«El sitio necesita un poco de Miles Davis.»

Recuerdo que se lo leí en voz alta a Daniel en el despacho sin ventanas que compartíamos en la parte trasera del restaurante. Él hizo una mueca y, con su fuerte acento suizo, me preguntó:

—¿Qué diablos significa eso?

Yo no tenía ni idea, pero quería averiguarlo.

Estaba leyendo una reseña antigua del Eleven Madison Park, escrita por Moira Hodgson en *The New York Observer*. La reseña, publicada en abril de 2006, pocos meses antes de mi llegada al restaurante y pocos meses después de que lo hiciera Daniel, era buena. Hodgson le había dado tres estrellas y media de cuatro, seguramente más de lo que merecía, teniendo en cuenta que entonces pasaban apuros para llevar a cada mesa lo que había pedido.

Sin embargo, yo no estaba leyéndola para saber qué podíamos mejorar: la había desenterrado porque, en aquel momento, estábamos buscando las palabras adecuadas para articular nuestra visión para el equipo. Nos sentíamos satisfechos con nuestra definición, ser el restaurante de cuatro estrellas de la siguiente generación, pero eso era el qué.

Ahora necesitábamos el cómo.

No intentes serlo todo para todo el mundo

Hablando de reseñas y críticas, yo las leo. Todas. De cabo a rabo (excepto la mayoría de los comentarios de los lectores).

Siempre me interesa saber lo que los demás, y no solo el estimado crítico de *The New York Times*, piensan sobre lo que hacemos. **Si tu negocio implica hacer feliz a la gente, no puedes hacerlo bien si no te importa lo que opinen.** En cuanto dejas de leer las críticas te vuelves complaciente, y la irrelevancia llama a tu puerta.

Aun así, no siempre cambio algo porque una o dos personas digan que no les gusta. ¡A veces ni siquiera lo hago cuando lo dicen muchas! Intentar serlo todo para todo el mundo es la constatación de que no tienes un punto de vista propio, y si lo que pretendes es causar impacto, debes tener tu propia perspectiva.

Los restaurantes son proyectos creativos. Y, como sucede en la mayoría de los entornos de este tipo, no hay una línea clara que separe aciertos de errores. Tus decisiones siempre serán subjetivas, relativas.

Así, lo que te ofrece la crítica es una invitación a cuestionar tu punto de vista o, al menos, a planteártelo a conciencia y crecer. Quizá te reafirmes en una decisión que ha sido criticada o quizá acabes haciendo algo muy distinto. Lo importante no es tanto la conclusión como el proceso: creces cuando adoptas otra perspectiva y decides volver a decidir.

Articula tus propósitos

A diferencia de otros genios y contemporáneos suyos, como Dizzy Gillespie o Duke Ellington, que desarrollaron sonidos propios que refinaron a lo largo de toda su carrera, Miles Davis se reinventó de forma radical y drástica en cada uno de sus discos. A menudo, estas reinvenciones ahuyentaron a sus fans y enfurecieron a la crítica, y, también muy a menudo, desafiaron los cánones y cambiaron la música moderna.

Las influencias de Davis eran increíblemente eclécticas y amplias. Dialogaba con el *rock*, el pop, el flamenco y la música clásica occidental, así como con ideas musicales indias y árabes mientras reinventaba el *jazz*, la forma artística estadounidense por excelencia.

Podía llegar a ser alguien difícil. Gritaba a los periodistas que le hacían preguntas estúpidas y era conocido por dar la espalda al público. (A propósito de esto: Miles Davis no es mi modelo en cuanto a hospitalidad o buen trato.) Y sin embargo, Davis también era un colaborador fenomenal. Hizo todo lo posible y más para crear música con y promocionar a algunos de los músicos más extraordinarios del siglo XX, grandes como John Coltrane, Bill Evans, Cannonball Adderley, Wayne Shorter, Red Garland, Paul Chambers, Wynton Kelly y muchos más, tantos que es imposible nombrarlos a todos. No solo se asoció de manera abierta y libre con todos esos músicos en su trabajo de estudio, sino que también los animó a buscar sus propias voces, emprender sus propios proyectos y prosperar en sus carreras.

Aún hoy no estoy seguro de qué intentaba decirnos Moira Hodgson, pero cuanto más sabíamos de Miles y de su forma de abordar el trabajo, más nos inspiraba sobre cómo queríamos abordar el nuestro. Ese comentario de pasada se convirtió en uno de los mejores regalos que nos podían haber hecho. Habíamos estado buscando un modo de expresar nuestros valores y ambiciones, de expresar con palabras lo que queríamos ser. Investigar sobre Miles nos proporcionó once.

Yo había aprendido de mi padre la importancia de hacer las cosas con intención y propósito: saber qué es lo que estás intentando hacer y asegurarte de que todo lo que haces va dirigido a alcanzar ese objetivo. De Danny aprendí la importancia de verbalizar ese propósito para transmitírselo a nuestro equipo.

Sin embargo, Daniel y yo aún no lo habíamos hecho en el EMP. Habíamos pasado muchas horas juntos hablando, planeando y soñando; en esencia, estábamos alineados en un plano intuitivo. Pero en el EMP trabajaban para nosotros ciento cincuenta personas y todas debían estar alineadas con la misión. Necesitábamos un lenguaje propio. **El lenguaje es la forma en que dotas de intención a tu intuición y compartes tu visión con los demás.** La cultura se crea mediante el lenguaje.

Fue una suerte que la reseña de Hodgson hiciera referencia a un músico, porque a mí me encanta la música y he tocado toda mi vida. Después de leerla, empecé a escuchar más a menudo a Miles Davis, tanto dentro como fuera del restaurante. Cuando me familiaricé con su música, leí todo lo que encontré sobre él y su proceso creativo; en concreto, qué decían los demás músicos sobre su forma de abordar la creación musical y cómo influyó ese proceso en el gigantesco impacto que tuvo Davis en el aspecto formal.

Durante los siguientes dos meses trabajé con el equipo para crear una lista de palabras que los críticos y otros músicos usaban constantemente al hablar de Miles:

Cool
Reinvención constante
Inspiración
Avance
Frescura
Espíritu de colaboración
Espontaneidad
Dinamismo
Espíritu aventurero
Ligereza
Innovación

Aquellas palabras nos apelaban y se convirtieron en una especie de mapa. (La lista era larga, pero nosotros queríamos once.) La reseña tenía razón: para que nuestro restaurante evolucionara, necesitaríamos más Miles Davis.

Imprimimos un gran póster con aquellas palabras bajo nuestro logo y lo colgamos en la cocina. Aquel póster se convirtió en una piedra angular, una estrella polar, la forma de responsabilizarnos y comprometernos. Cuando nos reuníamos para buscar ideas o tomar decisiones difíciles, leíamos la lista. Aunque el restaurante cambiaría radicalmente los años siguientes, confiábamos en que lo que hacíamos tendría sentido siempre y cuando fuéramos fieles a las palabras de aquella lista.

Que *cool*, que en *jazz* define un estilo tranquilo y con temple, pero que también puede traducirse como «guay», fuera la primera palabra de la lista parecía adecuado, porque, en realidad, ya habíamos transmitido la importancia de ese concepto para nosotros: si queríamos crear un restaurante de cuatro estrellas para la siguiente generación, tendría que ser guay.

En los años siguientes, muchos dirían que «reinvención constante» era la característica definitoria de nuestro restaurante, que no paró de cambiar, nunca porque sí, sino porque si queríamos ser los mejores del mundo, debíamos ser auténticos. Para nosotros, esto implicaba servir a los demás lo que nos habría gustado recibir, y a medida que crecíamos, madurábamos y evolucionábamos, lo que queríamos recibir cambiaba y por ello también lo hacía lo que servíamos.

Sin embargo, de todas las palabras de la lista, «espíritu de colaboración» fueron las que señalamos como lo primero que debíamos perseguir. Nos resultó obvio, casi como si alguien las hubiera subrayado: eran las palabras que nos proporcionarían la clave para todo lo demás de la lista.

Todos podemos ser estrategas

El hecho de que encontráramos nuestra inspiración fundamental en una crítica de restaurantes que nos señaló a un trompetista de *jazz* nos dio la idea de que puede ser meritorio buscar orientación en lugares distintos e inesperados, sobre todo si quedan fuera de las cuatro paredes metafóricas del mundo de la restauración.

Cuando las empresas se expanden suelen decir: «Cuanto más grandes somos, más pequeños deben ser nuestros actos». (Esto era un mantra en el Shake Shack.) En los inicios del EMP emprendimos el camino opuesto. Éramos un único restaurante, parte de una empresa más grande, pero gestionado como si no lo fuera, con una enorme autonomía. Y aunque éramos pequeños, queríamos hacer grandes cosas.

Nos fijábamos en organizaciones conocidas por tener culturas empresariales extraordinarias. Empresas muy grandes como Nordstrom, Apple o JetBlue. Todas realizaban sesiones de planificación estratégica o grandes reuniones en las que grupos de toda la estructura empresarial se congregaban para pensar juntos en cómo hacer crecer la compañía. (Todo muy centrado en el negocio.)

Eso fue una revelación para nosotros; esas prácticas siguen siendo casi desconocidas en el mundo de la restauración. También fue un alivio. Hasta entonces, Daniel y yo habíamos estado tomando todas las decisiones y planteando todos los objetivos solos. ¿Y por qué era así, cuando habíamos creado un equipo joven y dinámico de personas que amaban los restaurantes, la comida y la hospitalidad y el buen trato? Daba igual lo ambiciosos o innovadores que fuéramos: nunca podríamos igualar el poder combinado de todos los cerebros de nuestro equipo.

Inmediatamente entendimos que invitarlos a participar en la identificación y la definición de los objetivos de la empresa incrementaría la probabilidad de alcanzarlos juntos. Era obvio que se nos ocurrirían más (¡y mejores!) ideas si ellos se implicaban, por no hablar de la sensación de responsabilidad que experimentarían al haber contribuido.

Con el tiempo, nuestras reuniones de planificación estratégica se convirtieron en lluvias de ideas, durante las que decidíamos entre todos qué queríamos hacer en los años siguientes. Sin embargo, aquel primer año solo planteamos una cuestión: ¿qué queríamos encarnar?

Queríamos ser uno de los mejores restaurantes de Nueva York. Queríamos que este fuera excelente sin sacrificar su calidez y contemporáneo sin bajar el listón. No obstante, antes de emprender ese camino, teníamos que caracterizarnos a nosotros mismos, como individuos y como equipo.

Nuestra primera reunión de planificación estratégica tuvo lugar en 2007. Cerramos el restaurante todo el día, una decisión a todas luces irracional, e invitamos a todos los trabajadores del EMP a juntarse y trazar una estrategia de futuro como equipo.

Era importante ser inclusivos. En muchas de las empresas que habíamos estudiado, la planificación estratégica era algo exclusivo de los puestos de alta dirección, pero nosotros incluimos a todo el equipo: desde el ayudante del director general y el jefe de cocina hasta los friegaplatos, los aprendices y los ayudantes de camarero.

Teníamos la suerte de ser lo bastante pequeños para hacerlo posible, porque los ayudantes de camarero ven muchas cosas que un director general no. Si queríamos tomarnos en serio todos los detalles, las perspectivas y los puntos de vista de todo el mundo, su presencia era valiosa.

El día en cuestión, presenté el concepto de la reunión, expliqué lo que esperábamos obtener de ella y me hice a un lado para no entorpecer al grupo.

Se organizaron en diez subgrupos que se repartieron por todo el restaurante, cada uno en torno a una libreta. Yo me pasé todo el día yendo de grupo en grupo para ver cómo la gente se emocionaba, discutía y reía. Asomaba la cabeza, pero no opinaba. Aquel momento era suyo.

Como no quería que nadie tuviera la sensación de que no podía hablar con libertad, los encargados del comedor y la cocina elaboraron su planificación estratégica el día anterior. Durante la reunión de equipo, los encargados tuvieron otra misión: los subjefes de cocina fueron pasando por el comedor para tomar nota de qué sándwiches personalizados querían para el almuerzo los miembros del equipo y los encargados del comedor se instalaron en la cocina para hacerlos. (Si das a la gente un espacio seguro para tomar el pelo a sus jefes, algunos lo aprovecharán. Recuerdo a una persona que pidió un sándwich de pavo con una rebanada de pan de trigo sin tostar, una de pan de centeno tostada y tres puntos de mayonesa.) El intercambio de roles entre estos dos grupos permitió a todo el mundo apreciar mejor las dificultades a las que se enfrentaban sus compañeros todas las noches.

Por la tarde, los diez grupos presentaron sus ideas y vimos que todas estaban muy alineadas. Al final, fueron cuatro las palabras protagonistas. Ninguna de ellas era especialmente novedosa en sí, pero decidimos que podían llegar a serlo si lográbamos encarnarlas de forma simultánea.

Formación
Pasión
Excelencia
Hospitalidad

La formación era algo obvio. Siempre habíamos sabido que queríamos construir una cultura basada en enseñar y aprender, y contratar a gente con curiosidad por lo que no sabían y generosidad para compartir lo que sí. Del mismo modo, queríamos a personas apasionadas por nuestra misión, con las mismas ganas que nosotros de conseguir lo que perseguíamos.

Pero quedaban dos palabras en la lista, y un conflicto inherente entre ellas, que afectaría a todo lo que hiciéramos en adelante.

Elegir objetivos enfrentados

Hospitalidad y excelencia. Dos conceptos que no se llevan bien.

Es fácil tener una cultura basada en la hospitalidad si no eres un maniaco de la precisión y el detalle. ¿A quién le importa que la camarera de una cafetería olvide llevarle una Coca-Cola? ¿Qué importancia tiene un leve descuido entre amigos?

Es bastante fácil aterrorizar a tu equipo para que casi nunca, por no decir nunca, tenga un traspiés técnico en el comedor. Pero, dejando a un lado las objeciones éticas, si tu equipo convive con el terror de que lo pilles cometiendo un error, no puede interactuar con los clientes de forma relajada ni realizarse en su trabajo.

De hecho, sentí la tensión entre estos dos conceptos al darme una vuelta por las mesas durante la primera reunión de planificación estratégica. Algunas personas argumentaban con pasión a favor de la importancia de dar la bienvenida, acoger y conectar, mientras que otros estaban convencidos de que nada debía ser más importante que tener un equipo con una formación excelente y ajustar a la perfección todos los aspectos formales del restaurante hasta que resplandecieran.

Incluir tanto *hospitalidad* como *excelencia* en nuestra lista era una forma de reconocer que el éxito llegaría al abordar el problema que suponía un conflicto entre la hospitalidad y la excelencia de la manera más difícil posible: para triunfar tendríamos que ser buenos en ambos aspectos. La cosa no iba de elegir con cuál nos quedábamos; nos quedaríamos con ambos. Más tarde supe que el gurú de la gestión Roger

Martin llama a esto «pensamiento integrativo». En *When More Is Not Better* sostiene que los líderes deberían esforzarse al máximo para fijarse objetivos enfrentados.

Southwest Airlines, por ejemplo, se propuso ser la compañía aérea más barata de Estados Unidos y la número uno en satisfacción por parte tanto de los clientes como de los empleados. Estos objetivos pueden parecer opuestos y quizá lo sean, pero ha logrado cumplir los tres muy a menudo. Como es obvio, esforzarse para alcanzar estos objetivos contradictorios ha obrado maravillas en su balance: durante el último medio siglo, Southwest ha sido la compañía aérea más rentable del país.

Como afirma Martin, tener varios objetivos enfrentados te obliga a innovar. Nosotros lo vivimos en persona. Cuando llegué al EMP, una parte del equipo había estado sacrificando la hospitalidad en nombre de la precisión y la excelencia, mientras que la otra había estado dando un servicio más cálido con menos refinamiento. Quienes sobrevivieron y florecieron con nosotros fueron capaces de entender que la prioridad del otro grupo también tenía su mérito.

Al poner ambas palabras en nuestra lista, estábamos asumiendo que tendríamos que reconocer la fricción inherente entre hospitalidad y excelencia. Tendríamos que explorar esa contradicción y abrazarla: integrar dos ideas opuestas y encarnarlas simultáneamente.

Por qué es importante tu trabajo

Cuando empecé en el mundo de la hostelería, era muy habitual que los padres lamentaran que sus hijos decidieran emprender una carrera laboral en la restauración. Deseaban que sus hijos fueran médicos, abogados o banqueros, no que sirvieran a otras personas, y menos aún que convirtieran eso en su profesión.

Yo tenía otro punto de vista. Quería que los miembros de nuestros equipos entendieran que el buen trato eleva el servicio, no solo para quien lo recibe, sino también para quien lo proporciona. Servir a otros seres humanos puede parecer humillante si no te detienes a reconocer la importancia del trabajo y la influencia que puedes ejercer en los demás al hacerlo.

Concluí aquella primera reunión de planificación estratégica diciendo al equipo: «Cuando empecéis a contemplar el servicio con la lente de la hospitalidad, entenderéis su nobleza. Puede que no estemos salvando la vida a nadie, pero tenemos la capacidad de mejorarla creando un mundo mágico al que poder huir, y considero que eso no es una oportunidad, sino una responsabilidad y un motivo de orgullo».

Hace poco recibí la llamada de un recién graduado en hostelería en Cornell, que me pidió consejo sobre qué hacer a partir de entonces. Lo primero que me soltó fue: «Estoy intentando decidir si quiero formar parte o no de este horrible sector». La llamada fue breve; no tardé mucho en contestarle que, por la impresión que transmitía, no debería hacerlo.

Da igual a qué te dediques: es difícil alcanzar la excelencia si no amas lo que haces. Yo he tenido días malos y semanas malas, como cualquiera, pero siempre he sido capaz de decirme: «No me imagino haciendo nada más», porque siempre he sido capaz de ver la importancia de mi trabajo. Yo creo de verdad que en los restaurantes damos la oportunidad a la gente de tomarse un respiro de la realidad, aunque solo sea un ratito, y, por cursi que suene, que podemos hacer del mundo un lugar mejor. Porque cuando eres amable con la gente, amable de verdad, ellos también lo serán con los demás, que, a su vez, lo serán con terceros. Esto me llena de energía, incluso cuando estoy exhausto.

He convertido en mi misión ayudar a quienes trabajan para mí a ver la importancia de lo que hacen. Ni siquiera en el MoMA considerábamos a nuestros clientes un grupo de personas en busca de algo que comer; los veíamos como gente que va al museo, individuos que han emprendido una aventura y están haciendo realidad su sueño de inspirarse en uno de los mejores museos de arte moderno del planeta. Ese simple giro tuvo una influencia automática y profunda en la forma de actuar de nuestro equipo y en el trato que recibían nuestros clientes.

Yo hablo con gente de todo tipo de industrias y ámbitos. Cuando conozco a alguien que cree que su trabajo es irrelevante, eso suele deberse a que no ha profundizado lo suficiente para advertir la importancia del papel que desempeña. En un congreso sobre el mercado inmobiliario al que fui a dar una charla no me costó nada reconocer a quienes actuaban con pasión y propósito. Muchos me dijeron que vendían casas; los buenos entendían que lo que vendían era hogares.

Esto es aplicable a todas las industrias que se te ocurran. Puedes dedicarte a la asesoría financiera, o bien al negocio de proporcionar a las personas un plan que les permita mantener a sus familias en el futuro. Puedes dedicarte a los seguros, o bien al negocio de ofrecer a las personas la tranquilidad de saber que ellas y sus seres queridos estarán cubiertos, sanos y salvos, con independencia de lo que pase. Es la diferencia entre ir a trabajar para desempeñar tu oficio o para formar parte de algo más grande que tú.

Sin excepciones, te dediques a lo que te dediques, puedes marcar la diferencia en la vida de una persona. ***Debes* ser capaz de expresar en tus propios términos por qué tu trabajo es importante**. Y si eres un líder, tienes que animar a que todas las personas de tu equipo lo hagan también.

10

Crear una cultura de colaboración

El día siguiente a la reunión de planificación estratégica, el ambiente en el restaurante estaba cargado de promesas y emoción, y no había indicios de que esa energía fuera a disiparse las semanas siguientes. Nuestro apasionado y creativo equipo tenía voz y voto en cuanto al rumbo que iba a tomar el restaurante y estaba dispuesto a trabajar aún más, porque había algo en juego.

Habíamos sacado tanto jugo a aquel día que estaba impaciente por implementar más formas creativas y coherentes de incluir a fondo la colaboración en nuestra cultura. Habíamos encontrado una veta de oro y yo me había vuelto avaricioso: quería más. Quería que la colaboración fuera importante para todos, todos los días.

Busca rivales a tu altura

En *El juego infinito*, Simon Sinek escribe sobre elegir a un rival a tu altura: otra empresa que haga una o varias cosas mejor que tú, cuyas fortalezas pongan al descubierto tus debilidades y te hagan emprender un camino de mejora constante.

Cuando leí eso, pensé inmediatamente en una cena que Daniel y yo habíamos compartido en el Per Se a finales de 2006, o, para ser exactos, en la copa de después.

Antes de casarme y de que naciera mi hija, yo acababa la mayoría de las noches en mi piso con una copa de vino y una libreta. Fue en aquellas sesiones de escritura, que eran una mezcla de diario, *mea culpa*, tablero de visión y lista de asuntos pendientes, donde surgieron mis ideas más inspiradas.

Daniel y yo dedicamos mucho tiempo a estudiar otros restaurantes de lujo con más experiencia y éxito. ¿Qué hacían mejor que nosotros? ¿Qué podíamos aprender de ellos? ¿Qué podíamos tomarles prestado y hacerlo propio?

Y en Nueva York, el Per Se era el mejor de los mejores.

Unos años antes, había ido con mi novia de entonces al French Laundry, el aclamado restaurante que Thomas Keller regenta en California, y lo consideraba, junto con aquella primera cena en el Four Seasons y la comida con mi padre en el Skybox con Daniel Boulud en la cocina, una de las experiencias en un restaurante más memorables de mi vida. En aquella época, ni siquiera me interesaba la restauración de lujo, pero aquella comida fue tan extraordinaria que superó todas mis reservas. La experiencia al completo fue tan extraordinaria, en todos los sentidos, que me pareció algo totalmente nuevo.

El French Laundry es uno de los mejores restaurantes del mundo, así que a nadie le sorprendió que el debut de Keller en Nueva York se convirtiera al instante en el modelo de la excelencia en las cenas de alta cocina. Y aunque el EMP estaba lejos de la liga del Per Se, Daniel y yo prestábamos mucha atención a todo lo que hacían.

Así que después de cenar allí, me puse a tomar notas como un loco sobre nuestra experiencia, que había resultado espectacular.

Todos los platos habían supuesto una inspiración. Me encantó el componente juguetón del famoso *cornetto* de tartar de salmón, un guiño a los helados de cucurucho de nuestra infancia, y me dejé llevar por el lujo de las presentaciones, como la cascada de platos de porcelana hechos a medida de tamaño ascendente. Y me llamó mucho la atención la capacidad de Thomas Keller para elevar algo humilde, como un café con dónuts, y convertirlo en una sorpresa opulenta.

Por supuesto, la precisión que había tras toda aquella elegancia no nos pasó desapercibida. Un pequeño ejemplo: nos invitaron a visitar la cocina, pertrechada con equipamiento de última generación y de un diseño tan bello y meticuloso que pensé que Daniel rompería a llorar. Allí me fijé en que la cinta adhesiva azul que usaban para fijar el mantel a la barra del pase no estaba rasgada, sino cortada con tijeras. La atención a todos los detalles, hasta los casi invisibles, nos maravilló.

Después, cuando acabamos de cenar y ya estábamos estupefactos y rebosantes de admiración, llegó el remate final: nuestro camarero fue a nuestra mesa con una bandeja con veinticuatro trufas variadas de chocolate repartidas en tres filas, negro, con leche y blanco, y nos hizo una descripción detallada de cada una de ellas, una por una, con un tono cordial. Era una proeza memorística tan audaz, tan sobrehumana, que parecía un truco de magia.

Yo tomaba notas como un poseso. Por último, me fijé en la taza de café de filtro que me sirvieron después de cenar. Era un café perfectamente correcto, pero como todo lo demás había sido tan increíble y sublime, perfecto, aquel café, que solo estaba bien, llamaba la atención.

Y eso me hizo pensar en Jim Betz.

Descubre sus pasiones y después cédeles el control

Jim Betz era un obseso del café que trabajaba conmigo en el EMP.

Yo me había metido un poco en ese mundo estando al cargo de las cafeterías del MoMA y tenía la suerte de vivir a una calle del Ninth Street Espresso, uno de los primeros bares serios de la ciudad donde tomar un expreso de verdad. Su propietario, Ken Nye, era un perfeccionista redomado: modificaba el grosor del grano en su molinillo a lo largo del día en función de la humedad ambiental y desechaba cualquier taza que considerara que no estaba a la altura.

Jim era sobrino de Ken e igual de apasionado y erudito en el tema como su tío. También estaba muy comprometido con nuestro restaurante. Se había presentado a la entrevista con una enorme barba de leñador, muy de moda entre los *hipsters* de Williamsburg, que yo le dije que tendría que afeitarse si quería trabajar con nosotros. Vino al día siguiente con el mentón rasurado, por primera vez en muchos años. No sé si se puede mostrar más compromiso.

Jim sabía mucho (mucho) más que yo sobre café, pero yo sabía lo suficiente para que fuera divertido hablar con él, y a menudo acabábamos charlando durante las comidas de familia sobre una nueva cafetería con un estándar muy alto o sobre determinada variedad de café excelente que habíamos probado. Aunque Jim solo tenía veintipocos años, yo siempre aprendía algo de él en aquellas charlas. Así que no pude evitar pensar en su decepción cuando le contara que en el Per Se me había tomado una taza de café solo correcta.

Lo cierto es que aunque esa taza de café «perfectamente correcta» no dejaba de resultar chocante en el contexto de una cena por lo demás extraordinaria, no lo era tanto si tenemos en cuenta cómo era el servicio de café en los restaurantes de lujo de aquella época.

Tú acudías esperando platos increíbles y vinos sorprendentes. Eso era lo mínimo. Sin embargo, los complementos, el cóctel de aperitivo, la taza de té o café del final, eran mediocres. Y eso seguía siendo así, aunque había habido una auténtica revolución fuera de aquellas paredes sagradas.

Por ejemplo, hacía mucho que la cerveza había dejado de ser sinónimo de rubia industrial, pálida y sin sabor, que era lo que había dominado el mercado desde la década de 1950. Miles de empresas cerveceras independientes estaban elaborando en todo el mundo cervezas con sabores complejos que podían estar más que a la altura de platos excelentes. Así que quizá en los restaurantes de los ochenta no existía el maridaje con cerveza en los restaurantes de cuatro estrellas, pero en 2006 era ya inconcebible que un restaurante de cuatro estrellas de la siguiente generación no lo ofreciera.

Lo mismo sucedía con los cócteles: si la mayoría de las personas interesadas por la gastronomía sabían que los Manhattan se mezclan, no se agitan en coctelera, ¿por qué había tantos sitios donde las bebidas eran más propias de la sala de espera de un aeropuerto? ¿Y por qué una comida que costaba miles de dólares acababa con un café de máquina mediocre cuando era posible parar a degustar un expreso glorioso, intenso, con denominación de origen y hecho por un barista profesional en una cafetería minúscula como la Ninth Street, donde yo me lo tomaba de camino al trabajo?

Eso sucedía porque nadie le estaba prestando atención. Aún hoy, en casi todos los restaurantes de lujo, la persona que se encarga de todas las bebidas es el sumiller. Una persona que, por definición, es una fanática del vino y que ha dedicado su vida a estudiarlo; la mayoría de sus viajes, sus lecturas y su formación profesional ha girado en torno al vino, y no a la cerveza, el expreso, los cócteles o el té.

Esto es así aunque tu sumiller sea uno de los mejores del mundo: y yo lo sabía porque el que teníamos en el EMP, John Ragan, era efectivamente uno de los mejores del mundo. Un sumiller no tiene tiempo para convertirse en un auténtico experto en las demás bebidas y elaborar al mismo tiempo la carta de vinos de uno de los mejores restaurantes de la ciudad.

Por otro lado, en mi equipo había muchos jóvenes entusiasmados con distintos aspectos de la gastronomía y las bebidas. Un grupito acostumbraba a ir en metro a Queens en sus días libres para visitar cervecerías al aire libre donde servían sesenta variedades distintas de barril elaboradas por microproductores. Otros desaparecían a menudo en un edificio de oficinas anodino del Midtown para hacer catas de gyokuro de primera cosecha, un té verde que se cultiva a la sombra y se prepara con agua que no llega a hervir, a 60 °C exactos. Y, claro está, teníamos a Jim, que era una enciclopedia andante en lo relativo a regiones donde se cultiva café de comercio justo y a modelos de cafetera de precisión.

La pasión era uno de los valores centrales con los que nos habíamos comprometido en nuestra reunión de planificación estratégica. Y por eso, lo último que escribí en mi diario después de aquella cena épica en el Per Se fue: «Jim debería encargarse del área de café».

Y así nacieron las áreas de responsabilidad del Eleven Madison Park.

Kirk Kelewae era un graduado de Cornell que se había unido a la empresa muy emocionado con todo lo que estábamos haciendo. Resultaba obvio que llegaría lejos, pero, igual que todos los miembros nuevos de la plantilla, empezó de camarero de cocina, llevando platos al comedor.

A Kirk también lo volvía loco la cerveza y yo estaba seguro de que sería el encargado perfecto de nuestra área; sin embargo, cuando me senté a comentárselo por primera vez, se mostró inseguro ante tanta responsabilidad, como le pasaría a cualquier persona de veintidós años, aunque le convencí de que yo lo apoyaría en todo el proceso.

Le presentamos a todos nuestros proveedores a sabiendas de que pronto sería él quien nos presentaría a otros nuevos. Me acabó encantando ver llegar al comedor del Eleven Madison Park a los distribuidores de cerveza creyendo que el sumiller probaría su sensacional y nueva variedad y que se encontraban a un camarero con cara de niño que acababa de cumplir la edad legal para beber alcohol.

Le dimos un presupuesto y le enseñamos a manejarlo. Aprendió a hacer inventario y pedidos. Después le dije: «Ahora es cosa tuya. Haz que sea fenomenal».

No tuve que repetírselo. Abordó todos los aspectos de nuestro servicio de cerveza: cómo almacenábamos las botellas, qué cristalería se usaba y la técnica empleada para servirla. Leía todas las publicaciones especializadas y rastreaba las variedades más raras y desconocidas. Todo este trabajo adicional lo alimentaba su pasión, y su entusiasmo juvenil fascinaba a los productores, que siempre intentaban hacerle llegar un par de botellas de variedades muy solicitadas de las que solo se producían unas pocas docenas.

Me emocionó, aunque no me sorprendió demasiado, que cuando Kirk llevaba un año en su puesto, el Eleven Madison Park apareciera citado en diversas publicaciones como uno de los restaurantes con mejor servicio de cerveza de Estados Unidos.

No solo nuestra carta de cervezas mejoró exponencialmente, sino que el fervor de Kirk era contagioso; todos nos sumamos a él porque queríamos apoyarlo. Él organizaba catas y nos perseguía por los pasillos. «¡Eh, mira, tienes que probar esta gruit!» (¿Sabes lo que es? Yo tampoco lo sabía. Gracias a Kirk, ahora te puedo contar que es una cerveza de estilo medieval aromatizada con hierbas amargas en lugar de lúpulo. Al parecer, eso es importante.)

De un modo similar, Sambath Seng, otra camarera, se hizo con nuestra área de tés. Voló a Las Vegas para asistir a la World Tea Expo y se presentó a distribuidores que compraban té directamente a plantaciones de la India, China, Tailandia, Taiwán, Corea y Japón. Nos habló de tés tostados y de otros procesados con vapor. Como a ella le preocupaba mucho la pureza del agua, calibrar con precisión las combinaciones de temperatura y tiempo de infusionado y la manipulación y el calentado de la vajilla del té, nosotros también empezamos a cuidar esas cosas.

Después llegó el turno de los cócteles. Reuní al equipo del bar y les dije: «Quiero tener un servicio de cócteles tan bueno como el de la PDT». La PDT era una coctelería del East Village, que dirigía mi amigo Jim Meehan. El nombre eran las iniciales de «Please don't tell» ('Por favor, no lo cuentes'), una referencia a las pequeñas dimensiones del discreto local, al que se accedía, como si fuera un *speakeasy*, a través de una cabina telefónica en Crif Dogs, que era un puesto de perritos calientes nada sofisticado situado en unos bajos. Casi todo el mundo lo consideraba uno de los mejores bares del mundo.

Uno de nuestros bármanes dijo: «Qué ridículo, eso es imposible». Un barman puede tardar hasta diez minutos en preparar una bebida en una coctelería de lujo. Un servicio así es difícil de replicar en un restaurante, con ciento cuarenta clientes a quienes servir, no seis.

Sin embargo, como te dirá cualquiera que haya trabajado para mí, «No podemos» no es mi frase favorita. Te seré sincero. En un momento concreto de mi juventud cometí el error de contarle a mi padre que había una cosa que no podía hacer. La mañana siguiente, la casa estaba cubierta de papelitos como los que te encuentras dentro de las galletas de la suerte que decían: «El éxito llega con los "Puedo"; el fracaso, con los "No puedo"». Nunca volví a repetir aquella frase delante de él.

También creía mucho en el tipo con quien estaba hablando. Se llamaba Leo Robitschek. Quizá hayas oído hablar de él; ahora mismo es uno de los mejores bármanes especialistas en cócteles del mundo. Pero en aquel momento trabajaba en el EMP mientras estudiaba Medicina.

Aunque Leo siempre aportaba infinidad de buenas ideas, también era la rueda que más chirriaba, la persona del equipo que nunca dejaba pasar la oportunidad de explicarte por qué lo que pensabas hacer contenía errores de base y no funcionaría de ninguna manera. Se transformó por completo cuando le asignamos un cargo de responsabilidad, como si no hubiera querido comprometerse con la excelencia hasta tomar las riendas. En cuanto asumió el mando, pasó de ser el crítico interno más franco a convertirse en un auténtico embajador del restaurante y un gurú absoluto en el mundo de los cócteles de calidad.

Y luego, por supuesto, estaba Jim. A cargo del café, enseguida cambió nuestro proveedor por Intelligentsia, uno de los mejores tostadores en aquel momento. Empezó a preparar los cafés en la mesa y daba a los clientes la posibilidad de elegir entre la clásica cafetera de goteo Chemex o una de sifón, que combina las mejores características de los métodos de filtro e inmersión y tiene la ventaja añadida de que es muy bonita de ver en acción.

Gracias a Jim (y, de forma indirecta, al Per Se), la taza de café de después de cenar en el EMP pasó de correcta, una ocurrencia de última hora, a convertirse en una experiencia muy entretenida, exquisitamente ejecutada, divulgativa y teatral. Y lo más importante, te acababas tomando una taza de café exquisita.

Busca que todos ganen

Steve Ells, fundador de la cadena de restaurantes de comida rápida Chipotle, habló con mucha elocuencia en la Welcome Conference sobre los efectos positivos de otorgar más responsabilidad a su equipo.

La mayoría de las empresas de comida rápida procesan los ingredientes en una nave industrial porque no se fían de los equipos de sus locales; así, no es de sorprender que la comida sepa como si llevara dos días dentro de un camión. Ells creía que, con la formación adecuada, los empleados de los locales podrían elaborar una comida mejor y más fresca.

Descubrió que cuanta más responsabilidad daba a sus equipos, más implicados estaban estos; la confianza depositada en ellos los hacía crecerse para cumplir con la función que se les había asignado. El equipo se sentía empoderado, la comida estaba más rica y los clientes se sentían más a gusto con lo que comían porque veían a seres humanos cortando tomates y asando pollo.

Era una situación en la que todos ganaban.

Y nosotros hicimos lo mismo. A nuestro equipo le encantaban las áreas de responsabilidad. Como todas las personas que empezaban a trabajar para nosotros lo hacían de camareros, algunos podían tardar hasta tres años en ascender de categoría. Las áreas de responsabilidad proporcionaban a las personas motivadas y creativas un proyecto en el que involucrarse mientras se ganaban los galones.

Y la inversión de tiempo, confianza y formación casi siempre valía la pena, porque cuando instruíamos a alguien para que asumiera la total responsabilidad de algo, a la larga nuestro trabajo acababa siendo más sencillo. Cuando Leo se encargó de los cócteles y Kirk de la cerveza, nuestro sumiller, John Ragan, no tuvo que preocuparse más por esas bebidas, ni tampoco por el café ni el té. Nuestra carta de vinos, que ya era maravillosa, mejoró aún más, porque John tenía más tiempo, energía y capacidad para dedicarle, mientras que las demás áreas, que eran inherentemente mediocres en muchos restaurantes de lujo, pasaron a ser las mejores de su clase.

Y todas las personas que estaban en el restaurante, ya hubieran ido allí a comer o a trabajar, se beneficiaban de la maravillosa alquimia que se genera cuando se da rienda suelta al entusiasmo. Kirk acabó haciéndose muy amigo de Garrett Oliver, el genio loco que dirige la fábrica de cerveza Brooklyn Brewery. Así que cuando Leo, gracias a su amistad con el famoso productor de *bourbon* Julian Van Winkle, se hizo con un barril vacío usado para envejecer su mítico Pappy en la legendaria destilería de Kentucky, lo mandó a la Brooklyn Brewery para que Garrett envejeciera en él una cerveza expresamente creada para nosotros. Fue algo extraordinario y muy especial, una colaboración divertida que nunca habría tenido lugar si nuestro sumiller hubiera seguido al cargo del área de cerveza.

Cuando vimos el increíble éxito que estábamos teniendo con nuestras áreas de bebidas, a nuestro equipo de encargados se le ocurrió hacer una lista con todos los aspectos de un restaurante que podrían beneficiarse de recibir más atención, entre ellos la mantelería, el trabajo secundario y la formación. Todo esto llamaba menos la atención, pero podía marcar la diferencia en cuanto a la experiencia de quienes trabajaban allí y en nuestro balance.

Un ejemplo: el tipo que se hizo cargo del área de VCC (es decir, «vajilla, cristalería y cubertería»; apasionante, ¿verdad?) se consagró a reducir las roturas. Descubrió que las guías del lavavajillas destinadas a las copas eran un centímetro demasiado cortas, de forma que los tallos sobresalían cuando se metían en él. Compramos unas nuevas y redujimos las pérdidas en un 30 por ciento. Eso es mucho dinero, y nos subió mucho la moral, porque implicó que ya no nos quedáramos sin copas de agua en mitad de un servicio.

Después pidió al encargado que instalara un recubrimiento de goma grueso en la mesa de acero inoxidable donde se dejaban los platos antes de fregarlos y, ¡bingo!, se acabaron los platos caros de cerámica hechos a mano con el borde descascarillado.

Esto no eran puntos inadvertidos en una larga lista de tareas pendientes de un encargado con mil cosas más que hacer, sino ajustes menores y baratos que llevaba a cabo una persona joven dedicada a prestar atención. Aquellos pequeños cambios ahorraron miles de dólares al restaurante el primer par de meses. Y aunque algunas de estas áreas afectaban a los clientes de forma más directa que otras, no hacía falta saber cómo eran el armario de los manteles ni las guías de las copas para percibir su efecto.

Estas áreas de responsabilidad no se asignaban; participar en ellas era algo estrictamente voluntario. Y aunque muchos de quienes se ofrecían tenían cierto conocimiento sobre el área elegida, no era preciso que empezaran siendo expertos. Lo único que pedíamos era que tuvieran interés y curiosidad, y la sensación de que aquello podía convertirse en su pasión.

Que algo pueda no funcionar no es motivo para no intentarlo

No voy a mentirte: es mucho más sencillo no compartir la responsabilidad, al menos al principio. (Es el problema de «Si lo hago yo acabaremos antes».) Sin embargo, negarse a delegar porque se puede tardar mucho en formar a alguien acaba perjudicando a tu propio crecimiento.

Al principio, los jóvenes que se encargaban de estas áreas de responsabilidad necesitaban una cantidad ingente de supervisión, ánimo y consejo. Formarlos daba muchísimo trabajo. Y hubo baches en el camino. Sí, por supuesto que establecimos sistemas de contención para que Kirk no pudiera gastar un millón de dólares en cerveza, pero un chaval recién salido de la escuela de hostelería cometerá sin duda más errores que alguien con diez años de experiencia en el sector.

Y aunque se tarda más en solucionar un error cometido por otra persona que en hacerlo tú directamente, se trata de una inversión de tiempo a corto plazo para obtener beneficios a largo plazo. Si insistes en que tus encargados tengan experiencia previa similar, nunca podrás ascender a un camarero prometedor. Así, por definición, si siempre esperas a que un empleado tenga la experiencia necesaria, nunca podrás ascender a nadie del equipo. **A menudo, el momento ideal para dar más responsabilidad a alguien es *antes* de que esté listo**. Arriésgate y esa persona casi siempre trabajará con más ahínco para demostrar que no te equivocabas. Teniendo en cuenta que yo acabé ascendiendo a Kirk a director general del EMP, se podría decir que la inversión valió la pena.

Y ya que estoy siendo del todo sincero, hay otro motivo por el que resulta más fácil no hacer eso: podría no funcionar. Nosotros aprendimos por las malas, por ejemplo, que es mejor que la persona encargada de la mantelería sea alguien cuadriculado y muy organizado capaz de dominar el inventario con puño de hierro, controlar el gasto y disfrutar de tener el armario ordenado con eficiencia para el trabajo, en lugar de un visionario.

Pero si la idea era animar a las personas a arriesgarse, no podíamos penalizar a quienes no triunfaban; sencillamente, buscábamos otra área a la que pudieran dedicarse. Siempre he creído que el hecho de que una idea pueda no funcionar no es motivo para no intentarlo, sobre todo si tiene el potencial de hacer que quienes trabajan para ti se involucren más en tu misión.

La mejor forma de aprender es enseñar

Mi padre dice que la mejor manera de aprender es enseñar, y fue él quien me enseñó a estudiar para los exámenes como si fuera a hacer una presentación. Descubrí que si estudiaba la materia como si fuera a tener que darme la vuelta e impartirla, la aprendía mucho más a fondo que de cualquier otro modo.

En el EMP convertí la enseñanza en parte de nuestra cultura.

El espíritu de colaboración surgido de nuestras áreas de responsabilidad nos inspiró a todos, pero pedir a alguien que asumiera el mando de un departamento implicaba un gran compromiso. Así que cuando John Ragan estableció una reunión semanal denominada Hora Feliz dedicada al vino, la cerveza y los cócteles de nuestro menú, animamos al equipo a implicarse y preparar presentaciones.

Hacer una única presentación suponía mucho menos trabajo que entrar a formar parte del área de responsabilidad, y era divertido, porque a nuestros trabajadores les encantaban la gastronomía y los vinos. Ya se les hubiera encendido la bombilla mientras sostenían una copa de burdeos en la barra y de repente quisieran saber más sobre la historia de la región del que era originario o hubieran probado por fin un jerez que no les recordaba al sorbito que daban a escondidas a la copa de su abuela durante las partidas de *bridge*, las presentaciones de la Hora Feliz eran una excusa para investigar antes y compartir los hallazgos con el equipo.

Enseguida, los temas de la Hora Feliz empezaron a superar el ámbito del vino y los licores. Al otro lado de nuestros enormes ventanales estaba el Madison Square Park, y uno de nuestros camareros hizo una presentación sobre la rica historia del parque para que tuviéramos datos curiosos que comentar con nuestros clientes. (En él se crearon las normas del béisbol; se expuso la antorcha de la Estatua de la Libertad y se iluminó el primer árbol de Navidad público de Estados Unidos en 1912.) Esto nos llevó a ponernos en contacto con Kenneth T. Jackson, un profesor de Columbia y la mayor autoridad mundial en la historia de Nueva York, que nos hizo de guía a todo el equipo en un paseo por el parque y las calles aledañas.

Jeff Taylor era nuestro apasionado de la historia de los restaurantes. Una vez al mes se sumergía a fondo en un restaurante icónico de la vieja escuela, como Le Pavillon, que abrió para la Exposición Universal de 1939, lanzó a la fama a cocineros como Jacques Pépin y fijó el estándar de la comida francesa y los restaurantes de lujo para los neoyorquinos durante la segunda mitad del siglo xx.

Billy Peelle, camarero, se sumergió en el enorme archivo histórico gastronómico de la Biblioteca Pública de Nueva York y elaboró una increíble presentación sobre el diseño de los menús y su evolución desde la segunda mitad del siglo xx hasta inicios del xxi. Esta actividad quedaba completamente fuera del ámbito de responsabilidad de Billy; era un proyecto que gestionaba yo mismo, en colaboración con nuestro diseñador gráfico. No obstante, él sabía que su presentación nos conectaría con nuestra herencia: el legado que ahora éramos responsables de defender y expandir. Quizá no te sorprenda saber que, años después, Billy también llegó a ser director general.

Deja que lideren

Aquellas Horas Felices tenían un importante beneficio adicional. Por lo general, las formaciones que se llevan a cabo en un restaurante las lideran los encargados, no el equipo; sin embargo, cuantos más miembros del equipo se encargaban de dirigir esas clases, más se comportaban como líderes.

Yo quería ir un paso más allá.

Como he dicho antes, creo que el momento de liderazgo más importante del día en un restaurante es el *briefing* previo al servicio, cuando el encargado debe enseñar, inspirar y preparar a su equipo. Una vez a la semana, los sábados, librábamos de esa responsabilidad a los encargados y se la traspasábamos a un miembro del equipo.

Dirigir una reunión de este tipo implicaba ser el maestro de ceremonias, siguiendo una plantilla establecida por mí: primero, cuestiones básicas de funcionamiento interno, como del pago de las nóminas y la cobertura médica, y después, un breve parlamento sobre una experiencia de servicio que al empleado le pareciera emocionante o inspiradora. Al final, pasaba la palabra al sumiller o a un ayudante del jefe de cocina para que comentara cualquier cambio en la carta de vinos o el menú.

Como es obvio, lo complicado era la parte central, sobre todo si lo de hablar en público ponía nervioso a quien le tocaba liderar la reunión. Muchas personas contaban anécdotas vividas en el EMP o experiencias de servicio en otros lugares, tanto buenas como malas. También podías hablar de alguna aventura que hubieras vivido fuera del reino de la gastronomía y los restaurantes, como lo del chupito cuando fui a cortarme el pelo. Siempre que la experiencia te hubiera dado una lección sobre cómo hacer que la gente se sienta atendida, bienvenida y apreciada, valía todo.

Dirigir la reunión de los sábados daba a nuestros empleados temporales la oportunidad de ejercer un rol que suele quedar reservado a los encargados. Esto servía no solo para formar al equipo, sino también para inspirarlo. Y pedir al equipo que dirigiera esas reuniones e hiciera presentaciones para la Hora Feliz tuvo otro beneficio inesperado más: todo el mundo empezó a estar más cómodo hablando en público.

A mí nunca me ha incomodado hacerlo; en el instituto iba a talleres de teatro y formaba parte del consejo escolar. Pero, siguiendo el consejo de mi padre de cultivar mis puntos fuertes además de trabajar los débiles, fui a una clase de oratoria en Cornell que me influyó mucho y donde aprendí uno de sus principios más importantes, que aún hoy pongo en práctica: diles qué les vas a decir, díselo y después diles lo que les has dicho.

La otra conclusión que me quedó muy clara en aquella asignatura fue que **hablar en público es una habilidad de liderazgo.** Ser capaz de transmitir tu emoción es una forma muy potente de implicar a quienes trabajan contigo y para ti, y llenarlos de energía y propósito.

Nosotros notamos una enorme diferencia en el equipo en los meses posteriores a que empezaran a dirigir las reuniones de la Hora Feliz y de los sábados. Me encantaba cómo hablaban con los clientes: al fin y al cabo, tomar nota de los pedidos, ayudar a elegir un vino o explicar un plato son formas de hablar en público. También tenían una mayor autoridad a la hora de dar instrucciones a sus compañeros durante el servicio.

No obstante, el auténtico cambio fue intangible: empezaron a moverse de otra manera.

Vuélvelo obligatorio

Obligatorio es una palabra que hoy en día resulta desagradable en el lugar de trabajo.

Los jefes tienden a decidir que los programas de enriquecimiento sean voluntarios porque asumimos que a todo el mundo le hará tanta ilusión como a nosotros. Sin embargo, cambiar el comportamiento de las personas es complicado; a veces hay que hacer que prueben algo para que se suban al carro.

Esto no implica explotación: paga a la gente por su tiempo. Pero que no te asuste volver obligatoria la participación en un programa.

Aunque en el EMP había un sinfín de oportunidades estructurales para quienes quisieran colaborar, ciertas personas necesitan hacerlo para saber lo bien que sienta, y por eso desarrollé algunos trucos con el objetivo de incentivarlos. Uno de ellos fue obligar a colaborar a algunas de las nuevas incorporaciones.

En todos los restaurantes en los que he trabajado, la oficina de gestión de las reservas siempre ha sido un vertedero. El comedor tiene un aspecto perfecto y la cocina debe estar prístina. El despacho del director suele estar bastante ordenado, porque de lo contrario es imposible encontrar lo que necesitas cuando lo necesitas, y es bueno que los vestuarios estén limpios y pulcros porque son un espacio importante para la moral del equipo.

Así que cualquier cosa que no sabes dónde poner, pero que no puede estar en el comedor, acaba en la oficina de gestión de las reservas. Las copas promocionales regalo del proveedor de licor. La caja con las decoraciones navideñas que sobraron. Un libro de cocina que va de mano en mano entre el equipo. Todo eso acaba en la oficina del responsable de las reservas, que es el cajón de sastre del restaurante. Y en todos hay un tablón de anuncios caótico lleno de recordatorios y noticias de hace meses que nadie mira.

La mejor forma de introducir a un nuevo empleado en tu cultura es ponerlo a trabajar codo con codo con alguien que crea en ella. No obstante, los encargados de las reservas suelen trabajar solos o como mucho con otra persona, y deben estar pendientes de los teléfonos en vez de asistir a las reuniones previas a los servicios, así que suelen quedarse un poco fuera del contexto cultural. Y aun así, al ser la primera persona con quien interactuaban los clientes, queríamos que fueran buenos embajadores.

De modo que creamos una colaboración obligatoria para llevarlos a nuestro terreno. Cuando contratábamos a un nuevo responsable de reservas en el Eleven Madison Park, le pedíamos inmediatamente que hiciera algo para mejorar su oficina. Era una obligación, no una invitación, aunque sí podían decidir hacer algo grande o pequeño.

Teníamos que mostrarles desde el principio que íbamos en serio cuando decíamos que las aportaciones eran bienvenidas. De lo contrario, incluso las personas más proactivas podían llegar a dudar: «A saber qué callos voy a pisar si me da por ordenar ese desastre de tablón de anuncios».

El programa era útil para ellos y para nosotros. Los nuevos tenían la ventaja de llegar con la mirada fresca, lo que les permitía ver las imperfecciones que los demás habíamos dejado de percibir.

También les ayudaba a romper el hielo con sus nuevos compañeros; queríamos que la gente se sintiera cómoda pidiendo ayuda o explicaciones, y asignar una colaboración aceleraba ese proceso: «¿Iría bien poner otro tablón informativo aquí? En tal caso, ¿con quién tengo que hablar para sufragar un gasto pequeño?». Eso por no mencionar que el inevitable agradecimiento («No sé cómo hemos podido vivir sin esto hasta ahora») llegaría de parte de los nuevos compañeros de esa persona, y no solo de sus jefes.

Ya sé que asignar una colaboración va en contra de otro consejo que solía dar a los encargados jóvenes: «No te tires a la piscina en bomba», pero en este caso hay una gran diferencia: el puesto de encargado de las reservas no requiere experiencia. Empoderar a los miembros más jóvenes e inexpertos del equipo conlleva muchas bondades.

Cuando las personas ya han experimentado lo bien que sienta contribuir, empiezan a buscar cómo volver a hacerlo. Y para nosotros era una forma de comunicar a esa persona, en su primer día de trabajo, que la habíamos contratado por algo. «Teníamos motivos para contratarte. Sabemos que puedes contribuir de algún modo y no queríamos esperar a averiguar en qué.»

Escucha todas las ideas

Cuando dedicas mucho tiempo a animar a tu equipo a contribuir, debes asegurarte de que sepan que tu puerta está abierta a todas horas para plantear nuevas ideas. Siempre hay un modo mejor de hacer las cosas, y yo era claro: si se te ocurre una idea mejor, quiero oírla.

La primera vez que alguien acuda a ti con una idea, escucha con atención, porque tu forma de actuar dictará su forma de contribuir en el futuro. Si no prestas atención esa primera vez, apagarás una llama que será difícil reavivar.

Quizá alguien se te acerque con una ocurrencia que ya has oído o que ya has probado; no la rechaces sin más. Quizá esa persona la aborde de un modo distinto a los anteriores, o las circunstancias hayan cambiado y ya no estés en una posición en la que no vaya a funcionar.

Puede que alguien acuda a ti con una idea que es una solemne tontería. Será una oportunidad para enseñar: escuchar y explicar de forma respetuosa por qué esa idea seguramente no funcionaría, de manera que la persona salga de allí con buen ánimo y un mayor conocimiento. Recuerda: a menudo detrás de una mala idea se esconde otra brillante.

Los grandes líderes crean líderes

A los encargados no siempre les gustaba que insistiéramos tanto en que todo el mundo colaborara, sobre todo si habían tenido que trabajar mucho para llegar a donde estaban. Esto puede llegar a ser un problema en las culturas donde se prioriza la promoción interna; con un mayor poder llega una mayor responsabilidad, y cederla, en especial para alguien que acaba de conseguirla tras un considerable esfuerzo, puede interpretarse como una degradación.

Por ello les recordábamos que los grandes líderes crean líderes. **Nadie quiere verse obligado a cargar con cien llaves; ganar significa tener una única llave: la de la puerta principal.** En el momento en el que deleguen parte de sus responsabilidades, dispondrán de más tiempo para implementar sus contribuciones.

No me canso de explicar lo importante que fue este enfoque colaborativo para nuestro éxito: en mi opinión, la colaboración es el pilar en el que se sustenta la hospitalidad irracional. Todas las áreas mejoraron muy rápido y de forma sorprendente. Las ideas que obteníamos eran cada vez más novedosas y originales; de hecho, muchas de las más celebradas nacieron de aquella iniciativa. Y teníamos muchas porque el plan no lo creábamos únicamente Daniel, unos cuantos encargados y yo.

Dar al equipo más responsabilidad de la que esperaba tuvo un impacto increíble: cuanto más responsables los hacíamos, más responsables se volvían. Cuanto más enseñaban, más entendían la importancia de todo lo que les pedíamos que aprendieran. Cuantas más reuniones dirigían y más presentaciones hacían en la Hora Feliz, más actuaban como líderes. Cuanto más practicaban la oratoria en público, más confianza adquirían en sí mismos.

Y como hasta el último miembro del equipo sabía que la visión se creaba de forma colectiva, todos estábamos dispuestos a trabajar aún más para alcanzar nuestras metas.

11

Esforzarse para alcanzar la excelencia

«¡Will! Estoy casi seguro de que acabo de acompañar a Frank Bruni a una mesa.»

Estábamos a finales de 2006 cuando, casi sin aliento y con los ojos como platos, apareció nuestro *maître* en la zona de camareros para decirme que acababa de entrar por la puerta el crítico gastronómico de *The New York Times*. Por lo general, el periódico deja pasar unos años entre reseñas, y a nosotros aún nos faltaba bastante para que volviera a tocarnos. Pero la contratación de un nuevo e interesante jefe de cocina puede a veces dar pie a otra reseña, y nosotros deseábamos que nuestro trabajo, y lo mucho que estábamos dando que hablar, lo animara a ir a echar una ojeada.

Si Bruni se encontraba en el restaurante, lloverían reseñas también de otros medios.

Decir que nuestro equipo estaba muy interesado en lo que tuviera que decir *The New York Times* sobre los cambios que habíamos hecho en el Eleven Madison Park era quedarse corto. *Obsesionado* se ajustaba bastante más a la realidad.

Lo cierto era que nos jugábamos mucho. Hablando en plata, el Eleven Madison Park era un restaurante de Danny Meyer pensado para obtener tres estrellas. El Union Square Cafe tenía tres estrellas. El Gramercy Tavern tenía tres estrellas. El Tabla tenía tres estrellas.

Pero al EMP ese periódico le había concedido dos tras su apertura y también en su reevaluación de febrero de 2005. Aquella segunda reseña de dos estrellas, no muy halagüeña, había sido el motivo de que nos contrataran a Daniel y a mí. Así que, aunque los dos habíamos soñado desde el principio con obtener cuatro estrellas, para conservar el empleo, y también la cordura, necesitábamos tres.

Había llegado el momento.

La excelencia es la culminación de miles de detalles ejecutados a la perfección

Voy a confesarte algo: soy un perfeccionista.

Si mi esposa aparca el coche torcido, lo enderezo; si deja un libro un poco torcido en su mesilla de noche, lo alineo con los bordes. Siempre que hace la cama, yo la rehago. (Por suerte, se lo toma bien.) No puedo evitar ver las imperfecciones y me resulta casi imposible no corregirlas. Para sentirme en paz necesito que cuanto me rodea esté bien: razonablemente organizado y en su sitio.

Ahora ya no me disculpo por ello, pero no siempre fue así; he pasado toda mi vida recibiendo quejas por ser picajoso y avergonzándome de ello en casi todas las ocasiones. Mis amigos de la universidad se colaban en mi cuarto para desplazar cinco centímetros cosas de dentro de mi armario y ver cuánto tardaba en recolocarlas. Yo solía detectar esos cambios al instante, claro, e intentaba devolverlo todo a su lugar como quien no quiere la cosa, sin que nadie lo notara; porque aunque las bromas eran cariñosas, también eran despiadadas.

Fue en el Eleven Madison Park donde por fin entendí que mi fanática atención al detalle era un superpoder. Y si bien no es el único, si fue el que más usé cuando nos preparábamos para nuestra primera reseña.

El negocio de la restauración, y cualquiera del sector servicios, es duro para los perfeccionistas, porque son organizaciones donde trabajan seres humanos. Y por mucho que se esfuercen, los humanos cometen errores.

Hay dos reacciones posibles cuando descubres que la perfección es inalcanzable: puedes rendirte o puedes intentar acercarte al máximo a ella. En el EMP optamos por la segunda. **Quizá no sea posible hacerlo *todo* a la perfección, pero sí es posible hacer *muchas cosas* perfectamente.** Esa es la definición de la excelencia: clavar la mayor cantidad posible de detalles.

Sir David Brailsford fue un entrenador a quien contrataron para reflotar el ciclismo en Reino Unido. Lo logró haciendo hincapié en lo que él denominaba «la suma de ganancias marginales» o pequeñas mejoras en muchas áreas. Cito: «El principio nace de la idea de que si haces una lista con todo lo que se te ocurra que forma parte del acto de ir en bici y después lo mejoras todo en un uno por ciento, el incremento total es significativo».

Coincido profundamente con él, y es una muy buena descripción de cómo nos preparamos para la lluvia de reseñas. Que tu objetivo sea la perfección resulta avasallador, por no decir imposible: eso lo sabíamos. Aun así, nos acercaríamos a ella al máximo; de hecho, ya habíamos empezado a hacerlo mucho antes de que el *maître* me dijera que Frank Bruni estaba en la mesa 32.

En los vestuarios y cocinas de todos los restaurantes de Nueva York hay una foto del crítico gastronómico de *The New York Times* pegada con celo en la pared. Se supone que su rostro debe ser anónimo, pero da igual lo mucho que se esfuerce un nuevo crítico en eliminar toda imagen suya de internet: siempre se acaba filtrando alguna antigua extraída de la solapa de un libro o de una fiesta promocional. (Hoy en día suele ser una foto borrosa hecha a traición y enviada por el encargado de otro restaurante.)

Ahora bien: tanto da que no reconozcas al crítico. Igual que un equipo de fútbol americano no puede pifiarla en veinte partidos seguidos y luego ganar la Super Bowl, tú no puedes ser un restaurante mediocre trescientos sesenta y cuatro días al año y convertirte en uno magnífico el día que entra el crítico por la puerta.

Como es obvio, si lo reconoces antes de que se siente, puedes llevarlo a una mesa que esté en el sector de tu mejor camarero y asegurarte de que sus platos estén presentados de forma impecable y sean la mejor manifestación de esa receta en concreto. Pero aunque puedas mostrar al crítico la mejor versión de tu restaurante, no puedes convertirte de repente en algo que no eres, y eso ellos lo saben. Lo que reseñan es lo que hay.

Y por eso habíamos dedicado los meses anteriores a intentar ser un poco más perfectos todas las noches.

Cualquier detalle, por pequeño que sea, importa

Perseguíamos la excelencia en cada elemento de lo que hacíamos.

El equipo de la cocina se había formado para preparar los platos de Daniel con precisión y siempre igual. La excelente comunicación que había entre el comedor y la cocina aseguraba que los tiempos fueran los idóneos para cada plato en todas las mesas.

Todas las personas que trabajaban en el comedor llevaban los uniformes impolutos y planchados, iban bien peinadas y con una manicura impecable. Los cubiertos y la vajilla brillaban.

Los camareros se sabían el menú del derecho y del revés, de dónde procedía cada uno de los ingredientes de todos los platos y su proceso exacto de elaboración. Este es un ejemplo de cómo la irracionalidad en la búsqueda de la excelencia nos hizo ser aún más hospitalarios. Porque al servir un plato determinado, los camareros no tenían que recordar qué llevaba; estaban tan seguros de sus conocimientos que podían emplear toda su energía en conectar con el cliente.

La formación iba mucho más allá de saberse el menú o la carta de vinos: dominaban hasta el último detalle del entorno. No podíamos empezar el servicio con las luces demasiado bajas, porque teníamos unos grandes ventanales y el contraste entre la potente luz exterior y un interior tenue era desagradable. Pero como el sol se pone a una hora distinta cada día (por no hablar de que la luz que entraba por los ventanales variaba muchísimo en función de qué tiempo hacía), no se podía automatizar el proceso de ir bajando la luz a medida que avanzaba la noche ni establecer una norma del tipo «A las 19.00, la luz debe estar al 4».

El equipo que se encargaba de ajustar las luces debía aprender a hacerlo y prestar mucha atención. Aún más importante: tenían que entender cómo influye la iluminación en la atmósfera de una sala y en el conjunto de la experiencia. Tenían que reconocer la importancia de que la luz fuera perfecta.

De una forma parecida, dedicamos horas a seleccionar cada una de las canciones de nuestras listas. Sin embargo, una música demasiado animada y con un volumen muy alto en una sala casi vacía puede hacer que te sientas como el primer invitado en la fiesta más deprimente del mundo, así que formamos al equipo de recepción para que supieran identificar el momento de pasar de la lista de canciones suaves para el comedor vacío a una un poco más animada para el comedor medio lleno (etcétera), y a modular el volumen siguiendo el mismo criterio.

La iluminación y la música son detalles complicados en todos los restaurantes, y algunos problemas no se pueden resolver mediante la excelencia. Tuvimos que innovar.

Por ejemplo, de todos es sabido que al principio y al final de cualquier comida parece que el tiempo se ralentiza. En esos instantes, los clientes son más sensibles a cualquier retraso, todos reconocemos la sensación de llevar horas esperando a que nos lleven la bebida o la cuenta. Así que es crucial servir algo al cliente, lo que sea, lo antes posible.

Un vaso de agua es una gran solución, pero el EMP no era una cafetería barata; no podíamos llenar los vasos de agua con una jarra metálica justo después de sentar a los clientes. El proceso que teníamos era demasiado lento. El jefe de sector preguntaba qué agua preferían (con hielo, mineral natural embotellada, con gas embotellada) y después lo comunicaba al camarero correspondiente. El camarero iba a buscar las botellas y las llevaba a la mesa, una práctica que hacía que el momento resultara aún más frío, porque la sala era enorme.

Dedicamos mucho tiempo en nuestras reuniones con los encargados a buscar formas de hacer que aquello fuera más eficiente. Acabamos robando la solución al béisbol, en el que el *catcher* se tiene que comunicar con el *pitcher*, que está a veinte metros, mediante gestos.

Después de que la persona de recepción te acompañara a la mesa, el jefe de sector te daba el menú y te preguntaba por el agua. Muy poco después y sin ninguna comunicación visible, a menudo antes de que el jefe de sector se hubiera alejado, llegaba un camarero con el agua que hubieras elegido.

No era magia; el jefe de sector había indicado discretamente las preferencias a un compañero con un gesto de la mano a la espalda (agitar los dedos con la mano abierta, agua con gas; gesto limpio de corte con los dedos juntos, agua natural, y puño retorcido, agua con hielo).

Otro problema es que había demasiado movimiento en la sala. Se necesita a muchas personas para ofrecer un servicio de este nivel, pero cuando hay demasiados cuerpos moviéndose por una sala, aunque sea tan grande como el comedor del EMP, la sensación es de caos. En un restaurante de estilo clásico lleno hasta los topes, ver zigzaguear a los camareros transmite una sensación de energía y dinamismo; en un restaurante de lujo, tanta actividad es disruptiva.

Por ello establecimos normas de tráfico como las de una gran ciudad para el equipo, aunque imperceptibles para los clientes. En las esquinas había señales de *stop* y ceda el paso invisibles. La mayor parte de la sala era de dirección única y el tráfico se movía en el sentido de las agujas del reloj. En un pasillo de «dos carriles», había que circular por la derecha, como al conducir.

Solíamos decir que nuestro objetivo era el ballet, no el fútbol americano. Estas normas invisibles de tráfico permitían al equipo moverse de forma ordenada por la sala sin necesidad de esquivarse ni de usar palabras como *perdón* o *detrás*.

Los clientes eran ajenos a estas sutilezas, pero todas ellas contribuían a la sensación general de comodidad y serenidad que experimentaban cuando cenaban con nosotros.

No hay tarea pequeña

Teníamos que actuar en todo momento con un gran nivel de precisión. Para que el equipo se sintonizara en la frecuencia correcta, les pedíamos que empezaran a pensar en ello en cuanto entraran por la puerta.

A quienes montaban el comedor, los formábamos para que pusieran los platos de tal manera que si algún cliente daba la vuelta a uno de ellos para ver el nombre del fabricante, el sello de Limoges quedara del derecho.

Ridículo, ¿verdad? Una total insensatez. Quizá solo uno o dos clientes al mes daban la vuelta al plato. La mayoría de las noches, no lo hacía nadie. Y quienes lo hacían, ¿imaginarían que el plato se había puesto así a propósito? También podía pasar que alguien no hiciera el gesto como nosotros habíamos previsto, por lo que el sello no quedaría del derecho.

No pasaba nada, porque, al margen de que alguien le diera la vuelta o no, ese plato perfectamente situado ya había cumplido con su función.

No hay tarea pequeña, y constatamos, una y otra vez, que la precisión en los detalles más ínfimos se traducía en precisión en los más importantes. Al pedir a las personas que montaban el comedor que se concentraran al máximo al poner cada uno de los platos, les pedíamos que fijaran el estándar con que debían hacerlo todo a lo largo del servicio: cómo darían la bienvenida a los clientes, cómo los acompañarían por el comedor, cómo se comunicarían con sus compañeros, cómo servirían el champán antes de empezar y el café al terminar.

Se cuenta que en una ocasión Walt Disney planteó un reto a los diseñadores de sus parques temáticos, mientras trabajaban en los primeros autómatas para la atracción *Enchanted Tiki Room*. Ellos estaban convencidos de que habían creado el pájaro autómata más detallado y realista posible, pero Disney no estaba satisfecho. Los pájaros de verdad respiran, les dijo; su pecho se expande y se contrae. Aquel pájaro no respiraba.

Frustrados, los diseñadores le recordaron* que había centenares de elementos de distracción en la *Tiki Room*, como cascadas, luces, humo, tótems y flores cantarinas; nadie se fijaría en un pájaro, y menos en si respiraba o no. A lo que Disney respondió: «La gente percibe la perfección».

Quizá la gente no percibe cada detalle por separado,

* Julianna Alley, entrevistada por Simon Sinek. Disney Institute, Lago Buena Vista, Florida (Estados Unidos), 4 de marzo de 2022.

pero sumados adquieren mucho poder. La mayoría de los pormenores a los que presta mucha atención cualquier buen negocio solo los detecta un porcentaje minúsculo de la gente. Si yo creaba un sistema que requiriera que todo el equipo pensara cuidadosamente incluso en las tareas más rudimentarias, estaría creando un mundo en el que hacer las cosas con intención sería el estándar, y nuestros clientes lo notarían.

Montar el comedor con intención nos permitía controlar todos los detalles posibles y reducía las posibilidades de que los que no podíamos controlar nos desarmaran. Todas las noches había un millón de cosas que podían llegar a complicar mucho el servicio. Podía pasar que las cinco reservas del primer turno llegaran tarde, con lo que los clientes que ocuparían esas mismas mesas unas horas después se sentarían tarde. Un cliente puede llegar de mal humor por una ruptura amorosa o porque ha tenido un mal día en el trabajo. La cafetera puede estropearse.

Sin embargo, hay muchas cosas que sí podemos controlar, como asegurarnos de que los manteles estén impolutos y planchados con esmero, que el logotipo de Riedel que todas las copas de vino tenían en el pie quede en paralelo con el borde de la mesa y que todos los cubiertos estén a la misma distancia del borde, el ancho de la primera falange del pulgar.

Aunque nos centrábamos en esos detalles en beneficio de la experiencia del cliente, su influencia en nosotros era igual de profunda: nosotros también lo notábamos.

Igual que entrar en una sala ordenada a conciencia puede bajar la tensión arterial, ese mantel perfecto puede bastar para recordar a un camarero aturdido que, por muy hasta el cuello que esté, no es el fin del mundo. Quizá ver aquel campo blanco inmaculado con copas y cubiertos perfectamente distribuidos por sus compañeros baste para devolverlo al marco mental con el que ha empezado el día y le permita respirar profundamente, centrarse de nuevo y saludar a nuestros clientes con tranquilidad y calidez: «Bienvenidos al Eleven Madison Park».

Acaba bien: la regla del último centímetro

Imagina que coges un plato de la cocina y lo llevas al comedor con cuidado para que llegue idéntico a como lo ha emplatado el cocinero: la salsa, perfecta; el perifollo, justo en su sitio. Y entonces, con las prisas por hacer la siguiente tarea, das un golpecito al plato al posarlo en la mesa. Y a lo mejor el pescado se ladea un poco o la guarnición se desliza.

Al perder la concentración en el último centímetro estropeas la presentación.

Muchas personas dirán que no es ninguna catástrofe, y puede que tengan razón. Pero yo creo que ese error va más allá de esa salsa que acaba donde no debería en lo, por lo demás, un plato impecable.

Cada plato que servíamos en el Eleven Madison Park era el resultado de semanas, cuando no meses, de elaboración y testeo de la receta. El camarero que se lo presentaba al cliente había tenido que aprenderse la descripción al dedillo y se había esforzado mucho en contarlo de manera que sonara irresistible. Los cocineros que lo habían preparado se habían formado durante años para cocinar y emplatar a la perfección la proteína, y los otros seis componentes del plato suponían muchas más horas de trabajo y cuidado.

Si tu función era dejar ese plato frente al cliente, te convertías en el último eslabón de una larga cadena de personas que habían invertido un esfuerzo inmenso en él. Si en ese último centímetro, por tu descuido, se caía una flor de calabacín, estabas fallando a mucha gente, incluido el cliente, que te había confiado unas horas de su vida con la esperanza de quedar fascinado.

Por desgracia, es habitual que la gente se desconcentre en ese último centímetro y ponga en peligro el trabajo que tanto ellos como su equipo han llevado a cabo para llegar a donde están. Aunque esto no es exclusivo de los restaurantes, se me ocurren miles de ejemplos concretos en este ámbito: no dedicar un minuto a confirmar que la iluminación y la música son las correctas antes de abrir, por ejemplo, o no acompañar a los clientes hasta la puerta al final de su comida para despedirte de ellos personalmente.

Para el equipo del EMP, la regla del último centímetro era una instrucción literal («Dejad los platos sobre las mesas con cuidado») y metafórica, un recordatorio de que hay que estar presentes y seguir todos los procesos hasta el último centímetro, al margen de cuál sea tu función.

La idea de la regla del último centímetro se hizo viral en el EMP. Oía al equipo referirse a ella a menudo cuando hablaban en las reuniones previas al servicio sobre otras experiencias que habían tenido. Y lo más importante: los oía comentarla entre ellos.

Supe que la cultura de la excelencia estaba enraizando cuando, a medida que la gente ganaba experiencia y ascendía en el escalafón, vi que consideraban su obligación transmitírsela a los nuevos. La regla del último centímetro era la lección que con más frecuencia oía citar a los empleados veteranos a quienes acababan de empezar a trabajar con nosotros.

Tener razón es irrelevante

Un martes, el servicio de cenas estaba siendo muy movido cuando uno de nuestros clientes pidió una ternera con tuétano y brioche poco hecha. Tras recibir el plato, llamó al camarero.

—La he pedido poco hecha —se quejó—, y esto es muy poco hecha.

Vi que el camarero le corregía.

—En realidad, señor, esto es poco hecha, pero si la prefiere al punto, estaré encantado de devolverla a la cocina.

Ay.

Técnicamente, el camarero tenía razón según los puntos de la carne que figuran en los libros de texto de la escuela de cocina. (Para muchas personas, una carne poco hecha de verdad está un poco menos hecha de lo que esperan.) Y sé que no estaba siendo maleducado.

Se había puesto a la defensiva, porque no quería que el cliente pensara que nos habíamos equivocado. Formaba parte de un equipo que pretendía obtener tres estrellas, y que no ocultaba que aspiraba a cuatro, y no se consiguen cuatro estrellas cometiendo errores.

Su instinto había sido darle al cliente en el acto lo que quería, y eso era bueno. Pero en términos de hospitalidad, daba igual, porque lo que estaba comunicando aquel camarero no era orgullo por el trabajo bien hecho. Lo que le estaba diciendo al cliente era que era él quien se había equivocado: «Señor, usted no sabe reconocer una carne poco hecha». Y, por supuesto, el cliente se había sentido avergonzado y regañado, que era lo que había pasado, aunque no fuera esa la intención.

Así que, una vez más, teníamos que buscar el equilibrio entre la excelencia y la hospitalidad.

Si corriges a un cliente porque no quieres que piense que has cometido un error, lo que estás haciendo es cometer uno aún mayor. Si la hospitalidad consiste en crear una conexión genuina, y si esta solo surge cuando el cliente baja la guardia, humillarlo hace menos probable que llegues a recuperar dicha conexión.

Al perseguir la excelencia, intentábamos hacer bien la mayor cantidad posible de cosas. Al mismo tiempo, teníamos que abandonar la idea de tener razón, porque implicaba ir en contra de la esencia misma de lo que estábamos intentando, que era que la gente se sintiera de maravilla comiendo y bebiendo en nuestro restaurante.

Debíamos asegurarnos de estar al servicio de nuestros clientes, no de nuestros egos; como dice Danny Meyer: «Tener razón es irrelevante». Así que en vez de explicar qué aspecto tiene en realidad algo poco hecho, lo que hay que decir es: «Por supuesto, señor, disculpe», antes de llevarle un bistec hecho exactamente como él quiera.

Fue entonces cuando nació un nuevo mantra en el EMP: «**Su percepción es nuestra realidad**».

Que significa: da igual si el bistec está muy poco hecho o poco hecho. Si el cliente percibe que le falta cocción, la única respuesta aceptable es: «Enseguida lo soluciono». Y la verdadera hospitalidad implica ir un paso más allá y hacer todo lo posible para asegurarse de que la situación no se repetirá; en este caso, incluir una nota interna sobre el cliente en el sistema de reservas que diga que esa persona «pide la carne poco hecha, pero la prefiere al punto».

Es importante aclarar que «Su percepción es nuestra realidad» no es aplicable a los casos en que el cliente es irrespetuoso o agresivo. El cliente no siempre tiene la razón, y no establecer y respetar unos límites claros que os defiendan a tu equipo y a ti de lo que constituye un comportamiento inaceptable no es saludable. La línea está clarísima: los abusos ni se pueden ni se deben tolerar, y punto.

Aun así, no fue igual de fácil para todos los miembros del equipo acostumbrarse a esto. «Claudicar cuando sé que tengo razón me resulta humillante», me dijo una camarera muy talentosa, y supe a qué se refería. Pero el prestigio que adquiríamos con los clientes al hacerlos felices superaba con creces cualquier pérdida en ese aspecto causada por un supuesto error. Claudicar solo resulta humillante si te lo tomas como algo personal. Según solía recordar a mi equipo, pedir perdón no implica reconocer el error.

Disfruta del viaje

En enero de 2007, un fotógrafo de *The New York Times* llamó al restaurante para organizar la sesión de fotos que ilustraría la reseña del Eleven Madison Park que se publicaría aquella semana.

Daniel y yo estábamos emocionados, y nerviosos, con razón. Visto en perspectiva, entiendo que aquella reseña se convirtió en un punto de inflexión gigantesco, tanto en la historia del restaurante como en nuestras carreras.

Afortunadamente, fue una buena noticia.* Bruni preguntaba: «¿Cuándo fue la última vez que echaste una ojeada

* Frank Bruni, «Two Upstarts Don Their Elders' Laurels», *The New York Times*, 10 de enero de 2007, <https://www.nytimes.com/2007/01/10/dining/reviews/10rest.html>.

al Eleven Madison Park? Si la respuesta es "Hace más de un año", vuelve y mira».

Concentrarnos en la excelencia había dado su fruto. Habíamos alcanzado nuestro primer objetivo: tres estrellas en *The New York Times*.

En nuestro primer *briefing* después de la reseña, servimos un poco de champán para los empleados de la cocina y el comedor, y celebramos lo conseguido y lo lejos que habíamos llegado.

Y les dije a todos que recordaran bien la sensación que tenían aquella tarde para que pudieran evocarla cuando las cosas se complicaran, porque aún nos quedaba un gran camino por delante. «Que tengáis un magnífico servicio. Al acabar, salid por ahí y pasáoslo genial: os lo merecéis. Disfrutadlo al máximo. Celebrad este momento. Y mañana volveremos a poner manos a la obra.»

(Cuando, cumpliendo su promesa, Danny mandó a Richard Coraine para preguntarme si seguía queriendo cambiar el EMP por el Shake Shack, le dije que había decidido quedarme un poco más.)

12

Las relaciones son simples. Lo simple es difícil

Me encanta tener una buena excusa para ponerme un esmoquin.

Así que aquel mayo de 2007 no me costó nada sacarlo del armario y pasearme con él por la alfombra roja de la ceremonia de entrega de los premios James Beard, que se celebraba en el Lincoln Center, junto con cocineros como Thomas Keller y Daniel Boulud.

Estábamos allí porque habían nominado a Daniel para el premio Chef Estrella en Auge del año, que solo se concede a los cocineros menores de treinta años. Acababa de cumplir veintinueve, y aunque ya lo habían nominado antes, siendo jefe de cocina del Campton Place, no lo había ganado. Aquella era su última oportunidad, y yo estaba convencido de que se lo llevaría.

Entonces abrieron el sobre: «Y el premio 2007 al Chef Estrella en Auge es para... ¡David Chang, del Momofuku!».

Daniel estaba destrozado. Y si bien el premio habría sido solo para él, todos lo sentimos como una derrota. Alguien podría decir que los restaurantes de Chang eran una reacción a los restaurantes de lujo; él creía que se podían degustar platos deliciosos sin pretenciosidad ni pomposidad. ¡Pero nosotros también! Daniel y yo habíamos hecho lo imposible para demostrar que el lujo seguía siendo relevante, que toda esa sagrada tradición podía reimaginarse de una forma contemporánea y divertida. La diferencia estribaba en que los restaurantes de Chang eran una reacción a los de lujo, mientras que nosotros pretendíamos encarnar su evolución.

Después de la reseña de *The New York Times*, habíamos empezado a creer de verdad que nuestro proyecto no era una misión imposible. Aun así, aquella noche Chang ganó y nosotros perdimos.

Y el golpe fue duro. Por ello, inmediatamente después de que se anunciaran los premios, empecé a invitar a amigos para que fueran al restaurante con nosotros. Aunque yo también sentía mucho aquella pérdida, mi responsabilidad esa noche era cuidar a Daniel. Es fácil ser el compañero de alguien en lo bueno, pero es más importante aún serlo en lo malo, y yo quería que se sintiera tan querido y apoyado como si hubiera ganado.

Más adelante seríamos conocidos por las fiestas legendarias que dábamos para celebrar nuestras victorias, en las que arrasábamos los restaurantes. En cambio, la primera fiesta que organizamos en nuestro honor fue un día que perdimos. Me recordó al consejo de un cliente sabio: «Bebe tu mejor botella no el día que estés mejor, sino el que estés peor».

Nunca he sido uno de esos líderes que intenta ahuyentar los sentimientos negativos. Después de un golpe, le decía a mi equipo que siguiera adelante y reflexionara al respecto. «Chicos, es un fastidio. Estamos trabajando mucho, haciendo las cosas con cuidado y, a pesar de todo, hoy no ha salido como esperábamos. Permitámonos sentirnos decepcionados; es así y no hay por qué fingir que no está pasando.»

Hay que sentir la decepción al máximo, sí, pero no hay por qué hacerlo mientras se bebe un mal vino. Así que la noche de la entrega de los premios Beard, Richard Coraine fue a nuestra bodega y salió con unas cuantas botellas magníficas. Llenamos la sala de gente que nos apreciaba y que creía en nosotros. Daniel Boulud se plantó allí a hacer huevos revueltos para todos, como había hecho cuando yo estaba en la universidad. (Aunque esta vez pude ofrecerle una cocina algo mejor.)

La fiesta no fue una forma de soltar nuestra rabia, sino una celebración: ningún comité de los James Beard podría quitarle a Daniel lo mucho que se había esforzado por conseguir su objetivo ni sus numerosos logros. Y aunque habíamos perdido, la ceremonia había sido como un logro en sí misma. Había resultado muy emocionante notar que personas cuyos trabajos habíamos estado siguiendo a lo largo de toda nuestra trayectoria, de repente, nos tenían en su radar.

Aquella noche fue dura, pero no un drama, porque la decisión de pasarla juntos, para sostenernos mutuamente, nos unió aún más.

Gestionar la tensión

Trabajar en un restaurante es desafiante: hay muchas cosas que hacer y hay que hacerlas deprisa: salvar escalones, bregar con una temperatura muy elevada en las cocinas, satisfacer todos los deseos y peticiones simultáneas de los clientes... Las personas del equipo, muy diferentes en cuanto a origen, personalidad y formación, deben aprender a relacionarse entre sí.

Y aunque habíamos llegado al punto en el que todos los que trabajábamos en el EMP perseguíamos los mismos resultados (todos queríamos hacer que el restaurante fuera lo mejor posible), no siempre coincidíamos en cuál era la forma idónea de conseguirlo.

Y todas las fricciones causadas por las diferencias de opinión se exacerbaban por lo mucho que deseábamos el éxito. Esto lo he visto en otras empresas, donde todo el mundo se preocupa tanto por la misión que olvidan cuidarse los unos a los otros. Nuestra pasión colectiva, una de nuestras mayores fortalezas, corría el riesgo de convertirse en una peligrosa debilidad.

Después de todo lo que habíamos hecho para construir una cultura de colaboración, excelencia y liderazgo, teníamos que aprender a aceptar también la tensión; de lo contrario, perderíamos todo lo que habíamos construido.

No te vayas a dormir enfadado

Empezamos con aquella vieja frase que suele decirse a los recién casados: «No os vayáis a dormir enfadados». (Ahora que estoy casado, no tengo tan claro que sea un buen consejo conyugal, pero sí lo defiendo en el contexto de las relaciones profesionales.)

Llegamos a convertir esto en una norma, en la que insistíamos una y otra vez durante los *briefings*: no os vayáis del trabajo si os sentís frustrados o resentidos con un compañero o con el propio trabajo; aseguraos de hablar las cosas antes de volver a casa.

En el fragor del servicio, un malentendido en apariencia menor (por ejemplo, si es más importante llevar la cuenta a la mesa 28 que retirar los platos del postre de la 24) puede convertirse fácilmente en una situación en la que dos personas excelentes dejen de comunicarse. Pero como hablábamos mucho de esto en los *briefings*, lo único que debía hacer el encargado al final del turno era decir la frase: «No os vayáis a dormir enfadados».

Treinta minutos después, veías a los dos camareros charlando en el vestíbulo, y la noche siguiente llevaban a cabo un servicio maravilloso juntos en la misma zona.

En mi experiencia, la gente no quiere tanto que le den la razón como que la escuchen. Aunque ninguno de los dos lograra hacer cambiar de opinión al otro, al menos se habían demostrado respeto al dedicar tiempo a escucharse. Aunque no llegaran a una solución, los dos estaban más tranquilos al acostarse.

Busca la tercera vía

Recuerdo una batalla que tuvimos Daniel y yo después de nuestra primera gran reforma.

El plato de presentación es el plato decorativo que está sobre la mesa frente a ti cuando te sientas en muchos restaurantes de lujo. De hecho, son platos en los que no se come, suelen retirarse antes de que llegue el primer plato.

Yo los considero una chorrada.

Para mí, la presencia de un plato de ese tipo sobre una mesa es un ejemplo de manual de lo que implica seguir las normas de la restauración de lujo: si solo están ahí como adorno, sin que sumen nada a la experiencia del cliente, y se retiran al momento, ¿para qué ponerlos?

Pero Daniel, con su formación europea clásica, insistía en que cualquier mesa puesta, por bonita que fuera, quedaba desnuda sin ellos.

Le dimos vueltas y más vueltas al tema durante horas: yo pensaba que eran inútiles; él, que daban un toque de belleza.

Para romper los empates, a veces lo que hacíamos era intercambiar los bandos. Aunque es fácil que las personas apasionadas se enroquen en sus respectivas posturas, no puedes evitar conectar con una opinión cuando argumentas en su favor, y cambiar de bando suele obligarte a aflojar tu insistencia ciega en una idea. Hacerlo ayuda a que dejes de preocuparte por ganar y empieces a pensar en qué es lo correcto para la organización.

Por desgracia, en aquella ocasión no funcionó.

Ahora no recuerdo quién introdujo la idea de la tercera vía, pero al final se puso una sobre la mesa, en sentido literal y figurado: ¿y si conservábamos el plato de presentación y además le dábamos una utilidad?

Llamamos a nuestro brillante diseñador de cerámica, Jono Pandolfi, amigo mío del instituto, que trabajó con nosotros en el diseño de un plato de presentación con un bonito círculo sin esmaltar en el centro. El círculo tenía el tamaño exacto del pie del bol del *amuse-bouche*, un bocado de cortesía al que invita la cocina y que abre cualquier comida de lujo.

Gracias a nuestra implicación, ambos habíamos llegado a una solución más elegante y hospitalaria, a la que ninguno de los dos habríamos llegado por nuestra cuenta.

Para mí, el simbolismo de aquello era precioso. Si tenías experiencia en la restauración de lujo, te sentabas esperando que retiraran aquellos platos de presentación. Y en cambio, se quedaban en la mesa, listos para ofrecer un obsequio a nuestros clientes. Daniel tenía sus bellas mesas montadas con cerámica exclusiva, y yo podía estar tranquilo sabiendo que el plato de presentación no era algo superfluo, una manera vacía de guardar las formas, sino un objeto hermoso en el que el cliente recibía su primer bocado.

Concede la victoria

Un año, para el menú de invierno, Daniel quería hacer tres platos de postre independientes para después de los quesos. A mí me preocupaba que la comida se alargara demasiado y perder la atención de la gente. El sorbete de suero de leche era absolutamente delicioso, pero ¿de verdad alguien iba a perder la cabeza por un sorbete? ¿No podíamos (no debíamos) prescindir de él?

Daniel se mostró inflexible. Había dedicado mucho trabajo a cada uno de aquellos postres y había pensado a conciencia en la experiencia de los clientes. Al final, tras mucho toma y daca, me dijo: «Es importante para mí». Es lo único que necesitaba oír. Volví con la brigada de sala y les dije que debíamos controlar el ritmo por nuestra parte incrementando la eficiencia con la que servíamos y retirábamos aquellos platos.

En ocasiones, la única forma de proceder cuando lo que buscas es una buena relación entre socios es decidir que la persona a quien más le preocupe un tema determinado sea quien se salga con la suya. No es que a mí me diera igual cuántos postres servíamos: cuando eres una persona intensa y que cuida mucho los detalles, te preocupas por todo. Pero aquello era más importante para Daniel que para mí.

Había una norma adicional no escrita sobre este tema: que ninguno de los dos podía abusar de la carta «Es importante para mí». En cambio, descubrimos que la predisposición de la otra persona a ceder ayudó a generar confianza entre nosotros.

Aunque, a veces, tuvimos que pelear nuestras respectivas opciones.

Descubre su lenguaje de la «mano dura»

Uno de mis amigos más íntimos es un tipo tranquilo de carácter sereno, muy querido por quienes trabajan para él. Una noche, cenando, mencionó que estaba empezando a frustrarse con uno de sus empleados, que tenía la fea costumbre de minar la autoridad de los nuevos encargados criticándolos frente a miembros del equipo con menos años de experiencia.

—Le he dicho mil veces que tiene que dejar de hacerlo —se quejó mi amigo, muy molesto—. Pero el viernes descubrí que ha vuelto a la carga. Parece que no está surtiendo efecto.

—¿Has probado a gritarle? —le pregunté.

He dedicado toda mi carrera a hacer campaña en contra de las culturas tóxicas en el lugar de trabajo. Desde luego, si los últimos diez años nos han enseñado algo, sobre todo a la industria de la restauración, es que una cultura de empresa basada en el abuso, el acoso y la manipulación no solo es horrible y nada ética, sino que también es inestable e ineficiente.

Con todo, eso no significa que tu cultura deba ser dulce y plácida el cien por cien del tiempo, porque, de hecho, es imposible.

La gestión de equipos se reduce a dos cosas: cómo elogias a las personas y cómo las criticas. Y yo diría que los elogios son lo más importante. **Sin embargo, no puedes establecer un estándar de excelencia sin crítica, de modo que tu cultura debe incluir también un enfoque sensato de la forma en la que reconvendrás a la gente.**

Una de las frases más repetidas de Richard Coraine es «No existe la talla única». Se refería a la experiencia en la hospitalidad: a algunos clientes les encanta que te quedes un poco en la mesa a socializar con ellos, mientras que otros prefieren que tomes nota y desaparezcas. Tu trabajo es leer al cliente y servirle como él quiera.

Algo parecido sucede con la gestión del personal: no hay una única manera que valga para todos.

Gary Chapman salvó un montón de relaciones románticas con su libro de 1992 *Los cinco lenguajes del amor*, que describe las cinco grandes formas que las personas emplean y prefieren a la hora de experimentar el amor. (Y que son: los actos de servicio, hacer regalos, el contacto físico, el tiempo de calidad y las palabras asertivas.)

Chapman detectó que un error habitual era que las personas suelen mostrar su amor de la forma en que les gusta recibirlo. Por ejemplo, si el lenguaje del amor de tu pareja son los actos de servicio, recibirá mejor que le lleves una taza de café preparada exactamente a su gusto que que la sorprendas con un beso, aunque esto último sea lo que más te gusta a ti.

E igual que determinadas expresiones de amor funcionan mejor para algunas personas que para otras, lo mismo sucede con las formas de mostrar mano dura. Aunque no estoy seguro de que haya cinco lenguajes de la mano dura, hay personas que no se darán por aludidas al recibir una reconvención educada y que necesitan algo más de caña.

En cuanto empecé a trabajar con Daniel, supe que él y yo teníamos estilos de gestión distintos. ¡Mucho! Yo me había criado en el cariñoso y superrespetuoso mundo de Danny Meyer y su hostelería liberal. Daniel, en cambio, había trabajado desde los catorce años en las agresivas y castrenses cocinas de los restaurantes europeos con tres estrellas Michelin, donde los gritos y las humillaciones, y a menudo cosas peores, son las condiciones laborales habituales.

Él siempre se comportó de la mejor manera en mi presencia, pero entre el equipo corrían historias sobre su mal carácter, y hablé con él más de una vez sobre anécdotas que me habían contado. «Vamos, tío —le decía—. Tú no quieres ser como esos chefs chalados.»

Él se reía y decía estar de acuerdo conmigo; aun así, una semana después me llegaba otra anécdota de él perdiendo los nervios con alguien.

Un día resultó que yo estaba en la cocina cuando un cocinero emplató mal un rollito de cangrejo con aguacate. Daniel cogió la comida y se la lanzó al cocinero a la cara.

Yo me quedé boquiabierto, incapaz de creer lo que acababa de presenciar.

Aquello era del todo inaceptable.

Lo arrastré por el pasillo hasta nuestro despacho y, por primera vez en mi carrera profesional, grité a un compañero: «Si piensas seguir lanzando comida a la cara de la gente, no quiero saber nada de ti. Eres increíble y me encanta lo que haces, pero tienes que decidir ahora mismo qué tipo de líder quieres ser. Porque si tu cocina va a funcionar así, tendrás que arreglártelas sin mí. Ya puedes buscarte a otra persona con quien dirigir este restaurante».

A mí se me da bien disculparme cuando, en el fragor del servicio de un viernes por la noche, mi tono deja entrever mi frustración, y hay personas que han trabajado para mí quince años que no me han oído gritar nunca, pero hay algunas que sí. Y en este caso, la única forma en la que podría convencer a Daniel era con un enfrentamiento así de extremo, con gritos y ultimátum incluidos. Y dejando claro que no iba de farol.

Nunca más volvió a tirar un rollito ni ninguna otra cosa a nadie. De hecho, él mismo cuenta este episodio en la edición limitada de nuestro libro *Eleven Madison Park: The Next Chapter*, y lo describe, junto con mi reacción, como un punto de inflexión.

Tienes que conocer a las personas con quienes trabajas. Algunas son muy pragmáticas con las críticas; si las corriges en privado y sin emoción, ellas recibirán el reproche con misma la intención con que se le ofrece. Tres minutos después, se habrán disculpado por su error y tomado nota, y ambos habréis pasado a charlar sobre el partido de los Mets de la noche anterior.

Otras son sensibles a las críticas. No es una característica necesariamente negativa. Por lo general, es una muestra de que quieren hacer un buen trabajo y les hiere mucho cualquier insinuación de que no está siendo así. Sin embargo, esas personas mostrarán algún tipo de reacción emocional, al margen de cómo se lo digas o la diplomacia que emplees, así que es mejor dedicar algo de tiempo a planificar cómo vas a transmitir tus comentarios. Y es buena idea reservar algo de tiempo para quedarte con ellas después, tener tiempo de sentarte y hacerles saber que sigues apreciándolas.

Y después están las personas que no escuchan o no quieren escuchar lo que les digas a menos que vaya acompañado de rayos y truenos. Si los reprendes con suavidad o con tono de conversación, no creerán que va en serio. Con esas personas tendrás que subir un poco las revoluciones, aunque ese no sea tu estilo habitual.

Mi sereno amigo me contó que le había resultado incómodo subir el tono de voz con su empleado problemático. Pero lo había hecho, y a mí no me sorprendió oír, y además me gustó, que fue entonces cuando logró por fin encarrilar al chico.

Es importante recalcar que incluso estos reproches deben hacerse, según Ken Blanchard, en privado y sin emoción. Cuando arrastré a Daniel al despacho, mi voz nunca había sido más estridente, pero mis palabras estaban medidas; aunque estaba alterado por la situación, eso no interfirió en mi forma de comunicarme. Una vez más, vas a criticar el comportamiento, no a la persona, y subir el tono de voz no implica perder el control ni tener un ataque de ira. (De hecho, bajo ningún pretexto puedes perder el control ni tener un ataque de ira.) Tan solo es otra forma de expresar la mano dura, con un volumen de voz más alto y más severidad de la que sueles preferir.

Tengo que decir que hay una forma de ejercer la mano dura que jamás funciona, y es el sarcasmo. Los encargados, sobre todo los jóvenes, a veces intentan envolver las críticas con una capa jocosa porque se sienten inseguros a la hora de regañar a alguien. Pero **el sarcasmo *nunca* es una forma correcta de comunicarse con seriedad**: menosprecia a quien está recibiendo la crítica y el mensaje que estás transmitiendo, y, francamente, a ti también.

A la mayoría no nos cuesta elogiar; es la parte divertida de ser jefe. En cambio, criticar es difícil. Por ello dedico mucho tiempo a hablar con mis encargados sobre las críticas: cómo hacerlas, cómo recibirlas y, lo que quizá es lo más importante, cómo pensar en ellas. Todos queremos gustar, y cuando diriges un comentario a alguien sobre algo que podría hacer de otro modo y mejor, corres el riesgo de que pierda la buena disposición. Por eso yo siempre digo que no hay mejor forma de demostrar a alguien que le aprecias que estar dispuesto a reprenderlo; es la manera más pura de anteponer las necesidades del otro, que es de lo que va la hostelería. **Los halagos reafirman, pero las críticas son una inversión.**

Y por eso es tan importante ser capaz también de encajar las críticas, con independencia del puesto que ocupes en la jerarquía. Es natural experimentar algo de resentimiento cuando cometes algún error, por pequeño que sea, sobre todo si eres un alumno de matrícula de honor que se enorgullece de su trabajo. No obstante, si siempre reaccionas a la defensiva, si siempre te irritas o insistes en justificar tus errores, al final la gente dejará de comentarte cosas. Has hecho que la experiencia sea demasiado desagradable y ya no invertirán más en ti, lo que tendrá como consecuencia que tú también dejes de crecer.

Contrata con calma y despide con premura, pero no demasiada

Una noche, un encargado contó que había pillado a uno de nuestros mejores jefes de sector, llamémoslo Ben, bebiendo alcohol durante el servicio. Si un restaurante no permite beber en horario laboral (y nosotros no lo hacíamos, hay restaurantes que sí), eso es motivo de despido inmediato. Aun así, en lugar de decirle que recogiera sus cosas, le invité a sentarse a hablar conmigo.

—Te pido por favor que no me mientas: ¿anoche bebiste durante tu turno?

Él bajó la cabeza.

—Sí. Lo siento, y entiendo perfectamente que me despidas.

—Aún no te estoy despidiendo —respondí—, pero no me ha hecho gracia. No es que me hayas decepcionado, o, más bien, no es que solo me hayas decepcionado a mí, es que has decepcionado a todo tu equipo. Se supone que tienes que liderar y, en cambio, vas y te emborrachas.

»Así que hay dos formas de solucionar esto. Puedes irte ahora mismo, nos estrechamos la mano, y te doy las gracias por el tiempo que nos has dedicado, por todas las personas a quienes has hecho felices y lo mucho que has contribuido a mejorar este restaurante. Después vacías tu taquilla y te vas a casa.

»Pero si quieres quedarte, tómate mañana el día libre, vuelve pasado mañana y discúlpate con todos los que trabajaron contigo anoche. Diles lo que hiciste, que has llegado a la conclusión de que fue un error y por qué lo sientes. Promételes que no volverá a pasar, y ten claro que si vuelve a pasar, te despediré en el acto.

No fue fácil para Ben tener aquellas conversaciones con sus compañeros. Como jefe de sector, resultaba difícil trabajar con él, porque su nivel de exigencia era alto; si estabas en su zona, se encargaba de que asumieras tus responsabilidades. Pero la vulnerabilidad es increíblemente poderosa. Como Ben se responsabilizó de sus actos, todos los que se habrían enfadado con él le perdonaron.

Un par de meses después, Ben volvió a beber durante un turno y, como había prometido, lo despedí. (Me alegra poder decir que aquello le sirvió de toque de atención; ahora mismo se está rehabilitando y se ha labrado una carrera notable en el mundo de la hostelería.) Pese a ello, no me arrepiento de haberle dado una segunda oportunidad.

Las personas con quienes trabajas nunca serán tu auténtica familia. Eso no significa que no puedas esforzarte y tratarlas como si lo fueran, lo que implica modificar uno de los grandes refranes sobre gestión empresarial, que dice: «Contrata con calma y despide con premura».

Yo creo, como ya he dicho, que, en efecto, hay que contratar con calma. Tienes que estar muy pendiente durante los primeros meses de si una persona que se acaba de unir a tu equipo es la correcta, o si básicamente va a necesitar un poco más de apoyo para triunfar. Y no puedes tomártelo con demasiada calma a la hora de despedir a una persona tóxica; tienes que sacarla fuera de ahí antes de que envenene el equilibrio del equipo.

Sin embargo, nunca echarías a un familiar de casa por cometer un único error, ¿verdad? Así que quizá deberíamos modificar el dicho: «Contrata con calma y despide con premura, pero no demasiada».

Cread vuestras propias tradiciones

En 2007 decidimos por primera vez abrir el día de Acción de Gracias.

Los restaurantes de Danny nunca habían abierto ningún festivo importante, ni Acción de Gracias, ni Nochebuena, ni

Navidad ni Año Nuevo. Era un regalo a sus empleados, un sacrificio económico para que quienes trabajaban para él pudieran pasar tiempo con sus seres queridos.

Aun así, yo quería servir una cena de Acción de Gracias en el Eleven Madison Park.

Hablé con Paul Bolles-Beaven, uno de los socios de Danny, antes de hablar con él. «Nunca aceptará algo así —me dijo—. Es algo muy asentado en la cultura de la empresa.»

No obstante, Danny siempre está abierto a nuevos retos y desafíos, y si lo abordas con un argumento pensado y mesurado, te escuchará. Así que le presenté mi idea. Por un lado, sí, es fantástico tener el día de Acción de Gracias libre para descansar y celebrarlo en familia. Pero la mayoría de quienes trabajan en los restaurantes de Nueva York no son de allí, por lo que de nada servía a casi nadie tener el día libre: no les daba tiempo de volver a casa para celebrarlo.

Por otro lado, con el dinero que ganaríamos teniendo abierto y sirviendo comidas en Acción de Gracias, podríamos permitirnos cerrar el restaurante unos cuantos días en enero, lo que sí permitiría a la gente ir a sus casas. Estaríamos haciendo igualmente un regalo al equipo, pero este les resultaría más útil.

Danny accedió.

Su predisposición para reevaluar la política de vacaciones me recordó que **ningún aspecto del negocio debe quedar al margen de una reevaluación**. Siempre que intentaba animar al equipo a aportar ideas, les contaba esta situación con Danny. «No seáis tímidos. Aunque estemos orgullosos de nuestra forma de hacer algo, aunque dé la sensación de que es esencial para el restaurante, eso no significa que no podamos hacerlo mejor: con más elegancia, más eficiencia, más creatividad. Nada es sagrado.»

Ese primer año, las reservas para el día de Acción de Gracias se agotaron en cuanto estuvieron disponibles. Ayudó que muchos restaurantes de lujo de Nueva York no abrieran en esa fecha. Y todos los años siguió siendo uno de los días de más ajetreo para nosotros.

También se convirtió en uno de los mejores días para trabajar, hasta el punto de que el equipo se peleaba por cubrir ese turno. A mí me encantaba, y me apunté todos los años; hasta después de casarme no empecé a irme de allí antes de que acabara.

Daniel tenía muy poca experiencia con esta festividad tan estadounidense, así que se sentó con sus jefes de cocina para elaborar el menú. Ofrecíamos un servicio único y largo ese día. Y una vez que acabábamos de servir a los últimos clientes, todo el equipo se sentaba a disfrutar de su propia cena de Acción de Gracias.

Para el equipo, era una celebración de Acción de Gracias de verdad, como las que yo había vivido de pequeño, con comida deliciosa, la familia reunida en torno a una mesa y palabras de gratitud. Juntábamos las mesas para formar una sola en el centro de aquel glorioso comedor, la llenábamos de platos, abríamos unas botellas de vino y nos íbamos cediendo la palabra para que todos pudiéramos expresar gratitud por algo.

La comida destinada a la plantilla se incluía en los preparativos de la cocina del día. Nuestra cena no eran las sobras que no se habían vendido. Al contrario: comíamos exactamente lo mismo que llevábamos todo el día sirviendo, pero en forma de bufé. Mientras tanto, nuestro sumiller, John Ragan, había estado guardando un montón de botellas que los representantes de las bodegas enviaban sin previa solicitud para que las probáramos, de modo que teníamos buen vino en abundancia para beber.

Todos los años, el día del Trabajo, Floyd Cardoz y su brillante mujer, Barkha, organizaban una barbacoa en su casa de Nueva Jersey para sus empleados del Tabla. Allí, Floyd cambiaba su impecable traje blanco de cocinero por un atuendo cutre de papá de suburbio al mando de la barbacoa; pese a ello, verlo así nos hacía respetarlo aún más. Para mí fue un ejemplo de que se puede ser uno mismo sin perder ni un ápice de credibilidad como jefe y figura de autoridad, y pensé que debía probarlo.

Ese primer día de Acción de Gracias, y todos los siguientes, me encargué de hacer el primer brindis.

Hablé con el corazón. Les dije que estaba agradecido de estar por fin en un lugar donde no tenía por qué esconder mis neurosis ni avergonzarme de ellas. Eso suscitó una carcajada, no solo porque todo el mundo había sufrido mi perfeccionismo, sino también porque todos los que estaban alrededor de aquella mesa habían pasado parte de su vida laboral fingiendo que tampoco les importaba tanto lo que hacían, por miedo a que se burlaran de ellos. En el EMP todos nos sentíamos como en casa. Nuestros compañeros nos desafiaban a diario para ser mejores, en lugar de que fuera siempre, siempre, al contrario.

Entonces empezamos a hablar de uno en uno siguiendo el orden de la mesa y todo el mundo entró en el juego. El vino ayudó; incluso quienes no solían mostrar sus cartas empezaron a hacerlo. Era increíble ver a tantas personas aprovechar la oportunidad de desinhibirse y abrir sus emociones a sus compañeros.

Las personas a las que se les da bien la hospitalidad suelen ser sensibles. Se fijan en todo, se emocionan con intensidad y se preocupan mucho. Esto son superpoderes, aunque esa ternura también puede hacer que resulten complicados de gestionar. He oído a muchos encargados frustrados quejarse de este tipo de empleados: «¡Son muy demandantes! ¡Necesitan muchísimo refuerzo positivo! ¡Tengo que acompañarlos en todas sus decisiones, darles la manita cuando hay cualquier cambio!».

Sin embargo, esas tendencias suelen ser también lo que hace que esas personas sean tan buenas en su trabajo: necesitan tener unas antenas delicadas. Hay que ser compasivo para saber cuándo el cliente se siente intimidado por la sala y tener tacto para bajar un punto la formalidad y que la otra persona no crea que estás siendo condescendiente con ella. Si el sentido arácnido de un camarero le dice que una mesa se está frustrando porque la comida está tardando mucho, puede ir a comprobar el entrante y pedir disculpas antes incluso de que el cliente se queje. Y un camarero que siempre está pendiente de los demás entenderá que hay tensión en una mesa solo con acercarse y podrá espaciar los platos para que los clientes resuelvan sus asuntos antes de seguir disfrutando del resto de la comida.

Yo sabía que esas personas tan sensibles necesitaban más tiempo y más amor por nuestra parte. No obstante, aquellos brindis de Acción de Gracias crearon un espacio donde el equipo podía mostrarse vulnerable con sus compañeros, y eso era algo que también necesitaban. **Si no creas un espacio donde las personas que trabajan para ti sientan que su equipo está pendiente de ellas y las escucha, quienes las rodean nunca las conocerán del todo.**

Establecer tradiciones propias, como hicimos con Acción de Gracias, forma parte de una cultura estructurada en capas y llena de matices. Una de las frases de mi padre que más me gustan es: «El secreto de la felicidad es tener siempre algo que esperar en el futuro cercano». Ese es uno de los motivos, aparte del miedo y el duelo, por el que la gente lo pasó tan mal durante los confinamientos impuestos por la covid. Sin teatros, acontecimientos deportivos y ni siquiera salidas en pareja para ir a cenar, era difícil mantener el buen humor.

Y eso también ocurre en las empresas, sobre todo cuando hay mucho ajetreo. Aunque nos habíamos esforzado al máximo para obtener aquellas tres estrellas, aquello no había sido nada en comparación con lo que nos esforzaríamos después. Todos los años necesitábamos algo que esperar, y Acción de Gracias se convirtió en una bonita tradición, entre otras, con la que podíamos contar.

Aunque estas tradiciones de nuevo cuño son esenciales para una cultura sana (como, ay, el pastel de cumpleaños en la sala de personal), no perduran si la gente no las disfruta ni las espera con ilusión. **Las nuevas tradiciones solo funcionan si son auténticas, si cumplen un propósito y satisfacen una necesidad real.** Esto fue sin duda clave para el éxito de nuestra Acción de Gracias, ya que los trabajadores de restauración solemos sentirnos un poco como los niños perdidos de Peter Pan: hambrientos y faltos de cariño.

Las comidas que comparte el equipo de un restaurante antes del servicio se llaman «comidas de familia», aunque suelen parecerse más a un grupo de colegas engullendo calorías a toda velocidad antes de preparar el comedor. Pero Acción de Gracias, por primera vez, sí fue como sentarse a comer en familia.

13

Instaurar los halagos

Fundada en 1954, Relais & Châteaux es una asociación que reúne algunos de los mejores restaurantes y hoteles independientes del mundo.

Para formar parte de ella hay que pagar; además, tienen que admitirte, y su normativa es conocida por su rigurosidad. La mayoría de las propiedades de Relais son emplazamientos históricos, y los restaurantes que incluye, excelentes. Para que te hagas una idea de con quién queríamos codearnos: cuando solicitamos la adhesión, la lista de restaurantes estadounidenses incluía el French Laundry, Daniel, Le Bernardin, el Inn at Little Washington, el Jean-Georges y el Per Se.

Las estrellas Michelin y las reseñas de *The New York Times* son reconocimientos que no puedes solicitar; tienes que trabajar con ahínco, intentar ser tu mejor versión y esperar a que aparezcan para evaluarte. Pero sí puedes pedir el ingreso en Relais cuando crees estar listo, y en 2008, Daniel y yo creíamos estarlo.

La reseña de tres estrellas de *The New York Times* que habíamos obtenido nos había ido muy bien para el negocio y la moral. Y aunque no ocultábamos que nuestra intención era conseguir cuatro estrellas, lo normal es que pasen cinco años entre reseñas. Para mantener el ímpetu, queríamos que otra entidad externa respetada dijera: «Este es uno de los grandes restaurantes de Estados Unidos», y no había muchas que pudieran hacerlo.

Sin embargo, cuando preguntamos a Danny si podíamos presentarnos, él nos dijo que no.

—Lo siento, chicos, pero no estamos preparados; creo que debemos esperar otro año.

Nos fuimos con el rabo entre las piernas; Danny nos había dicho que no estábamos preparados, ¿y quién iba a saberlo mejor que él?

El problema era que no podíamos resignarnos. Todas las noches, durante el servicio, veía en funcionamiento el gran trabajo que hacía el equipo y estaba convencido de que Danny se equivocaba.

Así que fui a verlo otra vez y le pregunté:

—Entonces, ¿lo que quieres decir es que no podemos postularnos o que no deberíamos hacerlo?

Tuve que echarle valor. Al salir de mi boca, aquellas palabras (¡aunque no era mi intención!) sonaron a desafío. Pese a ello, confié en que Danny entendería que no iba con segundas, que estábamos orgullosos de lo que estábamos haciendo en el Eleven Madison Park y que éramos lo suficientemente ambiciosos para querer que todo el mundo lo viera.

Y él lo entendió. Como siempre, Danny confió en nosotros.

—No quiero meterme en vuestro trabajo, y que hayas vuelto para llevarme la contraria me dice que tú sabes algo que yo no sé. Si vosotros creéis que estáis listos y queréis hacerlo, adelante.

De modo que presentamos la candidatura y lo que recibimos a cambio fue un correo electrónico en el que se nos informaba que entre la primera y la segunda vez que habíamos ido a preguntarle a Danny se nos había pasado el plazo. Tendríamos que esperar todo un año para poder volver a intentarlo.

Unos días después, estaba poniéndome al día con Daniel Boulud, que había sido el primero en animarnos a hacerlo.

—El plazo para presentar la candidatura se cerró hace una semana —le dije—. Vamos a tener que esperar al año que viene.

—No, no, no —exclamó—. Eso no está bien. Déjame a ver si puedo echar una mano.

Me llamó un par de días después y, en una muestra de gran generosidad, se ofreció a ponerse en contacto con Relais & Châteaux para decirles que él creía que estábamos listos. Dijo que necesitaría que más cocineros se sumaran a él para que surtiera efecto y que, fue muy educado en este punto, todos tendrían que ir a comer al restaurante para asegurarse de que podían respaldar la recomendación.

Así fue como Daniel Boulud, Thomas Keller (del French Laundry) y Patrick O'Connell (del Inn at Little Washington) acabaron yendo a cenar una semana después.

Sería imposible exagerar la influencia que tuvo en nuestro equipo que aquel trío se sentara en la mesa 74. Imagina a David Bowie, Mick Jagger y Paul McCartney pasando el rato y bebiendo vino en tu lugar de trabajo; pues para nosotros era aún más impresionante que eso.

Si para Daniel y para mí verlos allí fue algo muy importante, el equipo estaba directamente en una nube. Y entendí por qué: Daniel y yo participábamos en cenas y actos benéficos con restauradores; asistíamos a la entrega de los premios James Beard con cocineros y sumilleres de todo el país. Cada vez estábamos más abiertos al mundo, escuchábamos en persona de boca de los demás que nos admiraban y que nuestro trabajo les inspiraba.

Los dos nos esforzábamos por transmitir esas emociones al equipo. Si salía un buen artículo sobre nosotros en prensa, yo lo leía en voz alta en el *briefing*; si un cliente nos mandaba un correo electrónico efusivo u otro restaurador nos dedicaba un cumplido, yo se los leía. La primera vez que Daniel Boulud mencionó que deberíamos pedir el ingreso en Relais, yo me emocioné tanto que apenas pude esperar al *briefing* para transmitir a todo el equipo mi orgullo por todo lo que estábamos consiguiendo.

No obstante, cuando esas tres estrellas se sentaron en nuestro restaurante, repartiendo cumplidos al equipo, vi lo importante que era para ellos oír los halagos directamente de la fuente. Después de aquella noche, empecé a transmitir la mayor cantidad posible de reafirmación externa al equipo.

Comparte el foco

Cuando trabajaba en el MoMA, mi nombre apareció en una breve reseña del Café 2 en el *Time Out New York*.

Visto en perspectiva, una pieza de un cuarto de página en una guía semanal de recomendaciones no equivale a un gran impacto en los medios. Sin embargo, era la primera vez que la prensa me mencionaba, y yo estaba muy orgulloso. Fui al quiosco y compré varios ejemplares, entre ellos uno para mandar a mi padre.

Cuando el EMP empezó a recibir más atención por parte de la prensa, me aseguré de que los focos iluminaran a quienes lo merecían y convertirlos en las estrellas del espectáculo. Si una persona de relaciones públicas nos preguntaba sobre nuestro servicio de cerveza, la ponía en contacto con Kirk Kelewae, el tipo que lo dirigía, y me cercioraba de que su nombre apareciera en el consiguiente artículo.

Esto no solo aseguraba que Kirk recibiera el reconocimiento que tanto merecía, sino que también hacía que todos los demás miembros del equipo pensaran: «¡Un momento! ¡Yo también quiero que reconozcan mis logros!».

Por desgracia, el problema contrario es tan habitual que debemos abordarlo de frente: **no robes el mérito de su trabajo a otras personas**.

No sabría decir la cantidad de veces que he abierto un ejemplar de *Bon Appétit* o de *Food & Wine* y me he encontrado con un chef que daba una receta creada por uno de sus talentosos jefes de cocina o a un propietario presumir de haber desarrollado un servicio de bebidas que a todas luces era obra de su sumiller.

Un ejemplo especialmente descarado: estaba una tarde mirando Instagram y acabé en una publicación de un chef famoso; era una foto de su «inspiración» para uno de los platos estrella más bonitos de su restaurante. A nadie le sorprendió cuando, poco después, el brillante jefe de cocina a quien en realidad se le había ocurrido el emplatado de esa receta, que incluía toda aquella presentación tan reconocible, dejó el restaurante porque le ofrecieron trabajo en otro.

Yo recibo mucha atención de los medios y no necesito que el mundo crea que soy un genio de la cerveza cuando, en realidad, no habría sabido diferenciar un refresco azucarado de una pilsner antes de que Kirk me diera un buen repaso. De hecho, como líder, prefiero ser famoso por crear las condiciones que permitieron a Kirk hacer realidad un galardonado servicio de cervezas.

Mis amigos que ocupaban puestos de gestión en otros restaurantes pensaban que mi estrategia era errónea. «Te los van a robar», me avisaban siempre que un miembro de mi equipo aparecía en un texto halagador.

En parte, tenían razón; cuanta más atención les dedicaban, más ofertas de trabajo recibían. Pero yo prefería que tomaran sus decisiones basándose en la esperanza, no en el miedo. Mi responsabilidad era cuidar tan bien a mi gente que no quisiera irse. En general, funcionó, seguramente porque era evidente que nos estábamos preparando para ser los más grandes, y las personas con talento a las que habíamos contratado lo percibían en el ambiente.

Y sí, algunos a quienes pusimos en el centro de la atención acabaron yéndose. Mi filosofía era: que así sea. La gente cambia de trabajo, y yo prefiero que se vayan sintiéndose héroes. ¿Que había extrabajadores de nuestro restaurante por ahí haciendo un trabajo extraordinario? Eso también era bueno para nosotros.

Valía la pena arriesgarse, porque a cuantos más minifamosos tuviera en el equipo, más larga sería la cola de gente que querría trabajar con nosotros. Y además, eso también aliviaba la presión sobre Daniel y sobre mí, porque con cada artículo aumentaba la probabilidad de que un cliente que fuera al restaurante entrara en contacto con el miembro del equipo sobre el que había leído.

No se me escapa el hecho de que no todos los negocios tienen la relación con los medios que poseen los restaurantes. Pero todos los negocios tienen accionistas externos, ya sean miembros del consejo, seguidores en redes sociales o individuos de la comunidad a la que pertenecen. Cuando alguien ahí fuera vea que tu empresa está haciendo algo bien, aprovéchalo, y **cuando llegue la reafirmación externa, redirígela a las personas responsables**.

Si un distribuidor te felicita porque siempre le mandas los pedidos a tiempo, pídele que lo repita cuando le pases el teléfono a la persona responsable. Si un inversor te dice que los informes que le mandas siempre llegan a tiempo, claros y bien detallados, coge al contable que ha hecho esos informes y llévalo a la reunión para que pueda recibir ese halago.

Usa todas las herramientas de tu caja

Cuando un camarero o uno de los encargados tenía un gesto maravilloso de hospitalidad, yo me aseguraba de que los peces gordos de Union Square Hospitality Group se enteraran.

Sí, era una forma de estar en contacto con ellos y comunicarles que lo teníamos todo bajo control; me encanta contar que mi equipo lo está haciendo fenomenal. Sin embargo, al reenviar un correo electrónico de un cliente que había quedado encantado, mi intención no era quedar bien, sino proporcionar a Danny información que pudiera usar la siguiente vez que pasara por el restaurante.

Si le reenviaba una perorata de un cliente sobre lo atento y encantador que había sido el servicio recibido, Danny podía ir a hablar con el jefe de sector responsable y agradecérselo. Si sabía que una encargada de reservas había removido Roma con Santiago para asegurarse de que alguien tuviera una mesa para un aniversario muy especial, podía ir a felicitarla personalmente por su trabajo.

Como líder, tienes que usar todas las herramientas de tu caja para construir la moral del grupo y mantenerla alta. Esta es una obligación constante para un encargado de la gestión, un objetivo diario, y es difícil. A mí me gusta pensar que mi equipo me respetaba y que yo los inspiraba; que cuando les decía algo para reafirmarlos, tenía un gran efecto sobre ellos. Pero la realidad es que pasábamos todo el día juntos y que ningún halago por mi parte podría competir con uno de alguien situado en una posición más alta en la jerarquía. Sobre todo cuando el jefe de toda la empresa era Danny Meyer, a quien todo el mundo apreciaba y respetaba muchísimo.

No es raro que un líder quiera que las personas de su equipo lo vean como la gran figura de autoridad y que para lograrlo desautorice a sus jefes. Eso denota falta de confianza y estrechez de miras. A Randy Garutti, mi antiguo jefe en el Tabla, nunca le preocupó que yo fuera a perderle el respeto cuando Danny Meyer me elogiaba; si acaso, lo que sucedía era que yo me esforzaba más.

Sabía mejor que nadie que un agradecimiento de Danny era combustible para cohetes. En lugar de sentirme inseguro al respecto, ¿por qué no usarlo en nuestro beneficio colectivo? Así que seguí reenviando correos electrónicos para garantizar que quienes trabajaban para mí recibieran mucho de ese combustible.

La perseverancia y el convencimiento lo pueden todo

Tener a Daniel Boulud, a Thomas Keller y a Patrick O'Connell en el restaurante hizo que todo el mundo caminara un poco más erguido. La irracionalidad estaba funcionando, y el equipo lo notaba.

Y esos tres cocineros también. Todos ellos mandaron cartas a Relais & Châteaux diciéndoles que éramos uno de los mejores restaurantes de Nueva York, y que sería un error hacernos esperar otro año para evaluarnos.

(Resulta irónico que, al obtener cartas de recomendación personales de tres de los cocineros más reconocidos de Estados Unidos, nuestra solicitud fuese más potente fuera de plazo de lo que habría sido de haberla entregado a tiempo.)

Relais nos envió a un evaluador anónimo; no tenemos ni idea de quién era ni de cuándo fue. Pero, al parecer, se lo pasó bien, porque unos meses después supimos que habíamos sido aceptados en la asociación.

Fue un gran honor colgar la placa en la puerta del restaurante, y muy importante para Daniel, que se había formado en Europa, donde el premio es aún más prestigioso. También era la primera vez que una organización importante nos ponía al mismo nivel que restaurantes como el Daniel, Le Bernardin, el Jean-Georges y el Per Se.

Anteriormente, yo había conseguido otra placa. Cuando era pequeño, mi padre me regaló una con su cita favorita de Calvin Coolidge. La tuve colgada en la habitación de mi infancia; después, en la residencia universitaria, y aún hoy la conservo sobre mi mesa de despacho.

Dice así:

> Nada en el mundo puede sustituir a la perseverancia. Ni siquiera el talento; nada es más habitual que los hombres con talento fracasados. Ni siquiera el genio; que el genio no obtenga recompensa es casi un proverbio. Ni siquiera la educación; el mundo está lleno de vagos educados. La perseverancia y el convencimiento lo pueden todo.

Habría sido fácil rendirse con lo de Relais & Châteaux después de que Danny nos dijera que no estábamos listos. Y sí, habría sido terrible que nos rechazaran después de que yo insistiera para que nos dejara presentarnos. Pero uno no llega a lo más alto aceptando un no por respuesta, sobre todo la primera vez que se lo dicen. Necesitábamos estar dispuestos a fracasar.

Que nos aceptaran en Relais & Châteaux sumó un gran impulso a nuestro ascenso; su respaldo animó a muchos a mirarnos con ojos nuevos. Aprovechamos aquel espaldarazo para avanzar aún más por nuestro camino. Y después de ver el efecto que había surtido en nuestro equipo tener a aquellos tres cocineros en nuestro comedor, entendí lo valiosa que podía ser la reafirmación en nuestra cultura si sabíamos aprovecharla. Y sí, recibir halagos es agradable, pero la dopamina dura lo que dura. Usar con intención esos halagos para animar, inspirar y estimular al equipo podría llevarnos a otro nivel.

14

Restaurar el equilibrio

La ambición es algo extraordinario, un reactor nuclear que proporciona una cantidad ilimitada de energía. Que nos aceptaran en Relais & Châteaux nos permitió probar el éxito, y ahora queríamos más..., mucho más.

Corría 2008. Yo tenía veintiocho años. No estaba casado y aún no tenía hijos. El Eleven Madison Park lo era todo para mí.

Y no estaba solo en eso: el equipo de liderazgo al completo estaba consumido por la ambición. Trabajábamos a todas horas, empujados por la fuerza de la suma de objetivos irracionales que nos habíamos planteado para el negocio.

Queríamos que el EMP fuera un restaurante de cuatro estrellas, no uno de tres estrellas muy bueno.

Y como queríamos alcanzar ese objetivo con todas nuestras fuerzas y volcábamos a diario toda nuestra pasión en ello, el equipo nos apoyaba y trabajaba también sin descanso. La gente del comedor lo hacía todo tan bien y tenía tantas ganas de trabajar que casi se convirtió en un juego descubrir qué detallito minúsculo del servicio se podía mejorar si se complicaba un poco. En la cocina, Daniel y su equipo añadían elementos cada vez más intrincados a los platos. Las listas de ingredientes eran cada vez más largas y las técnicas, más complejas. Todos hacíamos lo que fuera necesario para llevar la experiencia a otro nivel.

Estábamos dándolo todo.

Y entonces, una noche, a las once, una cocinera que hacía el turno de mañanas entró corriendo, presa del pánico. Con la falta de sueño, el estrés y la desorientación, pensaba que llegaba dos horas tarde a su turno, que empezaba a las nueve de la mañana. En realidad, había llegado diez horas antes.

Habíamos detectado otros indicios de que estábamos corriendo demasiado, pero aquel nos hizo echar el freno y tomar aire. En ese momento quedó claro: nuestra ambición empezaba a pasarnos factura. El reactor se estaba fundiendo.

Se ha escrito mucho sobre que los líderes deben tener la vista puesta en el futuro; en mi opinión, no se ha escrito lo suficiente sobre que los líderes también deben ser conscientes y mirar a su alrededor para ver qué hay. Como el Coyote de los dibujos animados, nos habíamos centrado tanto en cazar al Correcaminos que habíamos saltado al precipicio sin darnos cuenta. Nos habíamos centrado tanto en la experiencia del cliente que habíamos olvidado nuestra cultura.

Habíamos perdido el equilibrio y tendríamos que recuperarlo.

Frenar para acelerar

Kevin Boehm, CEO y cofundador del grupo de restauración Boka de Chicago, pronunció un discurso emocionante en la

Welcome Conference sobre un periodo complicado que había atravesado precisamente cuando parecía que todos los aspectos de su vida iban muy bien.

Explicó a un público fascinado que se había pasado la vida entera alzando la mano para responder que sí y que había llegado a creer erróneamente que ese era el motivo por el que estaba deprimido y ansioso. Pero lo que entendió más tarde fue esto:

> Solo puedo ser auténtico, inspirador y ofrecer descanso a los demás si recompro el tiempo suficiente para descansar yo. [...] Y eso no se consigue de forma pasiva, tiene que hacerse activamente. Las cosas que puedo controlar, como practicar *mindfulness*, la dieta, el ejercicio, la actitud y con quién decido pasar el tiempo, todo eso es prioritario. Así, cuando alzo la mano, estoy armado de fortaleza mental, lo que me permite estar seguro de que mi ambición no está minando mi claridad mental, que fue la que me proporcionó todas las grandes oportunidades.

Cuando le oí decir esto, sentí la chispa del reconocimiento. Las instrucciones de seguridad que explican los asistentes de vuelo antes de un despegue son claras: «Póngase la mascarilla antes de ayudar a los demás». Pero cuando estás en la industria de la hostelería, esa orden suena antiintuitiva. ¿No se supone que debemos preocuparnos por los demás antes que por nosotros?

La respuesta es no. Si no atiendes tus necesidades, no puedes ayudar a quienes te rodean. El orgullo y la ambición nos motivaban a esforzarnos, a apretar, a optimizar, a trabajar más, a pedirnos más a nosotros y a los demás todos los días. Sin embargo, no puedes beber sin cesar de tu jarra sin parar nunca para llenarla.

Por todo ello, tras un poco de deliberación, e incluso con algo de tristeza, Daniel y yo decidimos que necesitábamos frenar.

Dejamos de cambiar el menú tan a menudo con el fin de que todo el mundo tuviera más tiempo para ponerse al día. Contratamos a más personas, de tal modo que el equipo existente no tuviera que hacer tantas tareas. Recortamos muchas de las florituras que habíamos añadido al servicio. Por poner un ejemplo breve: habíamos empezado a servir muchas de las salsas y a añadir componentes a los platos en la propia mesa. Como teníamos que llevar todas esas cosas en otra bandeja, necesitábamos al doble de camareros. Y no los teníamos, así que la mayoría de las veces era el encargado del comedor quien llevaba esa bandeja extra. Para aliviar un poco la presión, volvimos a completar los platos en la cocina. Aunque era algo menos espectacular, el cambio supuso que los encargados pudieron volver a apoyar a su equipo durante el servicio.

Era una lástima perder aquellos extras; muchos de nuestros clientes percibieron su ausencia. Pero mantenerlos no valía la pena si ese extra de trabajo conllevaba que el equipo se desmoronara. Yo me decía a menudo: si añadir otro elemento a la experiencia implica hacerlo todo un poco menos bien, da un paso atrás. **Haz menos y hazlo bien.**

Donde más se apreció este «reinicio» de la cultura fue en los temas que tratábamos en el *briefing*. Durante meses nos habíamos centrado en cómo alcanzar la excelencia. Ahora había llegado el momento de aplicar esa misma creatividad e innovación para que el equipo triunfara de una forma más sostenible.

Cada persona se alimenta de un oxígeno distinto, y cada uno debe discernir qué es lo que necesita para respirar. En mi caso, relajarme equivalía a pasar una noche solo en el sofá, cenando comida china a domicilio y viendo un capítulo tras otro de un programa televisivo que prefiero no mencionar de tan bobo como era. El oxígeno de mi mujer es salir a caminar por la montaña o correr durante mucho rato.

El tuyo puede ser el *crossfit*, el yoga, dar un largo paseo en bici, cocinar, pintar, ir a ver música en directo o tumbarte en un parque sobre una manta con tus amigos. El ejercicio, la naturaleza, estar en comunidad y las actividades creativas están entre las opciones más comunes, pero no hay nada que le sirva a todo el mundo: eres tú quien debe saber qué te funciona.

Eso es lo que hicimos con el equipo. Los animamos a buscar su oxígeno y a tomarse tiempo para respirar. No se trataba solo de frenar y ayudarles en un momento determinado. Lo hacíamos con la idea de construir unos cimientos más sólidos de cara al futuro, para que cuando tuviéramos que volver a acelerar (algo que haríamos, y muy pronto), nuestras mentes y corazones estuvieran en forma.

El Club de Respirar Hondo

Mi buen amigo Andrew Tepper trabajó durante años en un hospital psiquiátrico para jóvenes. Cuando empezó, le alarmó la cantidad de chicos que tenían crisis frecuentes y que amenazaban con autolesionarse o herir a los demás. También le inquietó la cantidad de sedantes que recetaba el equipo médico.

Empezó a enseñar a los chicos técnicas de relajación mediante la respiración para que las usaran cuando se alterasen. Aunque las técnicas resultaron increíblemente eficaces, le costó que los chicos las aplicaran de forma habitual. (Las buenas ideas son una cosa; lograr que arraiguen es otra.) Hasta que un día, meses después, rebuscando en el sótano de sus padres, encontró un set de herramientas de serigrafía de cuando iba al instituto, y estampó con él una serie de camisetas muy chulas con las letras DBC (Club de Respirar Hondo, por sus siglas en inglés) bien grandes en la parte delantera. Si uno de los chicos superaba tres posibles incidentes recurriendo a los ejercicios de respiración en vez de gritando o poniéndose violento, ganaba una camiseta. Así consiguió, al mismo tiempo, reforzar un buen comportamiento y convertir lo de respirar en algo genial.

Cinco meses después, la mitad de los chicos del hospital llevaban camisetas DBC. La frecuencia de las crisis, así como la prescripción de sedantes, disminuyó de forma significativa.

En el EMP estábamos teniendo nuestra propia versión de una crisis colectiva. Las máscaras de oxígeno eran una cosa, una solución necesaria y general, pero también necesitábamos soluciones puntuales e instantáneas.

¿Sabes cuando estás hasta el cuello con algo, al límite de tus fuerzas, y todo te supera tanto que no eres capaz de saber qué te ayudaría? Este tipo de crisis suceden a menudo en los restaurantes y en entornos de mucha presión. Si tienes algo de inteligencia emocional, ya sabes que decir «Tranquilízate» o «Relájate» a una persona que ha perdido los nervios es como echar gasolina a una hoguera fuera de control que ya se está propagando.

Aun así, tiene que existir una frase, un remedio de rescate que consiga que la persona se centre lo suficiente para poder pedir la ayuda que necesita. Porque la mayoría de las veces basta con algo sencillo, como pedir al encargado que lleve los cubiertos a la mesa en el siguiente plato, para que la persona que ha entrado en pánico tenga un respiro.

Invité a Andrew al *briefing* para que hablara al equipo del DBC, de la idea de que con unas cuantas respiraciones profundas se puede salir de lo que parece una situación imposible. (Llevó camisetas.) Esta técnica se convirtió en uno de los elementos más duraderos de nuestra cultura. En momentos de crisis, lo único que teníamos que hacer era acercarnos a la persona que estaba superada y decir: «DBC». Entonces paraba y respiraba. Lo que en realidad se estaba comunicando era: «Veo lo que te está pasando y lo entiendo. Estamos juntos en esto y vamos a superarlo también juntos, ¿qué puedo hacer ahora mismo para ayudarte?».

Tócate la solapa

Las reuniones de gestión empezaron a centrarse menos en mejorar la experiencia del cliente y más en hacer que el restaurante fuera más sostenible para todos nosotros. Pasó lo mismo con los *briefings*, que dedicábamos casi en exclusiva a conversar sobre cómo recuperar el equilibrio.

Dado que la cultura de colaboración estaba ya instaurada en el Eleven Madison Park, fue solo cuestión de tiempo que el equipo empezara a implicarse. Se hicieron ajustes en todo, desde las tareas secundarias hasta el horario.

Un jefe de sector veterano, Kevin Browne, sugirió una idea aparentemente simple, pero extraordinariamente significativa.

El lenguaje de signos inspirado en el béisbol que usábamos para indicar las preferencias sobre el agua de las mesas había resultado tan eficaz que siempre estábamos buscando nuevos signos que nos facilitaran la vida y mejoraran la experiencia de los clientes. Kevin dio con uno que cambió nuestra cultura: establecer contacto visual con un compañero y tocarse la solapa significaba: «Necesito ayuda».

Antes de esto, pedir ayuda en mitad de un servicio ajetreado podía ser muy difícil. A menudo, los camareros tenían que perseguir a sus encargados por el enorme comedor; y muchas veces, justo cuando estaban a punto de pillarlos, estos se paraban en una mesa. El resultado era que el camarero tenía que esperar mientras las tareas se acumulaban en su lista. Si alguien está tan sobrepasado que necesita ayuda, dedicar tanto tiempo a intentar conseguirla no hace más que empeorar la situación. Con frecuencia, estas personas se rendían y volvían a su puesto, que encontraban en peor estado que antes de intentar pedir auxilio.

Después de introducir la seña propuesta por Kevin, un camarero podía mirar a su encargado o a uno de sus compañeros, tocarse la solapa y saber que el otro acudiría en cuanto pudiera.

El gesto era pequeño, pero el impacto que tuvo en el restaurante no lo fue. EL DBC nos facilitó la manera de ofrecer ayuda; Kevin nos proporcionó una forma sencilla de pedirla.

Creo que esta seña se acabó convirtiendo en una de las más importantes, y de las más longevas, ya que he visto usarla en restaurantes de todo Estados Unidos, diseminada por nuestros veteranos.

Seamos sinceros: pedir ayuda cuesta, sobre todo al perfil de personas que trabajaban entonces en el EMP: purasangres acostumbrados a ser los mejores, incapaces de soportar que alguien piense que no pueden sacar adelante su trabajo. De hecho, a menudo eran los mejores miembros del equipo quienes generaban más problemas cuando el servicio se complicaba, porque eran los menos proclives a pedir ayuda.

Darse permiso para pedir ayuda es una demostración de fuerza y confianza. Demuestra que entiendes cuáles son tus capacidades y que eres consciente de lo que pasa a tu alrededor. Las personas que se niegan a pedir ayuda, que creen que pueden hacerlo todo solas, se engañan a sí mismas y perjudican a quienes los rodean. Como solía decir Danny Meyer, la hostelería es un deporte de equipo. Si permites que tu ego se interponga a la hora de pedir lo que necesitas, fallarás a todo el equipo y el trato que dispenses sufrirá las consecuencias.

La seña facilitó las peticiones de ayuda y las hizo más eficientes, y sistematizarla eliminó el estigma.

Entre bajar el ritmo, aprender a respirar profundamente y dar con formas fáciles de ofrecer y pedir ayuda, esta renovación del compromiso con el equilibrio acabó siendo crucial. Creo sinceramente que sin el cambio de rumbo que hicimos en 2008, no habríamos obtenido ninguno de los éxitos que llegaron después.

Y entonces, casi como una recompensa por habernos tomado un tiempo para invertir en nuestros cimientos, el universo (bueno, en realidad fue Frank Bruni) nos hizo un regalito.

En diciembre de 2008, Bruni dio tres estrellas al Corton en *The New York Times*. El Corton era un restaurante que había abierto Drew Nieporent en Tribeca, con el chef Paul Liebrandt al frente de la cocina. En su reseña, Bruni decía:* «El Corton es soberbio en casi todo, y junto con el Eleven Madison Park, en constante mejora, es uno de esos restaurantes que vuela en círculos a punto de alcanzar la cima de la restauración de lujo en Nueva York».

Estábamos eufóricos. Escondido en la reseña de otro restaurante que nada tenía que ver con el nuestro, había un mensaje secreto para nosotros: «Estoy atento a lo que estáis haciendo desde la última vez que fui y sé que no habéis dejado de mejorar. ¡Seguid así!».

* Frank Bruni, «Imagination, Say Hello to Discipline», *The New York Times*, 9 de diciembre de 2008, <https://www.nytimes.com/2008/12/10/dining/reviews/10rest.html>.

15

El mejor ataque es un buen ataque

La *Guía Michelin* nació a principios del siglo XX como una ingeniosa estrategia de *marketing*. A aquellos dos hermanos dedicados a la venta de neumáticos se les ocurrió que animar a la gente a conducir por Francia para probar distintos restaurantes tal vez incrementara las ventas de su producto, y decidieron lanzar juntos una guía gastronómica gratuita.

Su sistema de estrellas indicaba si valía la pena desplazarse hasta un determinado local. Una estrella significaba que el restaurante era muy bueno en su categoría y que valía la pena parar; dos, que la comida era excelente y valía la pena desviarse, y tres, que la comida era excepcional, lo bastante para merecer un viaje *ex profeso*.

Durante el siglo siguiente, Michelin, con su equipo secreto de inspectores anónimos, se convirtió en la clasificación de restaurantes más prestigiosa y venerada de Europa.

En Francia, la obtención de una nueva estrella puede hacer ganar mucho dinero a un establecimiento, mientras que perderla puede arruinarlo: el chef Bernard Loiseau se quitó la vida cuando se empezó a rumorear que el suyo, el La Côte d'Or, estaba a punto de perder una de sus tres estrellas.

(Lo más terrible de esta historia es que, al final, conservó todas.) Así que, aunque suene exagerado para un estadounidense, en Francia una estrella Michelin puede ser cuestión de vida o muerte.

La *Guía Michelin* había empezado a reseñar restaurantes de Nueva York en 2005. Ese año, el Eleven Madison Park no entró en la lista, y tampoco en 2006, algo nada sorprendente. Habían aparecido algunas quejas en blogs en 2007, cuando tampoco entramos, pero a Daniel y a mí nos daba igual: la *Guía Michelin* es conocida por tomarse las cosas con calma y nosotros aún estábamos buscando nuestro estilo.

Sin embargo, en 2008 corrían rumores. Teníamos tres estrellas de *The New York Times* y nos habían aceptado en Relais & Châteaux, un reconocimiento europeo importante que suponíamos que nos situaría en el radar de Michelin. El equipo estaba dando el 110 por ciento en cada mesa. Por ello, cuando se publicó la lista de Nueva York, nos amontonamos en el despacho para leerla.

Le Bernardin tenía tres estrellas. El Jean-Georges tenía tres estrellas. El Masa tenía tres estrellas. Hasta The Spotted Pig, el gastropub de April Bloomfield y Ken Friedman, siempre lleno de famosos, tenía una estrella.

Nosotros ni siquiera figurábamos en la lista.

El golpe fue aún más devastador porque los restaurantes solo pueden adquirir una nueva estrella al año. No solo tendríamos que esperar otros doce meses, sino que además deberían pasar tres años antes de poder soñar siquiera con la codiciada tercera estrella.

El equipo se quedó hundido y confundido ante aquel desprecio, y yo aprendí que no hay momento más difícil para el director de un negocio que una decepción generalizada.

Aquel día, en el *briefing* fue imposible soslayar la incomodidad. Yo estaba de pie en el centro del círculo, rodeado de mis desazonados amigos y compañeros. Esperaban explicaciones y consuelo, pero yo no tenía una varita mágica con la que hacer desaparecer su amargura. Lo único que podía hacer era expresar mi propia tristeza y confusión, con la esperanza de que compartir el dolor nos permitiera a todos superarlo. **El papel del líder no es solo motivar y animar: a veces es ganarse la confianza del equipo mostrándose humano con ellos.**

No obstante, a mí también me había molestado el desprecio, porque sabía que ya éramos puñeteramente excelentes y mejorábamos a diario. Así que, después de darle vueltas un par de días, animé al equipo a enfadarse.

«Desde el principio, cuando no han dado un duro por nosotros es cuando mejor lo hemos hecho —les dije en el *briefing*—. Y eso es lo que está ocurriendo de nuevo ahora. Pensad en esto como en combustible, y usadlo.»

Había llegado el momento de pasar al ataque.

Aunque, por desgracia, la economía tenía otros planes.

Un grano no hace granero, pero ayuda al compañero

En noviembre de 2008, una recesión global, que el Fondo Monetario Internacional describiría más tarde como «la crisis económica y financiera más grave desde la Gran Depresión», golpeó al mundo entero.

Por decirlo suavemente, no era el mejor momento para vender comida cara.

Aunque pasamos más o menos bien la Navidad, en cuanto llegó el nuevo año, los números se derrumbaron. Los titulares eran nefastos y llegaban acompañados de cancelaciones de reservas. Para buena parte de nuestros clientes ya éramos un derroche limitado para las ocasiones especiales, y la mayoría de la gente empezó a considerar que no era prudente gastar tanto dinero en una cena. Era mejor guardarlo en la cuenta de ahorros para emergencias y prepararse para lo peor.

Las parejas que se habían prometido en el EMP y que regresaban a celebrar la fecha todos los años con nosotros hallaron formas más frugales de festejar sus aniversarios. Una de ellas fue con una botella de champán al Madison Square Park y brindó frente a nuestras enormes ventanas, en la acera de enfrente, mientras compartía unas patatas fritas con queso del Shake Shack.

Nuestra línea de negocio de fiestas privadas quedó suspendida. Las bodas se redujeron mucho, las listas de invitados eran más cortas y muchos optaban por celebrarlas en locales más modestos. Y las empresas, cuyas lujosas fiestas privadas y abultadas cuentas de gastos son básicas para los restaurantes de lujo, también se pusieron en modo austeridad. Como se hacían menos negocios, también se hacían menos celebraciones, y quienes seguían recibiendo bonificaciones exorbitadas a final de año, si es que quedaba alguien, no estaban presumiendo de ellas; de la noche a la mañana, las cenas ostentosas, excesivas y de tirar la casa por la ventana empezaron a resultar incómodas.

La mayoría de las noches no teníamos reservas suficientes para llenar todo el comedor, por lo que cerramos la zona del restaurante que denominábamos Uptown (un área separada de las mesas del nivel inferior por cuatro escalones) para que la sala vacía no resultara tan cavernosa. Fue una mejora, y la hilera de banquetas se convirtió en una barrera natural; aun así era evidente que el restaurante estaba medio vacío.

Poníamos buena cara a los clientes, pero yo me pasaba las noches buceando en los libros de contabilidad. No había forma de engañarse: la situación económica del restaurante era desesperada y empeoraba día tras día. Teníamos todos los gastos de un restaurante de cuatro estrellas, sin la demanda que acompaña a ese honor, ni la capacidad de cobrar esos precios. En suma: nos estábamos desangrando. De hecho, el único motivo por el que no cerramos fue que, en aquel momento, el Eleven Madison Park fuera el propietario del Shake Shack.

El Shake Shack había abierto en 2004. Originariamente había sido un carrito de perritos calientes que formaba parte de una instalación artística en Madison Square Park. (Cuando empecé en el EMP, las ShackBurgers se cocinaban en nuestro comedor privado; durante el servicio de almuerzos, los cocineros salían por la puerta principal del restaurante con bandejas gigantescas llenas de hamburguesas crudas.) A todo el mundo le gustó aquel carrito, así que volvió a abrir el verano siguiente, y el otro. Con el tiempo, se convirtió en el Shake Shack, un quiosco fijo que servía hamburguesas y helados de nata, al estilo de lo que se comía en los bares de carretera del Medio Oeste cuando Danny Meyer era joven.

Cuando llegó la recesión, el Shake Shack era más que rentable; estaba empezando a ser..., bueno, el Shake Shack que conocemos hoy. La cola que se formaba en el parque se había convertido en algo tan típico de Nueva York que Danny compró una webcam, la Shak Cam, para poder verla desde casa o el trabajo antes de salir y decidir si valía la pena bajar.

En este caso, la recesión dio un empujón al negocio; como sucede siempre cuando las cosas se ponen complicadas, la gente buscaba experiencias asequibles con un toque especial. La ventaja para nosotros fue que el EMP ya no patrocinaba aquel proyecto artístico tan mono. En lugar de eso, eran los beneficios del Shake Shack los que patrocinaban el EMP.

Danny fue paciente; creyó en nosotros. Pero no puedes usar los beneficios de un restaurante para pagar las pérdidas de otro durante mucho tiempo: eso es hacer mal los números. Asistí mes tras mes a la reunión en la que se exponía la cuenta de resultados para intentar explicar nuestras pérdidas y ofrecer algo de esperanza, con la preocupación de saber que si no era capaz de enderezar el rumbo, el magnífico experimento que era el Eleven Madison Park quedaría en dique seco.

En aquella época recurrí mucho a mi padre, y mantuvimos unas cuantas conversaciones difíciles. Él es un superviviente nato y no le interesan mucho las sutilezas, ni las de los restaurantes en general, ni las de los restaurantes de lujo en concreto. Y, como siempre, me sacó del embrollo antes de que me diera tiempo a enredarme demasiado. «La adversidad —me dijo— no se puede desaprovechar.»

En una recesión global (o, para el caso, en una pandemia global), muchos propietarios de negocios entran en pánico. ¡Y con razón! Todos tus preciosos planes, tan bien trazados, han saltado por los aires; todas tus meticulosas proyecciones ya no son aplicables. La incertidumbre da miedo. Sin embargo, aunque es fácil entrar en pánico frente a la adversidad, la creatividad es la mejor solución.

Por suerte, todo el trabajo que habíamos hecho para asentar nuestra cultura nos había preparado para ser creativos.

Empezamos recortando gastos. Aunque parece fácil, no lo es, porque era vital que ningún recorte afectara negativamente a nuestros clientes.

Empezamos por la cocina, pero no con la comida. Es más difícil aprovisionar un restaurante medio lleno que uno lleno, más aún si casi todos los elementos de los platos se preparan desde cero; cuando estás a tope, sabes mejor qué ingredientes utilizarás y a qué velocidad. Aun así, con independencia de nuestra situación económica, ofrecíamos todo el menú; si la gente iba por nuestro conocido plato de pato, debíamos ofrecerlo. Así que, aunque Daniel y su equipo se esforzaban por gestionar los costes de los alimentos de forma agresiva, todas las noches seguíamos tirando montones de comida.

Ese desperdicio era inevitable. Teníamos que buscar otros ámbitos donde recortar.

En todas las reuniones de cuenta de resultados de aquella época, al socio de Danny, Paul Bolles-Beaven, le gustaba recordarnos esto: «Un grano no hace granero, pero ayuda al compañero». Con esa frase en mente, empecé a fijarme en cada centavo. Teníamos la costumbre de usar dos trapos de tela para cubrir la zona de pase, el mostrador donde los cocineros dejan los platos terminados para que los recojan los camareros. Usábamos dos para poder quitar el de encima a medio servicio y acabar la noche con uno limpio. Eso era un lujo fácil de recortar.

Ahorramos miles de dólares en productos químicos de limpieza leyendo las instrucciones del lavaplatos y asegurándonos de no echar más jabón del necesario. Y cortábamos en dos el papel de cocina que sumergíamos en vinagre y agua para limpiar salpicaduras o huellas de los bordes de los platos antes de llevarlos al comedor.

Nuestros cocineros usaban altos gorros de chef de papel porque eran bonitos, clásicos y un vínculo con la herencia europea de Daniel. También eran de usar y tirar, y los cocineros se los cambiaban cuando los sudaban o se les manchaban.

Una noche hice números. Si un cocinero usaba dos o tres gorros durante un turno especialmente complicado y había treinta cocineros cubriendo dos turnos al día, eso significaba que estábamos gastando miles de dólares al año en gorros, mientras que una caja de casquetes de cocina de algodón, lavables y resistentes, que es lo que la mayoría de los restaurantes ofrecen a sus cocineros, costaba unos cientos de dólares y podía llegar a durarnos un año.

Ese recorte fue duro: habíamos elegido los gorros de papel porque queríamos que los cocineros se sintieran orgullosos y conectados con su historia culinaria siempre que se los pusieran. Pero el liderazgo durante una crisis implica reconocer que el orgullo de los cocineros no depende solo de unos gorros.

Era más complicado hacer recortes en el comedor sin perjudicar la experiencia de los clientes. Tener un restaurante de lujo es caro. Los costes en personal son elevados: cada cuchillo reluciente y cada copa inmaculada se limpian a mano. Y nunca lo son más que cuando estás intentando subir de nivel, porque básicamente tienes que gastar de más y cobrar de menos para lograrlo.

Aun así, encontramos la mayor cantidad posible de formas ingeniosas de recortar gastos. Hasta entonces nos había enorgullecido exhibir veinte quesos únicos en nuestro carrito, pero se podía hacer una buena tabla de quesos con solo diez, y con menos opciones habría menos desperdicio. Vigilaba el carrito como un halcón, y hasta algunas noches cortaba yo el queso para asegurarme de que usábamos hasta el final todos los trozos presentables.

Más que nada, esto fue lo que cambió: empezamos a prestar muchísima atención a los costes, a monitorizar de cerca cada centavo que gastábamos y a ser más disciplinados que nunca. Paul tenía razón. Todos esos recortes, todos esos granos empezaron a sumar. Y los ahorros que nos reportaron nos permitieron luchar un día más.

Al inicio de mi carrera, mi padre me animó a llevar un diario. El objetivo era no perder la perspectiva. Cuando trabajas de camarero, tú solo ves el mundo desde ahí. Y aunque puedas creer que no vas a perder nunca ese punto de vista, la verdad es que cuando te asciendan a encargado, con el tiempo, tus prioridades serán otras. Como diría mi padre: «La perspectiva tiene fecha de caducidad, por mucho que insistas en aferrarte a ella».

Por desgracia, cuando pierdes la perspectiva de las personas que están a tu cargo, también sueles perder tu empatía por ellas. Todos seríamos mejores líderes si pudiéramos volver a conectarnos con la sensación de estar por debajo de alguien. Pero es difícil tener todo eso en mente, y llevar un diario era una manera de luchar contra esa desconexión.

Así que mientras hacíamos todos esos pequeños recortes, mi padre me animó a retomar el hábito del diario. Me dijo que apuntara todos y cada uno de los recortes implementados, por modestos que fueran. Él creía que lograríamos superar aquel contratiempo y que, en cuanto lo hiciéramos, olvidaríamos todos los trucos para ahorrar que se nos habían ocurrido durante aquella mala época. Llevar la cuenta nos facilitaría integrar los mejores y, en consecuencia, aquella época adversa haría que fuéramos más rentables en el futuro.

Pero a pesar de que decidimos hacer muchos recortes, también hubo otros tantos que decidimos no hacer. Recuerda: seguíamos teniendo grandes objetivos, seguíamos jugando al ataque. Esto significaba que cualquier cosa que pudiera afectar a la experiencia del cliente quedaba fuera de toda discusión, y eso englobaba muchas cosas. Había pocos extras que pudiéramos eliminar sin excedernos y dañar nuestra marca.

Ni el mejor escurreplatos ni el mejor acolchado en los carritos van a evitar que se rompan las copas Riedel, que son muy caras, y los platos de cerámica hechos a mano se descascarillan y hay que sustituirlos. Al final de una de las mejores cenas del mundo no puedes pedir al cliente que firme el recibo de la tarjeta con un boli Bic, pero todos los bolígrafos de plata que acababan en un bolsillo o un bolso afectaban a nuestra cuenta de resultados.

Si queríamos seguir en el partido, no iba a bastar con recortar gastos. Íbamos a tener que crear nuestro propio estándar de calidad.

La adversidad no se puede desaprovechar

Ahora que estábamos siendo creativos con el ahorro, debíamos serlo también a la hora de ganar dinero. (Esto, por cierto, era mucho más divertido.) Y por mucho que intentáramos endulzarlo, gestionar el gasto es jugar a la defensiva y nosotros habíamos decidido hacerlo al ataque para superar aquella crisis.

Nuestro turno de comidas siempre se había alimentado de las cuentas de gastos de empresas y, a medida que estas se fueron cerrando por toda la ciudad, había días que casi se veían rodar las bolas de polvo por el comedor desierto a mediodía. Aunque al contemplar aquel panorama, detectamos una oportunidad.

En aquella época, el precio medio de un entrante a mediodía en el EMP era de treinta y cinco dólares. Empezamos a ofertar un menú de mediodía de dos platos por veintinueve. La cuenta media en el EMP no había sido nunca tan baja, ni siquiera cuando era un restaurante de estilo clásico, pero nos ayudó a llenar el comedor para que recuperara su energía. Valió la pena.

Aquellas comidas asequibles hicieron que un nuevo grupo de edad pudiera permitirse de repente ir a comer con nosotros, lo que nos proporcionó unos inesperados dividendos. Nuestro objetivo era ser el restaurante de cuatro estrellas de la siguiente generación, y el ayudante de hoy puede sin duda llegar a ser el CEO de mañana. Esta decisión nos dio la oportunidad de entablar y mantener relaciones con personas que también estaban ascendiendo en sus propias jerarquías.

Nos aseguramos de que nuestros clientes obtuvieran algo muy valioso a cambio de sus veintinueve pavos (si vas a hacer un regalo, que sea impresionante). Y en los años siguientes hablé con innumerables personas que habían conocido el restaurante mediante estas comidas a precios razonables. Algunos de ellos se convirtieron en nuestros mayores fans.

La recesión también repercutió de forma negativa en el importe medio de las cuentas. La gente pedía menos platos y los que pedían eran menos caros. Como es obvio, nosotros no podíamos subir los precios, así que teníamos que buscar una manera creativa de compensar aquella reducción. Ahí fue donde las cosas se pusieron divertidas de verdad.

Cuando trabajaba de camarero en el Tribeca Grill, nos indicaban que lleváramos los postres por el restaurante «despacito y abajo»: es decir, que camináramos más despacio de como lo hacíamos habitualmente al pasar junto a las demás mesas y con el pastel de manzana a la altura de la vista del resto de los clientes, para que, en el momento de entregar la carta de postres, todo el mundo hubiera pensado ya en ellos. (Es el mismo motivo por el que los cereales azucarados están siempre en las estanterías bajas de los supermercados, a la altura de los ojos de los niños.)

En el EMP creamos un carrito de postres: un carro lleno de deliciosos pasteles, tartas y tartaletas que acercábamos a las mesas. En Estados Unidos, en general, cuando ofreces una carta de postres a mediodía, la gente te mira como si fueras de otro planeta. Es en parte por las calorías, pero sobre todo porque nadie tiene tiempo que perder en el proceso de pedir el postre, esperar a que lo emplaten, llegue a la mesa, comerlo y que lo retiren antes de poder pedir la cuenta. Los postres suman media hora a la comida, y a mediodía, más aún en Nueva York, la gente tiene prisa por regresar al trabajo.

Pero, si acercas a su mesa un carrito de postres, se les abren los ojos como platos y se convierten en niños que no saben qué dulce pedir, ya que están seguros de que les servirán en el acto lo que señalen. El carro era precioso y toda una experiencia, y a la gente le encantaba. Las ventas de postres aumentaron un 300 por ciento.

Las comidas de veintinueve dólares devolvieron su energía al restaurante, aunque el margen no fuera al que estábamos acostumbrados, y un comedor lleno proporcionó al equipo la sensación de que todo iría bien, aunque yo no estaba del todo seguro de que eso fuera a suceder.

Y lo que es más importante: tener más trabajo supuso poder ampliar las horas a nuestro equipo. Habíamos dedicado los últimos años a contratar a un grupo de personas increíble; no podíamos permitirnos perderlas si queríamos mantener el rumbo. Por mucho cariño que le tuvieran al restaurante y a su misión, tenían que pagar sus facturas. Estoy orgulloso de decir que no perdimos ni a un solo miembro de la plantilla en aquella época.

Mantén implicado al equipo cueste lo que cueste

Todos los recortes que estábamos haciendo tenían su efecto, y también todas las ideas creativas que se nos habían ocurrido para volver a ser rentables. Pero da igual cómo lo pintes: trabajar con austeridad es duro. Necesitábamos ejercitar nuestros músculos creativos, necesitábamos divertirnos un poco. Había llegado el momento de aplicar un poco de 95/5.

¡Demos la bienvenida al Derby de Kentucky!

El año anterior, un amigo me había invitado a ir a ver tocar a su grupo en una fiesta del Derby de Kentucky. La fiesta en sí era muy cutre, parecía más la caricatura de un bar mugriento del East Village que una fiesta en un jardín al estilo sureño, que era lo que la ocasión merecía, pero a mí me encantó.

Y me enamoré de esa idea. ¡El Derby de Kentucky! ¿Qué mejor momento para tomar un cóctel de autor con tus mejores galas? ¿En qué otro evento es obligatorio lucir un magnífico sombrero? Era una celebración que podíamos clavar. Así que la primavera siguiente nos lanzamos a organizar la fiesta más preciosa y lujosa de todos los tiempos en honor al Derby de Kentucky en el Eleven Madison Park.

Decoramos la sala con setos podados en forma de caballo y coronas de rosas al cuello como si hubieran ganado la carrera. El suntuoso bufé incluía platos tradicionales sureños: sándwiches de huevos benedictinos, pollo frito con gofres y un guiso de carne llamado Kentucky Burgoo. También teníamos un bufé de marisco y un grupo en directo, The Crooners, tocando *bluegrass* estadounidense de alto voltaje. Nuestros camareros no dejaban de servir Mint Juleps helados en los típicos vasos metálicos recubiertos de gotas de condensación.

A la gente le encanta ponerse sus mejores galas porque sí, y nuestros clientes no nos decepcionaron. (Hicimos un concurso informal para elegir al mejor vestido, con el aplausómetro menos sofisticado de la historia: mis oídos.) Todo para celebrar los dos minutos deportivos más gloriosos, que vimos, conteniendo la respiración, en la enorme pantalla de televisión que habíamos instalado al fondo del restaurante, después de que un corneta con pantalones de montar y americana roja tocara para avisarnos.

Nos arriesgamos mucho con esa fiesta. ¿Quién da una fiesta de lujo en plena recesión? Sin embargo, valió la pena, cubrimos gastos. No ganamos ni perdimos dinero, pero animó al equipo. Y establecimos colaboraciones con la marca de *bourbon* Maker's Mark, los puros Nat Sherman y la revista *Esquire*, que publicitó el evento a su propia y efervescente comunidad, que era más amplia que la nuestra. Un montón de sureños con morriña, y aficionados a la hípica, a los sombreros y a los puros se enamoraron repentinamente del EMP.

El equipo se divirtió tanto en aquella fiesta como los clientes, y yo me prometí una cosa: si el restaurante sobrevivía, me aseguraría de que no perdiéramos aquel espíritu juguetón.

Estábamos haciendo un gran trabajo; la experiencia que estábamos proporcionando a los clientes era increíble. Y eso recortando hasta el último centavo posible. Habíamos tenido grandes ideas para construir la marca, algunas habían funcionado, pero ni la mejor fiesta del mundo podía compensar una recesión global. Aunque Danny creía en nosotros, nuestro balance no era bueno y se nos acababa el tiempo.

Hasta que un día, a mediodía, entró Frank Bruni.

No tiene que ser real para que funcione

Ver aparecer a Frank Bruni en lo que, por otro lado, estaba siendo un servicio de comidas soporífero disparó una combinación muy poco habitual de terror y entusiasmo: como es obvio, se había pasado a determinar si merecíamos una nueva reseña. Todos éramos demasiado supersticiosos para decirlo en voz alta, pero no podíamos ignorar una gran verdad: Bruni solo se molestaría en volver a escribir sobre nosotros para darnos cuatro estrellas.

No voy a mentir: los momentos siguientes a su llegada generaron un caos silencioso. Aunque nadie se echó a llorar ni a correr, sí hubo murmullos de pánico y personas que, de repente, igual que una liebre ante los faros de un coche, habían olvidado cómo hablar y caminar. Pese a ello, enseguida superamos los nervios. Y cuando Bruni se fue, empezamos a chocar los cinco; estábamos seguros de que había tenido una experiencia maravillosa.

No obstante, después llegó el silencio.

Cricrí. Cricrí.

Las reseñas te vuelven loco. Pasas las semanas siguientes a la visita del crítico en máxima alerta. Todo se acelera, pero tu vida se detiene. El jefe de cocina, el director general y el sumiller no se toman días libres; no puedes permitirte no estar cuando el crítico regrese.

Si bien esto siempre es estresante, se tolera porque el periodo de tiempo es limitado.

Los críticos suelen acudir tres veces en un margen de unas dos semanas. Y después recibes una llamada en la que te informan de que el periódico quiere hacer unas fotos y, para bien o para mal, todo acaba.

Lo que pasa es que el proceso de nuestra reseña duró meses.

Una vez más, igual que un equipo mediocre no puede volverse genial el día de la Super Bowl, un restaurante mediocre no puede volverse magnífico el día que el reseñador entra por la puerta. Yo siempre digo que lo que reseñan es lo que hay.

Sin embargo, cuando vas a por las cuatro estrellas buscas la perfección, así que hacíamos cuanto podíamos para hacer que su experiencia fuera perfecta, incluso cuando no estaba. Porque cada noche que Bruni no entraba en el restaurante, que fueron la mayoría aquel año, decidíamos que una mesa al azar fuera la mesa del Crítico de la Noche, y la usábamos de ensayo general.

Aquellos falsos críticos comían en nuestra mejor mesa. Les servía nuestro mejor equipo y recibían las recomendaciones sobre el vino de nuestro sumiller. Cuando llegaba el momento de cambiar la mesa para el siguiente plato, no sacábamos los cubiertos de un cajón, daba igual que se hubieran pulido meticulosamente antes del servicio; no, había una caja de cubiertos aparte donde todas las piezas habían sido comprobadas y lustradas por un encargado. Había unas copas abrillantadas dos veces en una bandeja aparte y todos los platos de esa mesa se habían sometido a un meticuloso escrutinio en busca de rayaduras y desconchones.

La cocina sacaba por duplicado todos los platos que pedía la mesa del Crítico de la Noche, como harían si tuviéramos en el comedor al crítico de verdad, para que Daniel pudiera elegir cuál de los dos tenía un nivel más alto de perfección y llevar ese a la mesa. Designamos a dos de nuestros mejores camareros para retirar los platos; eran dos porque no queríamos que el crítico viera todo el tiempo a la misma persona y empezara a sospechar que habíamos seleccionado a propósito a las personas que lo estaban sirviendo (que era, por descontado, lo que hacíamos).

No era real, pero no dejábamos ni un detalle al azar.

Pensé en ello cuando vi *El último baile*, una serie documental sobre Michael Jordan y los Chicago Bulls, el equipo al que lideró y con el que ganó seis campeonatos de la NBA. La competitividad de Jordan era legendaria, era su combustible. Si otro jugador se atrevía a insultarlo en la cancha o faltar al respeto a los Bulls en los medios, más le valía ir con cuidado. Si nadie se atrevía a hacer nada de eso, Jordan se encargaba de generar conflictos por su cuenta, inventando desprecios e interpretando choques accidentales como ataques personales. Cualquier rastro de falta de respeto, aunque fuera inventado, bastaba para motivarlo a responder. Creaba conflictos aunque no los hubiera.

La mayoría de las noches, el crítico de nuestro restaurante no era de verdad, igual que la rivalidad que Michael

Jordan creaba tampoco lo era, **pero no tiene por qué serlo para que funcione**. El truco surtió efecto.

¿El resto de los clientes del restaurante recibía un peor servicio que el falso crítico? No. De hecho, aunque te fijaras mucho, la diferencia entre aquella mesa y la de al lado habría sido completamente inapreciable; en todo caso, aquel grado de concentración nos ayudó a subir el nivel del resto de las mesas. Porque hacíamos lo del Crítico de la Noche por nosotros. Nos permitía fingir y practicar para que todo resplandeciera y todos los movimientos fueran precisos. También significó que cuando Bruni llegó, habíamos ensayado tanto que no solo no hubo ataques de pánico, sino que además estábamos preparados para servirlo al margen de la mesa en la que se sentara y del equipo que al final lo atendiera. La persona de recepción establecería contacto visual, haría un gesto de asentimiento y todo empezaría a funcionar: «Aquí está, vamos allá».

Como tardó muchísimo en volver, y gracias a que nosotros implementamos esa rutina insensata todas las noches, creo de corazón que fue ese año cuando por fin empezamos a funcionar al nivel de las cuatro estrellas. No por Frank Bruni, sino por todo lo demás.

De hecho, transcurrió casi un año entre la primera comida y la reseña. A pesar de nuestra confianza y toda esa práctica, la espera fue complicada en el aspecto emocional. Sinceramente, creo que el único motivo por el que fuimos capaces de soportar un proceso de reseña tan largo, sobre todo teniendo en cuenta nuestra desesperación en el plano económico, fue por la nueva cultura que habíamos implementado. En suma: fue bueno que aprendiéramos a ponernos la máscara de oxígeno, porque aquel año no hubo mucho margen para relajarse.

Al final me obligué a cogerme un día libre para ir a ver *De La Guarda*, un espectáculo de circo moderno que era de los más comentados en Nueva York en aquel momento. Lo más célebre de aquella pieza era el final: tras la última escena, que era preciosa, empezaba a sonar una música a todo volumen, aparecían unas cascadas de agua desde el techo, se activaban unos cañones de confeti y todo el mundo se ponía a bailar. Salías del teatro eufórico, empapado y cubierto de papelitos de colorines.

Como podrás suponer, en cuanto encendí el teléfono a la salida del teatro, me llegó un mensaje: «¡HA VENIDO!». Dejé a mi novia allí mismo y eché a correr a mi casa, me metí en la ducha, me puse un traje y llegué al restaurante en menos de treinta y cinco minutos. Corrí a la cocina, hablé con Daniel y me puse a trabajar al instante.

Tanta práctica había valido la pena. El equipo estaba impecable e iban todos a una, en varios momentos parecía incluso que algunos se divertían. Aquello era para lo que habíamos estado entrenando. Era el momento de mostrarle de lo que éramos capaces.

Cada quince minutos me escabullía a un punto ciego al lado de la cafetera con una línea de visión perfecta de su mesa para poder torturarme.

Mi diálogo interno me jugaba malísimas pasadas. Me obsesioné con cada detallito, aunque racionalmente entendía que los críticos también son humanos y tienen interacciones humanas con sus amigos. Intentaba recordarme que cuando se reía no se estaba burlando con crueldad de la comida. Que dejara un trozo de *foie-gras* en el plato no significaba que no le hubiera gustado, sino que había cenado fuera seis veces aquella semana y no quería comerse un plato de hígado de pato entero. O a lo mejor no le había gustado, sí, como todo lo demás que estábamos haciendo. Era agotador.

Pero también parecía que Bruni estaba disfrutando. Así que volvimos a esperar y a practicar y a esperar verlo entrar por la puerta.

Pasamos el resto del año y los primeros meses del siguiente sufriendo. Fue a probar el menú de otoño y el de invierno. Volvió en verano, y otra vez, y otra y otra. Por fin, la primera semana de agosto, recibimos la llamada de *The New York Times* para organizar la sesión fotográfica que acompañaría a la reseña.

En *The New York Times*, las reseñas se suben a internet la noche antes de que salga el periódico impreso, por lo que el 11 de agosto de 2009 empezamos el servicio angustiados, a la espera de la noticia.

Había un grupo en el despacho refrescando constantemente la página, pero yo estaba demasiado nervioso para quedarme allí, y decidí ir al comedor con la idea de, al menos, hacer algo útil. Aliñaba con aceite de oliva un entrante de *gnocchi di ricotta* con alcachofas al lado de una mesa cuando un cliente, uno de nuestros habituales, vio la reseña en su teléfono. Se levantó de la silla, alzó los brazos y gritó: «¡Cuatro estrellas!». Todo el comedor se puso a aplaudir.

Yo eché a correr al despacho. Daniel y la mayor parte del equipo ya lo celebraban alrededor del ordenador, leyendo la reseña con sonrisas de oreja a oreja.

El titular decía: «Un osado ascenso a la cima». Bruni había escrito una crónica de cómo habíamos pasado de las dos a las tres y finalmente a las cuatro estrellas; decía que se había ido enamorando «poco a poco, no de golpe». Describía que había sido testigo de cómo «un restaurante mejorado, excelente [...] había ido un paso más allá sin tener ninguna obligación de hacerlo».* No pude evitar reconocer que sus palabras capturaban con total precisión no solo la evolución de la experiencia del cliente, sino también la de nuestra cultura.

La reseña acabó siendo la antepenúltima que publicó como crítico de *The New York Times*. En su artículo de despedida, nos volvió a mencionar. Al escribir sobre la «magnífica magnífica comida»** que había disfrutado con nosotros, dijo: «Lo que comí en el Eleven Madison Park y lo que sentí en aquella sala enorme y gloriosa tenía un encanto de una magnitud sin igual en cualquier otro restaurante de tres estrellas».

«¡Un encanto de una magnitud sin igual!» Lo habíamos logrado. Teníamos cuatro estrellas. Y lo habíamos logrado centrándonos en la excelencia, pero sobre todo en la hospitalidad; lo habíamos logrado siendo nosotros mismos, sin complejos.

Danny llegó muy poco después, henchido de orgullo. Lo vi incluso antes de que apareciera por la puerta y corriera a darnos un enorme abrazo. Lo primero que hice fue pedir mi teléfono móvil. Llamé enseguida a mi padre para compartir con él el momento y felicitarlo por su papel en nuestro éxito. Ver a mis dos mentores felicitarse mutuamente y celebrar el acontecimiento es algo que nunca olvidaré.

La fiesta que dimos aquella noche fue la más enorme de todas las que habíamos dado. Había hablado con Dom Pérignon para que nos regalaran dos cajas si había buenas no-

* Frank Bruni, «A Daring Rise to the Top», *The New York Times*, 11 de agosto de 2009, <https://www.nytimes.com/2009/08/12/dining/reviews/12rest.html>.

** Frank Bruni, «Four Stars, More Thoughts», *The New York Times*, 12 de agosto de 2009, <https://dinersjournal.blogs.nytimes.com/2009/08/12/four-stars-more-thoughts>.

ticias; había reservado a un DJ con el mismo objetivo. Había hecho camisetas: las cuatro hojas de nuestro logo con cuatro estrellas debajo, y fue un gran placer para mí repartirlas en la fiesta. (Danny se cabreó conmigo por eso: en su opinión, era vender la piel del oso antes de cazarlo, trae mala suerte. Visto en perspectiva, creo que coincido con él, pero en el momento me pareció buena idea.)

La fiesta duró toda la noche. Y al día siguiente, cuando abrimos a mediodía, había copas de champán Riedel por todo Madison Avenue, y un mendigo del parque lucía una de nuestras camisetas con las cuatro estrellas.

Sin embargo, el comedor estaba inmaculado y listo para nuestro primer servicio de cuatro estrellas.

Durante la semana siguiente llegaron a diario botellas de champán y ramos de flores gigantescos. Todos los demás restaurantes de cuatro estrellas de Nueva York nos mandaron un regalo de bienvenida al club, y nuestros clientes habituales fueron a celebrar lo que su apoyo nos había ayudado a conseguir.

Incluso en nuestro peor momento, jugamos al ataque y funcionó. Habíamos salido de la recesión no solo vivos, sino también más fuertes.

16

Ganarse la informalidad

La reseña de cuatro estrellas lo cambió todo.

El comedor se llenaba todas las noches. El equipo caminaba un palmo por encima del suelo. No dejamos de prestar atención a los gastos, pero sí dejamos de cortar en dos el papel absorbente y los cocineros recuperaron sus gorros altos.

Con el incremento del negocio llegaron muchos retos nuevos. Teníamos que contratar y formar a unos veinticinco empleados más entre la cocina y el comedor. Incluso tuvimos que reprogramar la centralita telefónica para gestionar el aumento de llamadas.

El mayor reto fue el cambio de expectativas. Los clientes que van a un restaurante de tres estrellas lo hacían con expectativas gastronómicas muy distintas de las de aquellos que van a un establecimiento que acababa de ganar su cuarta estrella.

Algunos miembros del equipo interiorizaron ese cambio y se convencieron de que teníamos que tomarnos las cosas más en serio. Es como la primera vez que te compras un traje caro: sientes la necesidad de vestirte en consonancia con él, en lugar de recordar que es el traje lo que te hace ir bien vestido.

Estábamos emocionados con esa cuarta estrella, pero la habíamos obtenido centrándonos en crear una conexión significativa con nuestros clientes y no podíamos permitir que esa distinción erosionara lo que nos había hecho ganarla. No habíamos abandonado nuestra idea de ser el primer restaurante de cuatro estrellas de la siguiente generación. Seguíamos queriendo aportar comodidad, informalidad y cierta diversión a la restauración de lujo. El propio Bruni nos apoyaba en esto. En el *Diner's Journal* escribió: «Me percaté de que había estado recomendando el Eleven Madison a más personas y más a menudo de lo que recomendaba sus (entonces) mejores competidores de cuatro estrellas, porque era igual de exquisito en el trato, con un precio no tan alto, un código de conducta no tan rígido y un aire no tan intimidante. Vi que estaban muy comprometidos precisamente con todo eso».

Bruni reconoció que estábamos abordando la restauración de lujo con menos formalidad; con toda la excelencia, pero con menos encorsetamiento. Nuestra informalidad nos había ayudado a conseguir aquella cuarta estrella. Y aun así, la gente hacía sus reservas con meses de antelación; para muchos, aquella comida supondría una de las experiencias más caras de sus vidas. Teniendo en cuenta las expectativas y el precio, querían algo de ceremonia.

Así que nos enfrentábamos a un nudo gordiano: la característica que nos había hecho ganar la distinción (la informalidad y la cordialidad de nuestro comedor) se había convertido de repente en algo menos apropiado.

Lo cual era aún más cierto porque, además, todos parecíamos muy jóvenes. En aquel momento, la media de edad de quienes trabajaban en el comedor del EMP era de veintiséis años. Cuando nos dieron la cuarta estrella, Daniel era un hombre de treinta y dos con cara de niño; yo tenía veintinueve y aún me pedían el carnet en los bares. Esto sorprendía mucho a los clientes antes incluso de la reseña de las cuatro estrellas (y siguió haciéndolo): no se esperaban que un puñado de chavales llevara un restaurante como el EMP. Aun así, no queríamos cambiar quienes éramos, sobre todo porque un entorno excesivamente formal interferiría sin duda en la conexión que intentábamos establecer.

Denominamos al enfoque que adoptamos para combatir esto «ganarse la informalidad». Cuando empecé a salir con mi esposa, llamaba a su padre «señor Tosi»; supe que me había ganado su confianza cuando al fin me pidió que lo llamara Gino. La informalidad hay que ganársela.

De un modo similar, tuvimos que ganarnos el respeto de unos clientes preocupados por nuestra juventud subiendo el tono de la formalidad al principio de la comida. Sin embargo, a lo largo de la noche nos habíamos granjeado lo suficiente su confianza para modificar sus expectativas y así animarlos a acompañarnos en aquel viaje. Nuestro abordaje del servicio no era algo que pudiéramos hacer solos, sino que debíamos hacerlo con ellos; había que invitarlos, no obligarlos.

Estar presentes

El verano de mi primer curso en Cornell trabajé en el Tribeca Grill. Me contrataron como becario en el área de gestión, pero cuando unos cuantos camareros dejaron su empleo, acabé sirviendo mesas por primera vez en mi vida, lo que supuso una prueba de fuego en uno de los restaurantes más bulliciosos de Nueva York. No tenía ni idea de lo que hacía y era muy consciente de ello.

Mi estrategia en este tipo de situaciones siempre es ver quién lo está haciendo mejor, estudiar su forma de hacer las cosas e intentar emularla. Primero me centré en un grupo de camareros que eran como Keanu Reeves manipulando la Matrix: lo veían todo y siempre iban un paso por delante. Esos camareros sabían exactamente a quién le apetecía otra botella de vino y quién estaba a punto de pedir la cuenta; en consecuencia, servían a sus mesas con una eficiencia implacable.

No obstante, había algo que no cuadraba. Todas las noches, al calcular las propinas, veía que había otro grupo de camareros que servían a muchas menos mesas, pero cuyas cuentas eran más altas de media y obtenían más propinas. Lo voy a repetir: servían a menos personas y ganaban más dinero. Esa es la mejor forma de medir la satisfacción del cliente, así que empecé a fijarme en ese segundo grupo.

Y pronto comprendí que aquella era la primera división. En muchos aspectos, aquellos camareros eran menos excelsos que sus colegas más eficaces, sus mesas tenían que esperar más por la comida, la carta de postres y la cuenta. Sin embargo, cuando aquellos camareros menos eficientes se encontraban en las mesas, conectando con sus clientes, se sumían tanto en la interacción que creaban lazos mucho más potentes. Aunque el servicio fuera un poco menos perfecto, los clientes preferían aquella experiencia.

El primer grupo era atento, el segundo prestaba atención.

A menudo llamo «estar presente» a poner tanto cuidado en lo que haces que dejas de preocuparte por todo lo que tienes que hacer luego. El segundo grupo de camareros era la encarnación perfecta de esto. Cuando hablaban con los clientes, estaban totalmente presentes con ellos. Era su trato y no su excelencia lo que se veía recompensado.

Después de que el EMP ganara su cuarta estrella, empecé a centrarme por completo en la hospitalidad. Ya dominábamos la excelencia, había llegado el momento de apostar por las relaciones. Y así, durante todo el año siguiente, nos centramos en estar presentes. Cuando estábamos con un cliente, estábamos con ese cliente. Nos habíamos formado durante años para proporcionar la formalidad que la gente espera de un restaurante de nuestra categoría. Ahora nuestro objetivo era transmitir a esas mismas personas más calidez y conexión de la que se esperaba de un restaurante como aquel.

Nuestro negocio ya no consistía en llevar un restaurante extraordinario: ahora lo nuestro era la conexión humana.

Y, al parecer, el mundo se percató de ello. Porque una mañana, a principios de 2010, después de charlar con el equipo, me preparé un *latte* y me puse a abrir el correo. Factura, propaganda, factura, factura, factura. Un sobre llamó mi atención, y al abrirlo descubrí que el EMP había sido nominado como uno de los cincuenta mejores restaurantes del mundo en 2010.

17

Aprender a ser irracionales

Aún siento el aflujo de vergüenza y decepción que me invadió cuando anunciaron que el Eleven Madison Park había quedado el quincuagésimo, el último, en la lista de los cincuenta mejores restaurantes del mundo de 2010. La punzada en el estómago es igual de intensa hoy que aquella noche.

Pasé todo el vuelo desde Londres intentando pensar en qué palabras emplearía de vuelta en el restaurante al hablar con todo el equipo; sabíamos que estarían desolados por cómo nos había ido en los premios. Al final, empecé la reunión a la que Daniel y yo habíamos convocado a toda la plantilla con la cita favorita de mi padre: «¿Qué harías si supieras que no puedes fracasar?».

Cuando se ha sufrido un revés, el trabajo del líder es acompañar a su equipo en su proceso emocional, de la decepción a la motivación, y marcar el curso en adelante, porque todo el mundo debe estar alineado de cara a los siguientes pasos.

El restaurante estaba lleno; nuestras cuatro estrellas nos lo garantizaban, y una semana antes eso había bastado. Pero

Daniel y yo habíamos regresado de Londres con una servilleta de papel arrugada y un nuevo objetivo: queríamos ser el restaurante número uno del mundo.

«No nos gustó oír nuestro nombre en última posición; usaremos esa humillación como impulso. Por extraordinarios que sean los diez primeros restaurantes, podemos ser igual de buenos o mejores que ellos. Queremos ser el número uno.»

Suponía un riesgo tremendo plantear en voz alta aquel sueño. Cuando planteas un objetivo a tu equipo y no lo alcanzas, corres el peligro de erosionar la moral, y aquella era una marca especialmente audaz, teniendo en cuenta que caer un solo puesto sería como despeñarse de la lista. Sin embargo, el mecanismo que había detrás de aquella afirmación era otra cita, en esta ocasión de Jay-Z: «Creo que decir algo en voz alta puede hacerlo realidad».* Hay algo de lo que estoy absolutamente seguro: si no tienes valor para expresar en voz alta un objetivo, no lo alcanzarás jamás.

En la reunión, invitamos al equipo a que decidiera lograrlo con nosotros. Cuando te rodeas de gente con talento, no hay nada más potente que las decisiones colectivas. Si aquel grupo electrizante decidía lograr un objetivo, entonces, por complicado o elevado que fuera, lo conseguiríamos.

No nos sorprendió que decidieran embarcarse con nosotros. No tendríamos que malgastar ni un minuto más decidiendo. Ahora, se trataba de hacerlo.

* Jay-Z, *Decoded*, Nueva York, One World, 2010.

Racional o irracional

Cuando garabateé las palabras «hospitalidad irracional» en aquella servilleta no tenía ni idea de cómo poner en práctica esas palabras. Sin embargo, no necesitábamos saber qué significaba exactamente aquella idea para empezar a perseguirla; a menudo, lo único que necesitas es un concepto al que aspirar. Si te esfuerzas y pruebas distintas cosas, la idea empieza a definirse por sí sola.

El experto en ciencia del comportamiento Rory Sutherland dice que lo contrario de una buena idea debería ser también una buena idea. Por eso era tan cautivadora la idea de la hospitalidad irracional. Lo contrario de eso no era maltratar a la gente, sino la hospitalidad racional, una forma perfecta de hacer negocio. Sin embargo, no sería la racionalidad lo que nos llevaría a ser el restaurante número uno del mundo.

Así que empezamos a cambiar nuestra manera de enfocar la hostelería y en especial el trato al cliente de forma radical. Sobre todo porque aquellas palabras que había garabateado, «hospitalidad irracional», hicieron nacer una idea que sería completamente fundamental para todo lo que vino después, que era proporcionar un tipo de bienvenida que hiciera que nuestros clientes sintieran que estábamos haciendo las cosas de un modo distinto.

Ya habíamos mejorado la experiencia del cliente y muchos de los detalles lujosos: las mantelerías de tono crema, las cubiertas de cuero grueso de la carta de vinos, el peso de la cubertería; todo estaba diseñado para transmitir excelencia. Intentábamos crear otra clase de restaurante de cuatro estrellas en el que hubiéramos previsto y prestado atención a todos los elementos relacionados con la comodidad, en el que uno se sintiera a gusto de verdad. Y ahí es donde yo sentía que podía dejar mi impronta. Los aspectos que nos hacían excelentes eran esenciales: la atención al detalle, la técnica excelente y el brillo. Aun así, quería que los matices que definieran nuestro trato fueran irracionales.

En el auditorio, mientras esperábamos a que empezara la ceremonia de los premios a los cincuenta mejores restaurantes, era consciente de que todos los presentes, incluidos Daniel y yo, estábamos entregados a una persecución insensata de la excelencia. No obstante, para casi todos, el centro de aquella persecución irracional era lo que poníamos en el plato. Era la misma historia de siempre: la magia sucedía en la cocina y el comedor estaba al servicio de esa magia.

Un plato por el que éramos conocidos era un filete de rodaballo cubierto meticulosamente con rodajas de calabacín finas como el papel dispuestas de tal forma que imitaban las escamas del pescado. A continuación, el pescado se envasaba al vacío con aceite de oliva y hierbas aromáticas, se cocinaba en la *sous vide* a 54,2 °C exactos y se servía sobre un caldo de azafrán con una flor de calabacín rellena y frita.

Cada uno de los elementos de aquel plato eran resultado de semanas de investigación, desarrollo y pruebas; cada una de las partes requirió horas de preparación y ejecución. Y todo por dos bocados, puede que tres minutos en la vida del cliente.

No era racional, pero sí magnífico. Ya había visto el impacto que había tenido nuestra atención al refinamiento en el EMP, y me preguntaba: ¿qué pasaría si abordáramos la hospitalidad con la misma irracionalidad que dedicamos a la preparación de los platos?

La hospitalidad no es una transacción

Hablábamos a menudo de la burbuja que intentábamos crear en torno a cada mesa.

Si la comida se servía en los tiempos correctos, la iluminación y la música eran las adecuadas y nuestro servicio era tan exhaustivo y poco intrusivo que siempre estábamos donde los clientes querían y nunca donde no, se formaba una burbuja en torno a cada mesa. Los clientes no se distraían con quienes los rodeaban; estaban centrados en su experiencia. El tiempo se detenía.

En cambio, si la comida se retrasaba, a alguien se le caía una bandeja con cristalería, o había un ordenador imprimiendo a pocos metros de una mesa, la burbuja se pinchaba y el hechizo se rompía.

Habíamos trabajado mucho para que nuestro servicio fuera impecable, de forma que el ritmo de la comida fuera perfecto y a nadie se le cayera una bandeja. Sin embargo, mientras la impresora siguiera en el comedor, la burbuja se rompería sin cesar, y era un recordatorio constante de que los clientes estaban en nuestro negocio y no en sus hogares.

Hice una auditoría para eliminar del comedor cualquier elemento que oliera a transacción. Empezamos haciendo desaparecer los terminales Micros, los ordenadores que se usan en los restaurantes para tomar nota de los pedidos e imprimir las cuentas en el comedor. Esto fue relativamente fácil, aunque tuvimos que crear una sala al lado de la cocina, para guardarlos junto con los cubiertos, la cristalería y el resto de las cosas que usábamos para el servicio.

Con todo, donde vi la mayor oportunidad para poner a prueba la hospitalidad irracional fue en la puerta principal, donde recibíamos a nuestros clientes.

Por lo general, cuando entras en un restaurante te acercas al *maître*, que está de pie tras un atril, bañado en la horrenda luz que desprende la pantalla de un iPad, y dices: «Hola, tengo una reserva para hoy» y das tu nombre. Esa persona baja la mirada y trastea un poco en la pantalla. Entonces el *maître* se vuelve hacia un camarero y le indica: «Llévalos a la mesa 23». Esa interacción es totalmente transaccional: la pantalla, el hecho de que te lleven por el restaurante como si fueras mercancía, el número de mesa.

Quizá me esté poniendo un poco intenso. Sin duda hay muchos restaurantes excelentes que gestionan este intercambio con elegancia, calidez y amabilidad. Aun así, mientras el *maître* esté detrás de un atril, una barrera física que lo separe de las personas a quienes esté recibiendo, el trato en ese momento no podrá ser sino racional. Compáralo con lo que sucede cuando vas a casa de unos amigos a cenar. Te abren la puerta, te miran a los ojos y te saludan por tu nombre.

Yo vi ahí una oportunidad.

Al principio, cuando me senté con los encargados de la relación con el cliente y les dije que íbamos a quitar el atril del EMP, se mostraron algo escépticos. Pero si explicas el porqué junto con el qué, te sorprenderá cuántas ideas imposibles puede hacer realidad tu equipo.

Al poco tiempo, cuando nuestros clientes entraban por la puerta, en lugar de tener que acercarse a alguien que mira una pantalla, se los recibía por su nombre: «Buenas noches, señora Sun, y bienvenidos al Eleven Madison Park». Nunca me cansaba de ver la reacción en el rostro de la gente cuando lo vivían por primera vez.

Todas las noches, el *maître* cogía la lista de reservas y buscaba en Google los nombres para crear una lista con fotografías de cada mesa. Si había una sola foto tuya en internet, la encontrábamos, y si te seguías pareciendo remotamente a la persona de la foto, te saludábamos por tu nombre. Después de sentar a las reservas de las siete y media, el *maître* empezaba a estudiar la lista de las reservas de las ocho.

Seamos francos: seguía habiendo un atril, lo que pasaba era que estaba en un rincón, algo más allá de la entrada, de modo que el cliente no lo veía hasta que ya estaba dentro. Detrás del atril aguardaba el «ancla», otro empleado a quien el comedor informaba de si la mesa ya estaba lista. El ancla se comunicaba mediante signos con el *maître*, que charlaba contigo como si tal cosa a la espera de instrucciones; si se lanzaba la señal de que la mesa estaba preparada, aparecía otro camarero más, que te acompañaba al comedor. Si no lo estaba, el ancla hacía otra señal y el *maître* te llevaba al bar para invitarte a una copa mientras esperabas.

Aunque nada de esto es muy complicado, requiere la voluntad de hacer lo necesario para que funcione. Lo que sí parecía magia (al menos para nosotros, por lo difícil que era ejecutarlo) era que el *maître* que te daba la bienvenida fuera la misma persona que había confirmado tu reserva dos días antes.

En la mayoría de los restaurantes, quien confirma las reservas es alguien que está en un despacho y que ya se ha ido a su casa cuando llegan los clientes. En nuestro caso, en cambio, era el *maître* quien lo hacía, para poder empezar a construir la relación antes incluso de que los clientes pusieran un pie en el restaurante. Así, podía decir: «Señora Sun, soy Justin; hablamos por teléfono el otro día. Nos hace mucha ilusión tenerla con nosotros esta noche».

Entrar en un restaurante de lujo como el EMP puede resultar intimidante, pero que nada más llegar te salude alguien con quien has hablado por teléfono dos días antes hacía que lo fuera mucho menos. Y como el objetivo real de aquellas llamadas de confirmación era saber algo más de los clientes antes de que llegaran y preguntar si iban a celebrar algo especial, Justin también podía decir: «¡Feliz cumpleaños! Y gracias por venir a celebrarlo con nosotros».

Como es obvio, eliminar el atril sumó algunos pasos al servicio. Y aparte de las búsquedas en Google y toda la comunicación no verbal, necesitamos que un estratega diseñara el horario para asegurarse de que el *maître* que confirmaba la reserva fuera quien trabajaría la noche que esa persona acudiría. Para muchas empresas, esos pasos adicionales habrían sido un buen motivo para prescindir de las florituras. Sin embargo, yo tenía clavado en el cerebro un eslogan antiguo de la empresa de alquiler de coches Avis: «Nos esforzamos más».

No tengo ni idea de si aquel anuncio era un reflejo real de la cultura de la empresa o una idea de algún genio de Madison Avenue para diferenciarla de las demás empresas de alquiler de coches, idénticas entre sí; el caso era que no dejaba de pensar en él. ¿Acaso no es eso lo que diferencia lo bueno de lo magnífico? Sentirte tan comprometido con una idea que estás dispuesto a esforzarte más, a llegar a extremos irracionales con tal de hacerla realidad.

Eliminar en el mismo comienzo de la velada la sensación de estar llevando a cabo una transacción transformó de tal modo la experiencia que quise ir un paso más allá y eliminarla también del final. Si ahora dábamos una bienvenida más cálida que nunca, quería que nuestra despedida fuera igual de personal.

—Quiero que el guardarropa funcione sin números —le dije a JP Pullos, que dirigía nuestro equipo de recepción en aquel momento.

—Vale. ¿Cómo?

—¡Ni idea! Pero seguro que se te ocurre algo brillante —le dije. Un líder no tiene que conocer los detalles de todos los planes cuando cree en la gente que trabaja para él.

JP tuvo una idea y fue, en efecto, brillante. Reorganizó el guardarropa para ordenar los abrigos por número de mesa y añadió un pequeño mostrador al lado de la puerta.

Durante el servicio había una persona que pasaba regularmente por el comedor y tomaba nota de en qué punto de la velada se encontraba cada mesa para planificar dónde se sentaría el siguiente grupo que llegara con reserva. Con nuestro nuevo sistema, cuando esa persona veía que una mesa pedía la cuenta, mandaba a alguien al guardarropa para que trasladara sus abrigos al pequeño mostrador. Cuando la mesa acababa de pagar y se dirigía a la salida del restaurante, ahí estábamos nosotros, en la puerta con los abrigos.

Nadie hacía esto entonces y muy pocos restaurantes lo hacen hoy en día. Y es una lástima, porque era uno de mis momentos favoritos de la noche. Veías a los clientes rebuscando en los bolsillos y los bolsos mientras se dirigían a la puerta en busca de los tiques del guardarropa: «¿Dónde lo habré metido?». Y entonces alzaban la vista y reconocían sus cosas. Era maravilloso hacer un truco de magia al final y volver a fascinar a los clientes una última vez; nunca me cansé de verlo.

La hospitalidad es un diálogo, no un monólogo

Es imposible reservar en el Rao's.

El Rao's, que abrió en 1896 y sirve comida casera italoamericana en Harlem, es una institución en Nueva York. Y cuando digo que es imposible reservar allí, es literal: no aceptan reservas. Un pequeño y selecto grupo de personas son «propietarios» de las mesas y no puedes comer en ellas a menos que alguna te invite.

Después de años preguntando a todos mis conocidos, finalmente logré hacerme con una invitación. La comida era increíble (sus albóndigas son unas de las mejores que he comido jamás). Y aunque la experiencia distaba mucho de la que intentábamos ofrecer nosotros, me impresionó mucho.

En el Rao's no hay carta; en lugar de eso, un tipo llamado Nicky the Vest acercó un taburete alto a nuestra mesa, se sentó y nos dijo qué podíamos pedir. No nos habló de las opciones de pasta hasta que elegimos los entrantes, ni de la carne hasta que hubimos elegido la pasta. En realidad, aquello fue una conversación, o al menos esa fue mi sensación, aunque por algún motivo acabamos comiendo lo que Nicky pensaba que debíamos comer.

Me encantó. Fue como ir a cenar a casa de la abuela, y eso me convenció de que debíamos deshacernos de nuestras cartas.

Después de que se me pasara el efecto del vino que tomé aquella noche, comprendí que aún no estábamos preparados para algo tan radical. (Más adelante, sí.) Aun así, me gustó la idea de que pedir la comida pudiera convertirse en una conversación entre el restaurante y el cliente. Danny Meyer dice que la hospitalidad es un diálogo, no un monólogo. Y aunque lo dice metafóricamente, yo quería que ese diálogo fuera literal.

Durante años, ofrecimos tanto un menú cerrado como un menú degustación del chef. El menú cerrado permitía a los clientes elegir, mientras que el menú degustación a nosotros nos permitía sorprenderlos.

Yo quería algo menos binario. El menú degustación es inesperado y avanza a su propio ritmo, lo cual tiene su encanto, pero también es algo dirigido, lo que convierte la cena en un monólogo por parte de la cocina: «Esto es lo que cenarán hoy».

Como ya habrás deducido a estas alturas, a mí me gusta tener el control de las cosas. Eso es especialmente cierto si hablamos de comer, porque soy un poco quisquilloso con la comida: no me gusta el pescado que sabe mucho a pescado ni la casquería. Y como persona que ama la gastronomía, me gusta elegir no solo lo que no quiero comer en un momento dado, sino también lo que me apetece.

Se nos ocurrió una nueva idea de carta que aunaba lo mejor de ambas opciones. En un menú normal, todos los platos figuran en su totalidad: la ternera se sirve con puré de patatas y setas. Tú eliges una cosa concreta y eso es lo que pides. Por otro lado, en muchos menús degustación no hay menú en sí: descubres lo que comerás cuando te ponen el plato en la mesa.

Lo bonito de lo primero es el control, lo bonito de lo segundo es la sorpresa. Nuestro nuevo menú aunaba esos dos elementos.

Decidimos elaborar un menú donde solo figurase el ingrediente principal; por ejemplo, un día podías elegir entre un entrante de ternera, pato, langosta o coliflor. Tú controlabas cuál de esos alimentos pedías, pero disfrutabas de la sorpresa de descubrir cómo se preparaba y se servía al recibir el plato.

A Daniel le encantaba el nuevo formato de menú porque le daba flexibilidad: si un proveedor lo sorprendía con unas pocas cajas de una acedera maravillosa o una variedad especial de temporada de judías verdes, las podía incorporar sin necesidad de reimprimir cien menús. A mí me encantaba porque forzaba una conversación. Como escribió Oliver Strand en su artículo sobre el cambio de menú publicado en *The New York Times* con el acertado título de «En el Eleven Madison Park arreglan cosas que no estaban averiadas»:* «El menú es casi una abstracción. En lugar de seducirte con atractivas descripciones, se convierte en un motivo, o una provocación, para hablar con tu camarero sobre lo que te apetece».

Unos meses después de lanzar el nuevo menú, fui a comer al Momofuku Ssäm Bar, que me animó a llevar aún más lejos la idea del diálogo y la capacidad de elección. En la esquina inferior derecha de la carta del Ssäm Bar había un recuadro pequeño que decía: «No se hacen sustituciones ni se atienden peticiones especiales. No servimos platos vegetarianos».

Un momento, ¿qué? Admiro sin fisuras el trabajo de los cocineros, y sé que algunas sustituciones destruyen la integridad de un plato. Pero desde la perspectiva de la hospitalidad, esa afirmación tan general (no se adapta, por ningún

* Oliver Strand, «At Eleven Madison Park, Fixing What Isn't Broke», *The New York Times*, 7 de septiembre de 2010, <https://www.nytimes.com/2010/09/08/dining/08humm.html>.

motivo) era sorprendente e iba en contra de mis creencias. (Hay que decir que han pasado algunos años y ahora el propietario de Momofuku es más flexible y uno de los chefs más hospitalarios que conozco.)

Sin embargo, esa noche no podía apartar la vista del recuadro y acabé escribiendo al respecto en mi diario después, mientras tomaba mi habitual copa de vino tinto. ¿Cómo puede un restaurante decirle a alguien que no quiere carne que va a tener que comérsela si quiere cenar allí? Lo que estábamos haciendo con el nuevo formato de menú era genial en cuanto a lo que querían los clientes, pero ¿nos estábamos esforzando lo suficiente para darles pie a decir lo que no querían?

En ese momento, como en todos los restaurantes, preguntábamos a los clientes al principio de la comida si alguien tenía alguna alergia. Está claro que no matar a tus clientes es lo mínimo, pero ¿seguro que no podíamos hacer nada más? ¿Y si también les preguntábamos si había algún ingrediente que no les gustaba? ¿O si había algo que no les apetecía comer aquella noche? Eso sí que era un diálogo en condiciones.

Me costó un poco convencer de esto a Daniel y a la brigada de cocina, porque la mayor parte del trabajo recaería en ellos en forma de variaciones sin fin sobre platos que habían perfeccionado. Si el pollo se servía con espárragos y colmenillas, pero al cliente no le gustaban las setas, la cocina debía tener a mano una alternativa igual de deliciosa como guarnición, por si acaso. Era la irracionalidad misma. Aun así, Daniel entendió que la idea sería muy revolucionaria si conseguíamos hacerla realidad. (También jugué la carta de «Es importante para mí».)

Decidimos probarlo. Y estuvo a punto de no funcionar.

Un par de semanas después de empezar a preguntar a los clientes sobre sus preferencias, ni una sola mesa nos mencionó ningún ingrediente que no les gustara. Tardé un poco en averiguar el porqué.

Y, por cierto, un jefe no tiene mejor manera de averiguar por qué una idea no funciona, o cómo podría hacerlo mejor, que ponerse en la piel de las personas encargadas de implementarla. Esto es una buena práctica en general. Si eres el CEO de una cadena hotelera, trabaja en la recepción de tus hoteles un par de veces al año; si diriges una aerolínea, cubre un turno en el mostrador de facturación o sirve las bebidas y los *pretzels* en la clase turista. Sin ceremonia, solo trabaja allí. Apuesto a que te sorprenderá lo mucho que aprendes; a mí me pasaba siempre.

Mis habilidades como camarero estaban algo oxidadas y la gente que me acompañaba tuvo que esforzarse un poco más que si el equipo lo hubiera dirigido un jefe de sección competente. No obstante, me bastó servir unas pocas mesas para ver dónde radicaba el problema.

En aquel momento, Andrew Zimmern y Anthony Bourdain salían a todas horas en la televisión comiendo corazones palpitantes de cobras, fetos de pato de huevos no eclosionados y sopas hechas con larvas de gusano de seda. Todos los menús de alta cocina incluían ingredientes (¡achicoria de Treviso!, ¡'nduja!, ¡cardo!) lo bastante raros para que hasta el cliente más curtido tuviera que consultar disimuladamente en Google.

Si eras alguien interesado en la gastronomía, algo que compartían la mayoría de nuestros clientes, la moda era comer de todo de forma indiscriminada. Se consideraba una horterada reconocer que la textura de la berenjena o el caviar te daba asco o que odiabas la remolacha porque tu madre siempre te la ponía de lata, que es gelatinosa. Y si no te atrevías a confesar esto ni a tus seres más queridos, era obvio que tampoco ibas a salir del armario frente al camarero de un restaurante de cuatro estrellas.

Así que la siguiente vez que formulé la pregunta, enuncié en voz alta mi propia confesión (que era auténtica): les dije a los clientes mi opinión sincera sobre los erizos de mar, un ingrediente escaso y difícil de conseguir. Es una *delicatessen* que muchos comensales sofisticados adoran, cremoso y decadente, que vuelve locos a los chefs. Y que a mí me produce náuseas solo evocarlo.

Como era de prever, en cuanto yo me destapé, el tipo de la silla dos dijo: «Pues la verdad es que a mí las ostras no me entusiasman». Y su esposa añadió: «Sí, yo odio el apio».

Tuve que mostrar mi vulnerabilidad para que las personas a quienes servía me permitieran ver las suyas. ¿Decir que no te gusta un ingrediente es una muestra de vulnerabilidad? Yo creo que sí, y cuanto más sincero seas, con más probabilidad los demás también lo serán contigo.

Fue entonces cuando consideré un éxito el nuevo formato de menú. Convertimos lo que había sido una conversación unidireccional en un intercambio real.

Trata a todo el mundo como a un vip

Sesiones de gimnasio con un entrenador personal de famosos. Una estancia de tres noches en un faro en la costa de Suecia. Un tratamiento de veinticinco mil dólares con un dermatólogo de Park Avenue. Cremas faciales de lujo gratis para toda la vida. Un collar de gato con cristales tallados de Tiffany. Alquiler gratuito de un coche Audi durante todo un año. Una ruta a pie de diez días por Japón.

No éramos los primeros en ser irracionales en nuestro enfoque de la hospitalidad, pero esos servicios extraordinarios siempre quedaban restringidos a un grupo selecto: famosos, políticos, millonarios y élites. Piensa en las bolsas llenas de obsequios exorbitados que reciben todos los años los nominados a los Óscar. (Lo anterior es una lista ínfima.)

Para nosotros, la hospitalidad irracional implicaba tener gestos meditados y de perfil alto con todos y cada uno de nuestros clientes.

El primer paso para equilibrar el terreno de juego fue el rediseño del *tour* por la cocina. Muchos restaurantes de lujo tienen mesas del chef, pero a mí siempre me había molestado que solo una mesa por noche pudiera vivir la cena desde esa posición; incluso en el EMP, las visitas a la cocina siempre habían quedado reservadas para los clientes vip. Pero si creíamos en la idea de la hospitalidad irracional en su conjunto, teníamos que lograr que los elementos más generosos de la experiencia estuvieran a disposición de todo el mundo.

Creamos un espacio en nuestra cocina con una buena vista de los treinta cocineros excelsamente formados que trabajaban con un grado de concentración muy preciso y casi en silencio en nuestra enorme e inmaculada cocina, y pusimos una mesa del chef en ese punto. Sin embargo, nuestra mesa del chef no tenía sillas: los clientes permanecían de pie mientras disfrutaban de un solo plato.

Y como solo era uno, podíamos ofrecer esa experiencia especial a muchas personas, a cualquiera que tuviera interés en probarla. (El plato en cuestión era neutro, nunca un postre, de modo que podía hacerse en cualquier fase del menú; el primero que creamos era un cóctel de nitrógeno líquido.) Incluso contratamos a una persona cuyo único cometido era encargarse de esos *tours*. No todo el mundo quería ver la cocina; algunas personas habían ido al restaurante a negociar un contrato, a mirarse apasionadamente a los ojos o a comer sin más, y el equipo estaba lo bastante sintonizado para no molestarlos. Pero todos los demás, ya fueran Jay-Z y Beyoncé o una pareja que había ahorrado para ir por primera vez a un restaurante de cuatro estrellas, podían vivir esa experiencia.

¿Qué solución nos proporciona la hospitalidad?

Al final de la comida siempre hay un momento delicado desde el punto de vista de la hospitalidad. En primer lugar, toca pagar, que nunca es divertido. La cruda realidad de los números de la cuenta puede ser un jarro de agua fría para el ambiente mágico construido a lo largo de la noche.

Y es complicado acertar con los tiempos. Hay clientes que cuando ya están listos para irse, lo están. La gente se impacienta (¡yo mismo!) cuando el proceso de pedir la cuenta, pagar y salir se dilata demasiado. Pero, al mismo tiempo, no puedes llevar la cuenta antes de que el cliente la pida, porque eso transmite el mensaje de que le estás atosigando para que se vaya.

En el EMP empleamos la hospitalidad para solucionar esos dos posibles problemas. No esperábamos a que el cliente pidiera la cuenta. En lugar de eso, al acabar la comida, la llevábamos a la mesa y la dejábamos al lado de una botella de coñac sin abrir.

Servíamos a todo el mundo un trago y la dejábamos allí: «Por favor, tomen las copas que les apetezcan, invita la casa. Y cuando quieran, aquí tienen la cuenta».

A la gente esto le encantaba. Poder servirse les parecía un lujo y les sorprendía después de tres horas de comida durante la cual no habían tenido que mover un dedo, y eso era lo que yo quería reproducir: ese momento, al final de una cena, cuando un cliente se inclina, agarra la botella de vino casi vacía que ha quedado sobre la mesa y rellena todas las copas.

Y lo que es más importante: nadie que acaba de recibir una botella entera de alcohol gratis siente que lo están echando de allí. Y al mismo tiempo, la cuenta ya estaba sobre la mesa para cuando quisieran pagarla. Ya no teníamos que «llevar la cuenta» a ningún cliente y ellos tampoco tenían que pedirla.

Era una solución basada en la hospitalidad: un problema que no se solventó socavando el servicio que ofrecíamos, sino yendo en la dirección contraria; dando más, no menos.

Con mucha frecuencia, al enfrentarnos a problemas complicados en nuestros negocios, optamos por lo ya conocido: esforzarnos más, ser más eficientes, ahorrar. Sobre todo cuando son problemas irritantes que repercuten en el balance final o que persisten porque nuestra organización se sustenta en humanos con toda su genialidad y falibilidad.

Pero imagina que, en vez de recurrir a una de esas opciones, te preguntas: ¿qué solución nos proporciona la hospitalidad? ¿Y si te obligas a usar la creatividad, a desarrollar una solución que funcione gracias a (y no a pesar de) tu compromiso con la generosidad y el servicio extraordinario?

Son las más complicadas de ejecutar, y llegar a ellas suele suponer un reto para la creatividad. Aun así, casi siempre son eficaces. Si un bache al final de una comida puede arruinar toda la simpatía que el restaurante se ha ganado durante las tres horas anteriores, un bonito gesto de generosidad en ese momento puede tener el efecto contrario. (Y esto vale para cualquier ámbito del sector servicios.)

Y aunque dejar una botella sin abrir de alcohol caro en todas las mesas parecía un gesto irracional y extravagante, en realidad era eficiente en cuanto a costes. Tras una comida elaborada de muchos platos (y generalmente regados con mucho vino), a pocas personas les apetecía tomar más de un trago de coñac. Sin embargo, la sensación de abundancia prevalecía.

18

Improvisar la hospitalidad

Una tarde estaba retirando los entrantes a un grupo de cuatro europeos que iban directos al aeropuerto después de comer.

Un breve inciso: no hay nada más halagador que un cliente entre en el restaurante con maletas. Significa que te han elegido para disfrutar de su primera o de su última comida en Nueva York, para que seas su primer o último recuerdo de la ciudad. Es un cumplido enorme y una responsabilidad que yo no me tomo a la ligera.

Otro inciso: yo recogía muchas mesas cuando era director general. En ese momento no tenía sentido que yo tomara comandas: los jefes de sección y los sumilleres estaban mucho más cualificados para presentar los platos a los clientes y ofrecer sugerencias en cuanto a los vinos. Que limpiara mesas demostraba al equipo mi disposición para echar una mano y me permitía estar en contacto con las mesas sin tener que preocuparme por que me hicieran una pregunta cuya respuesta desconocía.

El caso es que recogía aquella mesa cuando oí que los cuatro clientes comentaban las aventuras gastronómicas que habían vivido en Nueva York: «¡Hemos ido a todas partes!

Al Daniel, al Per Se, al Momofuku, y ahora, el Eleven Madison Park. Lo único que no hemos hecho ha sido comernos un perrito caliente en la calle».

Si hubieras estado aquel día en el comedor, habrías visto aparecer una bombilla sobre mi cabeza, como en los dibujos animados. Solté los platos sucios en la cocina y corrí a comprar un perrito caliente a Abraham, que regentaba el carrito de Sabrett de la esquina.

Y entonces llegó lo difícil: llevé el perrito a la cocina y le pedí a Daniel que lo emplatara.

Me miró como si me hubiera vuelto loco. Yo siempre intentaba ir un paso más allá, pero ¿servir lo que los neoyorquinos llaman un «perrito de agua sucia» en un restaurante de cuatro estrellas? Yo insistí y le pedí que confiara en mí (le dije que era importante para mí), y al final accedió a cortar el perrito en cuatro trozos perfectos y añadió un chorro de mostaza, uno de kétchup y unas *quenelles* perfectas de chucrut y salsa de pepinillos en cada porción.

Antes de llevarles su último plato salado, confesé a los clientes que había oído su comentario sin querer: «Estamos encantados de que nos hayan elegido para celebrar su última comida en Nueva York, pero no quiero que vuelvan a su casa arrepentidos por haberse perdido algo de nuestra gastronomía», les dije mientras los camareros dejaban sobre la mesa los trozos de perrito caliente artísticamente emplatados.

Los clientes enloquecieron.

A aquellas alturas de mi carrera, había invitado a miles de platos y me había gastado muchos, muchos (pero muchos) miles de dólares en comida, y aun así puedo afirmar sin miedo a equivocarme que nadie jamás había reaccionado como lo hizo aquella mesa con aquel perrito caliente. De hecho, antes de irse, todos me dijeron que había sido el mejor momento, no solo de la comida, sino de su viaje a Nueva York. Iban a contar aquella anécdota el resto de sus vidas.

Cuando un atleta tiene un mal día, revisa las grabaciones para ver qué puede cambiar. No suelen ver grabaciones de cuando lo han hecho bien; sin embargo, es así como celebras y abrazas el buen trabajo. Por eso empecé a mencionar el perrito caliente en los *briefings* con el equipo: ¿por qué había sido tan bueno aquel obsequio? ¿Y qué podíamos sistematizar de él?

Persigue la leyenda

Uno de los mejores clientes habituales del Spago almorzaba allí cinco veces por semana. Era un hombre corpulento, y las sillas de aquel restaurante resultaban incómodas para alguien de su envergadura. Así que cuando abrieron un nuevo Spago en Beverly Hills, Barbara Lazaroff, esposa de Wolfgang Puck en aquel entonces y una fuerza creativa enorme en la empresa, pidió a la mujer de aquel cliente habitual que fotografiara y midiera en secreto la que fuera su silla en casa. Después pidió a un fabricante de muebles que hiciera una réplica y la tapizó con los colores de la cadena.

El gesto me impresionó, y no solo porque fuera yo el encargado de llevar aquella enorme silla a medida desde el fondo del restaurante hasta la mesa del cliente habitual todas las mañanas del verano que trabajé allí. Aunque entonces no usaba estos términos, ahora sí que puedo decir que me encantó el gesto porque era irracional. Aún me impresiona imaginar la cara que debió de poner el cliente la primera vez que vio su silla.

Tener un mueble a medida para un cliente habitual va mucho más allá de lo que se entiende por servicio, es un acto extremo de amabilidad, inclusión y generosidad. Pero aún más importante es que es una muestra extraordinaria de hospitalidad: lo mismo por lo que el perrito caliente fue un éxito.

Es divertido oír tocar a un grupo las canciones que te encantan, pero es aún más maravilloso cuando empiezan a improvisar y sabes que solo quienes estáis en esa sala esa noche oiréis esa versión en concreto. (Es el motivo por el que los fans de Grateful Dead intercambian grabaciones piratas de sus conciertos favoritos de la gira Red Rocks: porque no hay dos iguales.)

Y yo quería improvisar con los clientes de uno en uno. Todas las personas que acudían a nuestro restaurante una noche cualquiera compartían una experiencia única, pero ¿y si todas las personas del restaurante pudieran vivir su propia experiencia única? Con el nuevo menú habíamos regalado a nuestros clientes la posibilidad de elegir. Ahora quería regalar a la mayor cantidad posible de ellos algo placentero: la sorpresa que conlleva sentir que los demás te miran y te escuchan.

La silla del Spago, que seguramente costó a Barbara unos pocos miles de dólares, me inspiró, pero no era algo ampliable; no podíamos hacer algo así para todas las personas que fueran a nuestro restaurante, ni siquiera para unas pocas. Pese a ello, el perrito caliente demostraba que no teníamos que llamar a un fabricante de muebles para que alguien alucinara. Lo único que debíamos hacer era prestar atención.

Durante el siguiente mes aproximadamente, empezamos a jugar con diferentes formas de generar esos momentos mágicos. Cuando una mesa dedicaba gran parte de su comida a hablar de una película que les gustaba mucho y que habían olvidado, les llevábamos el DVD (¿los recuerdas?) junto con la cuenta. Si una pareja que estaba celebrando su aniversario mencionaba que iba a pasar la noche en un hotel cercano, nos asegurábamos de que al llegar los estuviera esperando una botella de champán junto con una nota escrita a mano dándoles las gracias por confiar en nosotros en un día tan especial.

Un grupo de cuatro padres que debatía sobre la ética del Ratoncito Pérez se encontraron con una moneda de veinticinco centavos bajo la servilleta doblada cada vez que uno de ellos regresaba del baño. Cuando una persona nos dijo que le encantaban los Manhattan, rematamos su comida con unas variaciones de ese cóctel: el Perfect Manhattan, llamado así no solo porque mejora el original, sino porque usa la misma cantidad de vermut dulce y seco; el Brooklyn, hecho con el aperitivo francés Amer Picon, y el Distrito Federal, en el que se sustituye el *bourbon* por tequila añejo.

Como resultado de aquellos gestos, estábamos logrando una gran aceptación entre los clientes, y el equipo se entusiasmaba pensando en trucos cada vez más geniales para ponerlos en práctica. Habíamos dado con la clave de algo importante y ahora queríamos hacerlo a todas horas. El único problema no era menor: nos faltaba personal. En un restaurante lleno, no hay un grupo de empleados en la parte de atrás rascándose la nariz a la espera de tener un recado que hacer y, desde luego, no podíamos poner en peligro nuestro servicio impecable por el que éramos conocidos prescindiendo de personas necesarias.

Si íbamos a ir a fondo con aquello, teníamos que crear un puesto *ad hoc*.

Christine McGrath trabajaba en recepción y reservas y tenía una caligrafía preciosa. Como las notas escritas a mano eran una pieza importante de lo que hacíamos en esa primera época, ya solíamos apartarla de sus obligaciones a menudo. Era la persona obvia para asumir ese cargo a tiempo completo. Contratamos a otra para la recepción y liberarla a ella y, sin más, empezamos a disponer de una encargada de ejecutar nuestras ideas: la primera Dreamweaver ('Tejedora de sueños') oficial del Eleven Madison Park.

Elegimos ese nombre por la canción homónima de Gary Wright, que siempre ha ocupado un lugar especial en mi corazón por ser la que sonaba la primera vez que besé a una chica. (Ahora vas a tener que ir a escucharla, lo siento.)

Como es obvio, contar con Christine nos permitía generar más y mejores momentos de ese tipo. Mientras tanto, yo seguía planteándome qué más podíamos hacer. Hasta que, una noche que fui a cenar a la pizzería Marta de Danny Meyer, nuestra camarera, una mujer llamada Emily Parkinson, me confesó que le hacía una ilusión tremenda servir nuestra mesa porque se había hecho fan de nuestro trabajo después de ir a comer sola un día al Eleven Madison Park.

Luego nos dijo que había pintado lo que había comido.

Al principio pensé que no la había entendido. Pero, igual que mucha gente fotografía lo que come, Emily lo pintaba. De hecho, hacía bocetos a lápiz de cada plato en el propio restaurante y más tarde acababa los dibujos con acuarela.

Fascinado, le pedí que me mandara fotos, y la mañana siguiente sus ilustraciones estaban en mi buzón de correo electrónico. (Si quieres verlas, *Grub Street* publicó un artículo sobre Emily con los dibujos de su comida en el EMP.) Apenas había abierto el correo cuando agarré el teléfono para llamar a Terry Coughlin, el jefe de Marta: «Puedes decirme que no sin rodeos, pero estoy trabajando en algo fantástico y quiero pedirle a Emily que me ayude...».

El talento artístico de Emily cargó de energía el programa. Se sumaba a cualquier idea loca que le propusieras. ¿Un retrato en acuarela de su casa en el campo para una pareja que se iba de Nueva York a formar una familia? Hecho. ¿Un decantador de vino de casi un metro de altura en forma de AT-AT para un superfán de *Star Wars* que también era un obseso del vino? Sin problema. Y la ejecución impecable de aquellas ideas hizo que el equipo se volviera a su vez más ambicioso.

Al cabo de poco, teníamos varios Dreamweavers en nómina, trabajando en su propio estudio equipado. (Los pusimos en la oficina de reservas: ¡ya te he dicho que ahí es donde se acaba guardando todo!) Era el taller de Santa Claus, con sus herramientas para trabajar con cuero y metal, una máquina de coser y todo tipo de material artístico que puedas imaginar. Y no nos cortábamos a la hora de usar todo aquello.

En los años siguientes, Emily y el equipo pintaron una escena pastoral con vacas y patos para que un cocinero que fue a visitarnos y era conocido por cazar la mayoría de la proteína que servía en su restaurante pudiera elegir su entrante disparando con una pistola Nerf durante su visita a la cocina.

Un jefe de sector oyó de pasada cómo uno de nuestros clientes habituales de fuera de la ciudad se lamentaba por no haber comprado a su hija el peluche que le había prometido, así que Emily elaboró un osito de peluche perfecto con trapos de cocina.

Hubo una pareja que entró a despilfarrar su dinero en una cena a modo de consuelo después de que les cancelaran el vuelo que debía llevarlos de vacaciones. Convertimos el comedor privado en una playa con todo lo imprescindible: hamacas, arena en el suelo y una piscina infantil llena de agua para que se mojaran los pies, y ahogaron su decepción en daiquiris tropicales decorados con sombrillitas.

Cuando una pareja que se había casado en el EMP fue a celebrar su aniversario, los invitamos a tomar el postre en una mesa que habíamos montado en el comedor donde había tenido lugar la ceremonia. En la sala había flores, velas y un ramo de (nueve) botellas de champán, y mientras tomaban el postre, atenuamos un poco más las luces y pusimos «Lovely Day» de Bill Withers, la canción de su boda, un detalle que encontramos en nuestras notas. Bajamos aún un poquito más la luz y los dejamos a solas.

Ya habíamos empezado a buscar en Google a nuestros clientes para saludarlos por su nombre cuando llegaban. Esa búsqueda preliminar se convirtió en un importante hilo del que tirar. Un caballero que fue a celebrar su cumpleaños tenía una cuenta en Instagram muy popular dedicada a su amor por el beicon; pedí al chef de pastelería que creara una granola especial para él con ese ingrediente en lugar de nuestra típica de coco y pistacho. Creamos un plato de helado con todos los *toppings* extravagantes que puedas imaginar (y algunos que solo una brigada de cocineros muy habilidosos podía llegar a hacer realidad) para un cliente que tenía una cuenta de Instagram dedicada a su amor por los helados de cucurucho.

Esas personas vivían experiencias imposibles de encontrar en cualquier otro sitio, y muchas de ellas también vivían cosas distintas del resto de los comensales presentes en el restaurante. Como los Grateful Dead, estábamos proporcionando un espectáculo distinto a cada fan; en el EMP habrías necesitado cuarenta casetes piratas para registrar una sola noche.

Un día, un banquero que intentaba captar fondos para una nueva empresa bromeó con su jefe de sector: obviamente, tomar una copa después de la cena sería magnífico, pero lo que de verdad necesitaba era un millón de dólares para llevar a cabo su proyecto. Por desgracia, nuestro presupuesto solo nos permitió llenar y esconder bajo su silla una bolsa con diez chocolatinas marca 100 Grand ('cien mil dólares').

Cuando dejó de reírse, nos dijo que su noche en el restaurante había sido legendaria. Conté la historia en el *briefing* y la palabra *leyenda* se convirtió en la denominación interna para esos toques especiales; decíamos cosas como: «Anoche hice una leyenda buenísima para una mesa».

Ese nombre adquirió aún más significado a medida que entendimos qué convertía en legendarias esas leyendas. Como su nombre indica, proporcionaban a las personas una historia, una leyenda, que contar.

¿Por qué la gente dedica tanto tiempo y esfuerzo a las proposiciones matrimoniales? Porque saben que es una historia que contarán el resto de sus vidas. Las mejores siempre contienen dos elementos: en primer lugar, te devuelven a ese instante, de forma que no solo estás contando la experiencia, sino que además la estás reviviendo. En segundo, la historia en sí cuenta que mientras vivías la experiencia, te miraban y escuchaban.

Hoy en día, a la gente, en especial a los jóvenes, les interesa más coleccionar experiencias que acumular objetos. Pero las comidas en restaurantes, como muchas experiencias de servicio, son efímeras. Aunque puedes llevarte a casa una copia del menú y fotografías de los platos, no puedes revivir ese bocadito de *foie-gras*.

Eso cambia cuando te vas con una historia lo bastante buena para devolverte a ese momento, como si estuvieras reviviéndolo todo de nuevo. Por eso nos tomábamos tan en serio las leyendas. Si las personas iban para aumentar su colección de experiencias, no las considerábamos una floritura extra, sino una responsabilidad: proporcionarles un recuerdo tan bueno que les permitiera revivir su experiencia con nosotros.

Así, el auténtico obsequio no era el perrito caliente del puesto callejero ni la bolsa de chocolatinas: eran las historias lo que convertían en leyenda nuestras leyendas.

Dar más es adictivo

La energía en torno a esas notas de generosidad extra, a esas leyendas, era fenomenal.

La brigada de sala desempeñaba su labor, que los apasionaba, al más alto nivel. Sin embargo, por mucho que te guste tu trabajo, cuando haces lo mismo todas las noches al final te aburres.

En los restaurantes, quienes pueden ponerse creativos suelen ser quienes están en la cocina, ya sea colaborando con el chef en un nuevo plato o preparando el menú de los compañeros para la comida de familia (créeme, si lo que les das no les gusta te enterarás). Con las leyendas, todos los del comedor tenían también su espacio; no se limitaban a servir platos creados por otros: tenían la oportunidad de aplicar su creatividad a la experiencia.

Las leyendas, al margen de quién las creara, hacían que acudir al trabajo fuera divertido, y trabajábamos demasiado para no divertirnos un poco. Incluso abrí una cuenta de Instagram privada para catalogarlas, de forma que si te perdías algo en tus días de descanso, pudieras igualmente inspirarte y animarte a probar cosas. Y las celebrábamos todas en los *briefings*.

Si habías creado una leyenda, querías volver a hacerlo cuanto antes. Si alguna vez habías visto las miradas de sorpresa y placer en el rostro de los clientes al darse cuenta de que estaban asistiendo a un momento transformador, querías repetir.

Los clientes no eran los únicos beneficiados, claro, porque cuando uno de los nuestros iba a cenar, nos dejábamos la piel.

Vale la pena comentar que en aquella época algunos restaurantes de lujo famosos de la vieja escuela no permitían que los miembros del equipo fueran a cenar donde trabajaban. Su argumento era que si un cliente se sentaba al lado de alguien que lo había servido con anterioridad, eso degradaría de algún modo su experiencia. Al fin y al cabo, nadie quiere sentarse con el servicio, ¿verdad?

A mí esto me pone furioso. Lo único que logran estas normas es transmitir el mensaje a quien trabaja incansablemente para ti que no es más que eso: el servicio.

Nosotros tomamos la dirección opuesta. A Eliazar Cervantes le encantaban los mariachis, así que, cómo no, una banda de músicos entró desde la calle y le dio una serenata durante su *tour*. Cuando Jeff Tascarella, el director general de NoMad, nos advirtió de que su padre era más de bistec con patatas y cerveza que de espumoso y *foie*, convertimos nuestro carrito de champán en uno de Budweiser.

A una de las jefas de sector veteranas del comedor, Natasha McIrvin (que sería más adelante nuestra directora creativa), le obsesionaba la Navidad. El primer año no regresó a su hogar para pasar allí las fiestas, y sus padres viajaron a Nueva York para darle una sorpresa; los escondimos en la entrada. Cuando la familia se reunió y fueron a su mesa, se encontraron con un trenecito nevado y decorado para la ocasión, dando vueltas en sus vías en torno a un reno dorado, con guirnaldas de piñas y una montaña enorme de regalos con envoltorios preciosos. Era nuestro plato de caviar: sobre los vagones del tren había *bagels* de semillas y una latita de caviar; todas las guarniciones estaban escondidas dentro de los regalos, bajo el papel y los lazos.

¿Era una exageración? Por supuesto que sí. No solo queríamos que los nuestros fueran a cenar, queríamos que aquella noche vivieran su mejor experiencia en un comedor. Era nuestra forma de agradecer al equipo todo lo que hacían por nosotros: su creatividad, su buen humor y su gran trabajo. Pero también queríamos ser tan generosos como lo eran ellos a diario con los clientes. ¿Qué mejor forma de entusiasmarse con la hospitalidad irracional que vivirla una noche?

A menudo me pregunto por qué no habrá más empresas que inviertan así en su gente. Los grandes bancos cuentan con gestores para las grandes fortunas que dan el mejor servicio a sus clientes más adinerados. ¿Cuánto costaría proporcionar a todo el mundo una experiencia de banca privada similar? ¿Acaso no sería una buena idea desde el punto de vista de la fidelización? Y lo que es quizá más importante: ¿se puede llegar a cuantificar la mejora en el servicio que alguien proporciona a sus clientes cuando ellos mismos reciben el mejor trato que el banco puede ofrecer?

Para nosotros, era la inversión ideal. Puede que la idea de los Dreamweavers saliera de mí, pero fue el equipo quien la hizo realidad todos los días. Para mí, lo mejor de todo era repasar la cuenta privada de Instagram y ver un montón de ideas en las que yo no había intervenido en absoluto. No se me habían ocurrido a mí ni las había aprobado. Había sido el equipo quien las había ideado y ejecutado de forma autónoma, y lo habían hecho de una forma tan brillante que incluso yo me sentía inspirado por ellas.

Era el matrimonio perfecto entre responsabilidad e improvisación en la hospitalidad.

Crea una caja de herramientas

Hay una frase que me dicen mucho: «Bueno, claro, es fácil permitirse hacer estas cosas en un restaurante caro».

Y yo siempre pienso: «¿Seguro que tú puedes permitirte no hacerlas?».

Es verdad, aquellos regalos costaban dinero, aunque solo fuera en horas de trabajo. Pero, como hijo de mi padre que soy, revisaba minuciosamente todos los meses la casilla de los Dreamweavers en la cuenta de resultados. Nunca hubo dudas: teniendo en cuenta el boca-oreja que generaba entre los clientes y el entusiasmo que aquellos regalos suscitaban en el equipo, el programa valía cada centavo que costaba.

Además, como líder, no puedes fiarte solo de las hojas de cálculo. Tienes que confiar en tu instinto y en lo que sientes cuando estás en sala con las personas que hacen y reciben los regalos. ¿Se puede cuantificar en términos tradicionales el retorno de la inversión de estos programas? No. ¿Estoy seguro de que cada dólar gastado equivale más o menos a los que me habría gastado en *marketing* tradicional? Del todo.

En muchos aspectos, era el ejemplo perfecto de la regla del 95/5 en acción: podíamos permitirnos derrochar en leyendas porque prestábamos mucha atención a qué estábamos destinando el resto del dinero. Pero la mayoría de las veces no teníamos que romper la hucha para sorprender: habíamos metido diez chocolatinas del súper de la esquina en una bolsa y el cliente había dicho que aquello era ¡legendario!

Lo importante no es que el regalo sea lujoso, sino que no tenga precio.

Yo había aprendido lo importante que es eso en el instituto, cuando trabajaba de ayudante de camarero en el Ruth's Chris Steak House del Westchester Marriott. Aquel Ruth's Chris era una franquicia, así que debía seguir al dedillo las guías de la empresa matriz: la misma cartelería, uniformes, vajilla, cristalería y cubertería, y la misma carta.

Sin embargo, donde yo trabajaba teníamos un secreto: un plato de calamares a la romana que no figuraba en ella.

Todos los calamares que yo había comido hasta entonces tenían forma de aro. Esos estaban cortados en tiras. Y no tengo ni idea de qué llevaba el rebozado, pero estaban absolutamente deliciosos. (Sí, me comía las sobras de las mesas que recogía. Aunque sé que da mucho asco, no me arrepiento.)

Aquellos calamares no se podían pedir, solo los probabas si te los mandaban a la mesa. A menudo, cuando eres un cliente habitual (o si un restaurante se equivoca con la comanda y quiere recuperar tu simpatía), el local te pone un aperitivo gratis, o un postre, o una copa de champán. El problema es que tú sabes su precio exacto: «Mira, su amor hacia mí se cotiza en catorce dólares». En realidad, allí solo obtenías los calamares a la romana si formabas parte del club, o si alguien quería que te sintieras así. El coste para el restaurante era insignificante; su impacto, no.

Aquellos calamares, por definición, no tenían precio, igual que el perrito caliente de dos dólares que había mandado yo a aquella mesa. Aun así, también estaba ahí todas las noches: un regalo esperando a ser entregado. Mandar aquellos calamares no requería planificación ni estrategia; bastaba un impulso y darle a un botón.

Esta es una estrategia importante para cualquier negocio. Improvisar la hospitalidad es sobre todo una reacción. Y nos pasamos la vida reaccionando, ya sea a información recopilada con anterioridad (un cliente que dice a la persona con quien está reservando que acude a celebrar el cuadragésimo cumpleaños de su esposa) o a un detalle que habíamos oído al pasar por la mesa.

Pero, aunque parezca un oxímoron, también se puede ser proactivo en la improvisación de la hospitalidad. Se trata de reconocer patrones: **identificar momentos recurrentes en tu negocio y construir una caja de herramientas que el equipo pueda usar sin mucho esfuerzo.**

Hacer lluvias de ideas para determinar qué puede ser útil tener a mano, organizar el material *in situ* para que el equipo pueda acceder rápidamente a él y empoderarlo para que lo haga. Si lo logras, habrás sistematizado la improvisación en la hospitalidad.

Nosotros lo hicimos durante años en el EMP con algo denominado las «tarjetas más uno». (Lo hicimos durante tanto tiempo que lo cierto es que no recuerdo si lo instauré yo o si ya existía con anterioridad.) Las tarjetas más uno llevaban impresas las respuestas a preguntas que nos planteaban a menudo («¿Quién os hace los arreglos florales?», «¿En qué granja se fabrica este queso?») y las guardábamos en un archivador de la parte trasera. Si un camarero veía a un cliente darle la vuelta al plato para ver quién lo había fabricado, le llevaba la tarjeta que explicaba quién era Jono Pandolfi y dónde podía encontrar más información sobre su trabajo.

Las llamábamos «más uno» porque eran un pequeño extra. Algo innecesario, pero bonito de tener. Llegados a este punto, las expectativas de los clientes con nosotros eran elevadas, y esta era una forma que teníamos de ofrecer ese extra, de dar algo más, incluso, de lo que pudieran esperar. Y como estaban impresas, bien ordenadas y siempre listas, al equipo le costaba poco sacarles partido.

Hay dos tipos de personas: las que adoran recibir regalos y las que adoran hacerlos. Para que no queden dudas, ambos son igual de egoístas, porque quienes aman hacer regalos reciben su recompensa cuando la otra persona expresa su fascinación, lo que confirma que han dado en el clavo.

Cuando el programa Dreamweaver funcionaba a pleno rendimiento, nuestros empleados solían ser de los que les gusta hacer regalos, y se les daba fenomenal generar leyendas. Pero queríamos asegurarnos de que pudieran generarlas siempre, no solo en momentos de inspiración, así que creamos la caja de herramientas.

Como quienes venían de fuera de Nueva York nos preguntaban a menudo por nuestros locales favoritos de la ciudad, elaboramos unos mapas pequeños donde se indicaban algunos de nuestros secretos mejor guardados: las mejores pizzas, los mejores *bagels*, el mejor sitio para disfrutar de un *brunch* los domingos, además de algunos tesoros algo desconocidos como el museo Rubin. Compramos entradas para el mirador del Empire State con la idea de regalárselas a aquellos turistas emocionados por estar en Nueva York. (Conozco a un montón de neoyorquinos nacidos y criados en la ciudad que nunca han subido allí porque les parece una cursilada. Y lo es, pero también tiene unas vistas únicas. No olvides llevarte una petaca con algún licor.)

A medida que ampliamos nuestro abordaje de la hospitalidad irracional, nunca dejamos de buscar formas de «sumar más uno» a la experiencia, de dar a la gente un poco más de lo esperado, prestando atención a situaciones recurrentes.

Era habitual que algunos clientes salieran a la calle a media comida para fumar un cigarrillo; a quienes lo hacían, les llevábamos un chupito en un vaso desechable creado expresamente para la ocasión.

Otra cosa, que tal vez sea mi favorita: cuando una pareja se prometía en nuestro restaurante, les invitábamos a un par de copas de champán, como se hace en todos los locales. Pero las suyas eran distintas de todas las demás del comedor, eran unas copas que Tiffany había accedido a proporcionarnos tras establecer una colaboración. Al final de la comida, la pareja se iba a casa con las copas que habían usado para el brindis de su pedida dentro de una caja de su icónico color corporativo, el azul huevo de petirrojo. La colaboración suponía un beneficio fácil para Tiffany: yo le garantizaba que la mayoría de esas parejas incluirían un juego completo de esas copas en sus listas de boda.

Y para nosotros era un beneficio dulce.

A medida que los Dreamweavers ganaron velocidad, muchos de los elementos que crearon como regalos personalizados o leyendas se convirtieron en parte de nuestra caja de herramientas.

Una tarde, una mesa bromeó con su jefe de sector diciendo que se había pasado con el vino y comentaron su deseo de irse a casa a echar una siestecita en lugar de tener que volver a la oficina. El Dreamweaver los despidió con un guiño, un certificado médico falso que les excusaba de trabajar aquella tarde y una caja de aspirinas.

Bastante gente solía hacer bromas en esa línea: «Uf, esta noche lo hemos dado todo; verás tú mañana», así que los Dreamweavers montaron un kit de rescate para la mañana siguiente: una bolsa de café molido potente, unas pastillas de Alka-Seltzer y una magdalena, que los jefes de sector podían repartir cuando un cliente anticipaba su resaca en voz alta.

Y como los Dreamweavers siempre estaban cerca, un jefe de sector podía decir: «Me ha encantado la caja de aperitivos que habéis preparado para la mujer que tenía que coger el vuelo nocturno a Seattle. Me gustaría regalar algo así de forma habitual; ¿podemos tener preparados unos cuantos?».

Y así, las cajas de aperitivos para el viaje empezaron a estar siempre listas, a la espera de que llegara un viajero con maletas que saliera directo del restaurante al aeropuerto. Y al acabar de comer, le devolvíamos el abrigo, sacábamos su equipaje y: «Ah, y para cuando le entre hambre luego, aquí tiene un picoteo más rico que los *pretzels* rancios del avión».

Los ingredientes frescos había que hornearlos y sustituirlos a diario, pero el concepto (la idea, el plan, la ejecución básica) solo fue preciso crearlo una vez. Si estás preparado para esos momentos recurrentes, el equipo no tiene por qué reinventar la rueda todas las noches: basta con que escuchen y ejecuten.

Y quizá te estés preguntando: una vez sistematizado, ¿sigue siendo entrañable? ¿La caja de aperitivos para el avión está hecha con el mismo cariño y generosidad la trigésima vez que se la das a un cliente que la primera? Al fin y al cabo, estamos hablando de hospitalidad a medida; ¿se pierde algo si el regalo no es específico para un cliente?

Puedo responder que no sin el menor ápice de duda, porque **el valor del regalo no estriba en lo que ha habido que hacer para llegar a entregarlo, sino con cómo lo siente la persona que lo recibe**. Quizá fuera la trigésima vez que dábamos una caja de aperitivos a un cliente que salía de viaje, pero para él era la primera, y la satisfacción no quedaba opacada en lo más mínimo por no ser la única persona que lo recibía.

Siempre buscábamos formas de ampliar aquello que era único (y eficaz) de cuanto ofrecíamos, y compensábamos esos gestos con actos de hospitalidad improvisada y única.

Era importante revisar constantemente los sistemas que teníamos en funcionamiento para asegurarnos de que no hubieran empezado a parecer previsibles y poco originales, o dejado de ser útiles. Pero, en general, sistematizar esos gestos permitió hacer feliz a más gente. Y así el equipo podía usar el ancho de banda sobrante para centrarse en los momentos más singulares, para generar leyendas.

En todos los negocios se dan ocasiones para la hospitalidad

Una de mis mejores amigas dirige una de las mayores empresas inmobiliarias de Nueva York y me ha pedido un par de veces que dé charlas sobre hospitalidad. Lo primero que pregunto a los agentes inmobiliarios es qué regalo dejan en los pisos para dar la bienvenida a los nuevos propietarios. El noventa y nueve por ciento de las veces responden: «Una botella de vino espumoso en la nevera».

Vale, esas botellas no tienen nada de malo. Pero tampoco son algo personal, ni inspirador ni memorable, ¡y deberían serlo!

Estás vendiendo un hogar a esa persona o bien ayudándola a vender aquel en el que ha vivido. Es una de las transacciones más íntimas que existen. Teniendo en cuenta la cantidad de tiempo que pasa con los clientes, oyéndoles hablar de sus sueños y esperanzas para el futuro (mucho más del que yo puedo pasar en una mesa, por cierto), y la magnitud de la comisión media que obtiene, un agente inmobiliario profesional debería ser capaz de pensar en un regalo a medida para cada uno de sus clientes.

Lo vuelvo a repetir: no tiene por qué ser algo caro, pero sí personalizado. Aunque aquel perrito caliente me costó dos dólares, seguramente solo ha habido una mesa en la historia del restaurante en la que yo pude servirlo. La gente tiende a confundir hospitalidad y lujo; sin embargo, podría haber llevado a aquella mesa una botella *vintage* de champán Krug y un kilo de caviar, y no habrían tenido el mismo impacto, ni de lejos. **El lujo significa dar más; la hospitalidad implica haber pensado en ello.**

De modo que si a tu comprador le gusta la música, déjale su disco favorito en vinilo y, en función del importe de tu comisión, añádele un tocadiscos. Si un cliente ha manifestado su intención de hacer yoga en aquel rincón del recibidor bañado por el sol, cómprale una esterilla y déjala enrollada al lado de la pared para que sea lo primero que vea al entrar en su nueva casa.

No cuesta más tiempo, ni energía ni recursos conseguir una esterilla de yoga que una botella de *prosecco*, solo hay que pensar un poco más.

Muchos empresarios competentes hacen estos gestos de forma instintiva. Una agente inmobiliaria con quien hablé me contó una leyenda que había creado, mucho antes de conocer el concepto. Como sabía que los nuevos propietarios se estaban planteando hacer una gran reforma, pidió permiso para arrancar el marco de la puerta donde su clienta, la vendedora, había marcado la altura de sus hijos año tras año durante su infancia. Para cualquier persona, aquello era un trozo de madera sin valor que iría derecho a la basura, pero no para su clienta, que se echó a llorar al ver qué era. (Coste total: 0 dólares.)

Creo de corazón que este tipo de regalos son el objetivo, sobre todo teniendo en cuenta la cantidad de tiempo que pasan los agentes inmobiliarios con sus clientes, y la magnitud de las transacciones. No obstante, puede que no sea logísticamente posible que todo el mundo reciba una experiencia que precise una creación inmediata y personalizada. Construir una caja de herramientas es una forma de ampliar esas experiencias extraordinarias, para que la mayor cantidad posible de personas experimenten estos pequeños detalles especiales. Si estás vendiendo un piso a una pareja que va a tener un bebé, compra un paquete de protectores de plástico para los enchufes y déjalos en un cajón con una nota que diga: «Tu futuro está lleno de grandes aventuras, así que he tachado esto de tu lista de cosas pendientes». Y como hay muchas personas que se mudan cuando saben que van a ser padres, te recomiendo tener una caja entera de protectores en el despacho para no tener que preocuparte. Para las personas que se muden a una zona que tú domines, crea una guía con tus lugares favoritos: la mejor ruta para pasear, la mejor ruta para hacer una buena caminata, los mejores dónuts de manzana... Imprímelas por docenas.

Otra agente con quien hablé me comentó que había vendido ocho pisos en la ciudad a personas que hasta entonces habían vivido en las afueras y cuyos hijos se habían emancipado. ¿Acaso esas personas necesitaban una botella de vino espumoso básico que se puede encontrar en cualquier supermercado abierto las veinticuatro horas? ¿O preferirían una visita guiada por las salas de restauración del Met? ¿O entradas para el mítico club de *jazz* Village Vanguard? ¿O un abono para un teatro alternativo de Brooklyn?

Y si no puedes o no quieres ir tan lejos, dedica un minuto a pensar y a darle una vuelta más a tu regalo. Deja una cafetera Chemex, con una caja de filtros y una bolsa de café tostado en la ciudad, porque eso es lo que la gente necesita de verdad la primera mañana que pasa en su nueva casa, antes de encontrar la caja de la mudanza que contiene la cafetera eléctrica. Te garantizo que se acordarán de ti y de tu amabilidad cada vez que la usen.

«Vale —estarás pensando—, la diferencia es que tanto los restaurantes como el sector inmobiliario están llenos de oportunidades, pero mi negocio, no.» No me lo creo. Hay puntos de inflexión, patrones, en todos los negocios. Fíjate un poco más y los encontrarás. Y cuando los encuentres, asegúrate de hacer algo al respecto.

Otro ejemplo: la gente suele comprarse el coche en momentos concretos de su vida. Quizá estén formando una familia y necesiten un vehículo más grande, o su hijo o hija adolescente se haya sacado el carnet de conducir y le estén regalando su primer coche. O sus hijos se hayan ido a la universidad y haya llegado el momento de adquirir algo más deportivo, en vez del vehículo familiar que han estado usando hasta entonces para ir y venir de las clases de ballet y los entrenamientos de fútbol.

Si ya sabes que alguien ha entrado a buscar un coche para sus hijos adolescentes, ¿por qué no tener preparado un gesto de hospitalidad que refuerce su conexión con tu marca? ¿Qué pensarías del dependiente de un concesionario que te lleva aparte y te dice: «Mira, yo sé lo que es tener en casa a una adolescente que se acaba de sacar el carnet, así que le he pagado a Frankie un abono de un año al Club Estadounidense del Automóvil para que no te pases el día preocupado por si se queda tirada por ahí»?

En el momento de escribir esto, un abono de un año al Club Estadounidense del Automóvil cuesta ciento diecinueve dólares; ese es el precio de que esos padres no vuelvan a comprar un coche en otra tienda.

¿O te imaginas la cara que pondrá un padre agobiado que se está peleando con una sillita para bebés que no sabe bien cómo se instala si con el coche le entregas una bolsa de galletitas para que su criatura no se irrite en el trayecto a casa y un pequeño aspirador inalámbrico para que papá pueda eliminar todas las miguitas y que su coche nuevo siga pareciéndolo?

Cuando las personas tienen los recursos y la autonomía necesarios para impregnar estas transacciones con sus ideas, los vendedores se convierten en diseñadores de producto. El coche no llevaba un aspirador de serie, pero el vendedor decidió que era lo mejor para ese cliente en concreto. Y se sentirá orgulloso de vender un producto que ha ayudado a crear.

Y siempre, siempre, hay que estar al acecho de la leyenda. Imagina que un tipo aparece por tu tienda de coches usados cada dos años para cambiar de vehículo, por lo que lo conoces bien. Cuando sus hijos se van a la universidad, empieza a mirar furgonetas; ahora que tiene un poco más de tiempo, ha recuperado su pasión de adolescente por el surf. ¿Por qué no poner una tabla recién encerada sobre la baca de su nuevo vehículo antes de entregárselo? Como es obvio, este es un gran regalo, pero también es uno que puede convertir a un cliente fidelizado en una relación de por vida. Y si la tabla de surf supera tu presupuesto, una lata de cera especial con un lazo y una nota puede cumplir la misma función.

Para mí, los regalos son muy importantes, por eso me enfado cuando un negocio me da una bolsa de tela barata con una memoria USB con su logotipo. ¡Esfuérzate más! ¡Hazlo mejor! Los regalos son una forma de decir a la gente que la ves, la escuchas y la reconoces, que te has preocupado lo suficiente para escucharlos y hacer algo con esa información. Los regalos transforman las interacciones y las desplazan del ámbito transaccional al relacional; no hay nada mejor que hacer un regalo para demostrar a alguien que es más que un cliente o una casilla en una hoja de cálculo. Y el regalo correcto puede ayudarte a expandir la hospitalidad a la vida de las personas.

19

Ampliar una cultura

Antiguamente, los mejores restaurantes del mundo estaban en hoteles. César Ritz dirigió el hotel Splendide de París en la década de 1870 y fue quien mostró a los millonarios sin escrúpulos estadounidenses qué era el lujo europeo. En Montecarlo conoció a un cocinero francés llamado Auguste Escoffier, y lo que pasó después es ya parte integral de la historia de la hostelería: la asociación que crearon aseguró que, durante el resto del siglo XIX y todo el XX los mejores hoteles del mundo fueran conocidos por sus restaurantes.

Por desgracia, con el tiempo la idea de restaurante de hotel de lujo perdió su encanto. Este tipo de restaurantes se habían convertido en un triste añadido, esos sitios en los que solo entras si el viaje o las reuniones te han dejado demasiado cansado para salir del edificio. Y si un nuevo hotel lograba atraer a un buen restaurante, la dirección asignaba dos entradas distintas y dos nombres de marca para que se diferenciaran bien.

A principios de 2010, Andrew Zobler, uno de los socios del grupo hotelero que había desarrollado e inaugurado el hotel Ace en la Veintinueve con Broadway, quiso reunirse con Daniel y conmigo. La cadena Ace, con sus habitaciones asequibles, su estética industrial de materiales reutilizados y sus bulliciosos vestíbulos, que se usaban también como zonas de trabajo, estaba siendo todo un éxito. Y Andrew quería hablar con nosotros para que nos encargáramos del servicio de restauración del hotel con un nuevo y elevado concepto: el renacimiento del gran hotel. Se llamaría NoMad.

Andrew tenía una idea loca, que era volver a integrar el restaurante en el hotel, recuperar la época de Escoffier y Ritz. Tanto Daniel como yo nos enamoramos al instante de esa idea y supimos que Andrew era la persona idónea para implementarla. Nos encantaba cómo había combinado arte, diseño y venta con la restauración en otros proyectos. También vimos la oportunidad de revitalizar un barrio de Nueva York que necesitaba que alguien le prestara un poco de atención.

El nuevo enclave estaba a pocas manzanas del Eleven Madison Park, pero el barrio era como viajar al pasado, a los peores momentos de la década de los setenta: no era raro ver a gente trapicheando con droga por allí a plena luz del día. Broadway rebosaba de almacenes de venta al mayor de baratijas, y las rejillas de ventilación del metro estaban cubiertas con lonas que tenían asas en las esquinas para que los vendedores callejeros pudieran ocultar allí sus bolsos de imitación si aparecía la poli.

Un hotel que no alquilara sus habitaciones por horas podía causar un gran impacto en la transformación del barrio, y eso era un incentivo muy potente para nosotros. Y también lo fue el contrato que nos ofrecieron: no tendríamos que invertir dinero; algo bueno, porque tampoco lo teníamos.

Entonces llegó la parte difícil: hablar con Danny Meyer.

Nadie sabe qué está haciendo antes de hacerlo

—Tenemos grandes aspiraciones para el Eleven Madison Park y están a nuestro alcance —dijimos a Danny—. Y, al mismo tiempo, no queremos ser asalariados toda la vida. Nos encantaría ser propietarios del local del NoMad y seguir trabajando para ti en el Eleven Madison Park.

Danny nos pidió tiempo para pensárselo, y al final nos dijo que no.

—No puedo ser socio vuestro en un restaurante y competidor en otro que está a unas pocas manzanas.

Discutimos brevemente al respecto, y entonces él nos propuso una alternativa:

—¿Y si me compráis el EMP?

Eso era lo último que esperábamos oír en aquella reunión. Sin embargo, y casi sin pensar, respondí:

—Nos encantaría.

No tenía ni idea de cómo íbamos a pagarlo. Visto en perspectiva, ni siquiera era consciente de todo lo que no sabía, que era mucho. Sin embargo, los mayores logros, los que dan más miedo y parecen más imposibles de alcanzar, empiezan con el simple compromiso con ellos.

Siempre les digo lo mismo a quienes me cuentan sus miedos a la hora de dar un salto adelante: **nadie sabe qué está haciendo antes de hacerlo.** Cuando intentas subir de nivel, es fácil volverte loco pensando en todo lo que no sabes, pero debes tener fe en tu capacidad para ir aprendiendo sobre la marcha. Aunque las pistas negras dan miedo cuando estás acostumbrado a esquiar por las azules, nunca progresarás si siempre das media vuelta para buscar una vía más sencilla; en algún momento tendrás que clavar los palos en la nieve y darte impulso. Crecemos cuando salimos de la zona de confort. Da igual si lo haces sobre tu trasero o sobre los esquís, no te preocupes: al final descenderás por la ladera y aprenderás mucho por el camino. (Este es el mismo motivo por el que funciona tan bien ascender a alguien antes de que esté preparado del todo.)

La oferta de Danny iba acompañada de una sabia advertencia: «Tenéis que ver cómo conseguir el dinero y comprar el restaurante en febrero o marzo. Por mucho que intentemos mantener esto en secreto, se acabará sabiendo, y será terrible para la moral del equipo que el restaurante esté demasiado tiempo en el limbo».

Tenía razón, pero eso nos daba menos de tres meses para reunir una cantidad enorme de dinero. Y no me duelen prendas en reconocer que la experiencia fue espantosa. Empecé a sentarme en el comedor con los clientes habituales. No quería cometer la torpeza de pedirles dinero, así que les decía: «Que no salga de aquí, pero nos han ofrecido la posibilidad de comprar el restaurante. ¿Conocéis a alguien que pueda tener interés en invertir?». Mi esperanza, claro está, era que ellos mismos estuvieran interesados, y unos cuantos lo estaban, por lo que pasé mucho tiempo tomando copas. No obstante, todo aquello eran callejones sin salida: no todo el que puede permitirse comer en restaurantes caros puede permitirse también invertir en uno.

Entonces, Ernesto Cruz, un cliente habitual que trabajaba unas plantas por encima del restaurante, nos dijo: «Soy asesor de compraventa de empresas. Estaré encantado de ayudaros». Yo pensé: «No necesito ayuda, lo que necesito es dinero», y malgasté dos o tres semanas más. Hasta que una noche, después del servicio, presa de la desesperación, mandé un correo electrónico a Ernesto: «Si tu oferta sigue en pie, me vendría bien algo de ayuda».

Ernesto se convirtió en mi ángel de la guarda. Reunió a un equipo de compañeros suyos que se pusieron a trabajar de forma desinteresada para ayudarme en el proceso. Me enseñaron a crear una presentación, me explicaron lo que era una prospección y cómo exponer el mecanismo de recuperación de la inversión. Se reservaron tiempo para que pudiera ensayar con ellos mi discurso de venta y me hicieron ver mis aciertos y errores. Llegaron con una lista de posibles inversores, y yo me fui con mi traje y mi maleta a Boston, Chicago e incluso Beverly Hills.

Pedir dinero es difícil; resulta humillante intentar convencer a la gente de que eres lo bastante bueno para que invierta en ti. Pero yo creía en el Eleven Madison Park.

Al final, nos hablaron de un inversor llamado Noam Gottesman. Nos presentaron en una comida en el Sushi Yasuda y nos conocimos como personas antes de empezar a hablar sobre nuestras ambiciones para el restaurante. Debió de ver algo en nosotros, porque dos semanas antes de la fecha límite ya teníamos el dinero. Siempre le estaré agradecido por su apoyo y su visión de futuro.

Casi casi al mismo tiempo, firmamos el contrato para abrir el restaurante del NoMad, cuya fecha prevista de inauguración era marzo de 2012. Así que el 11 de noviembre de 2011 (once del once del once) anunciamos al equipo que habíamos comprado el restaurante. En un giro especialmente peliculero de los acontecimientos, esa misma semana salió a la venta *Eleven Madison Park: The Cookbook* [Eleven Madison Park: el libro de recetas] y nos convertimos en el primer restaurante de la historia en pasar de una a tres estrellas Michelin en un solo año.

Hazlo bonito

Llamamos a nuestra nueva empresa Make It Nice ('Hazlo bonito'), que era una frase que Daniel usaba mucho cuando su inglés era rudimentario. En el restaurante se convirtió en una forma resumida de decir: «Presta un poco más de atención a esto», daba igual que «esto» fuera una mesa de amigos, un plato o incluso un proyecto paralelo. Para entonces, las expectativas eran tan claras que bastaba con que un miembro del equipo le dijera a otro: «Hazlo bonito» para que este lo hiciera.

La simetría de la frase en sí nos gustaba, porque reforzaba la idea de que el restaurante estaba dirigido desde ambos lados del muro. La cocina «hacía» la comida, y en el comedor procurábamos que todo fuera «bonito». (Nos esforzábamos tanto en derribar el muro que nos separaba que, como quizá hayas notado, no usábamos términos habituales como *delante* y *detrás*. En vez de eso, siempre decíamos *cocina* y *comedor*.) Además, en inglés, *hazlo* y *bonito* (*make* y *nice*) tienen el mismo número de letras.

Era el nombre perfecto para nuestra empresa porque aunaba excelencia y hospitalidad.

La creatividad se practica

La lista de palabras que habíamos creado a partir de una referencia a Miles Davis en aquella reseña de los inicios del EMP había dado forma a nuestro crecimiento. Por ello, cuando firmamos el acuerdo para abrir el NoMad, sabíamos que queríamos hallar otra influencia musical que nos sirviera de musa.

Si el EMP era Miles Davis, el NoMad sería los Rolling Stones.

Los Rolling Stones son sexo, drogas y la energía peligrosa de Mick Jagger caminando por el escenario, ¿verdad? No obstante, en sus inicios, los Rolling compraron y memorizaron todos los discos que encontraron de artistas estadounidenses de *blues*. Aprendieron todo lo que pudieron sobre la música que amaban antes de imponer su criterio. De modo que sí, los Rolling eran unos libertinos, pero a propósito y de un modo muy estudiado. Así fue como reinventaron el R&B.

El NoMad estaba en la frontera entre la zona alta y la zona baja de la ciudad. Queríamos crear un parque urbano con un pie en cada uno de esos mundos y que ofreciera lo mejor de ambos. El sitio sería exuberante y lujoso, pero también democrático, impresionante y fácil; un sitio donde conectar, ruidoso, vibrante, informal y vivo. E íbamos a diseñarlo con tanta intención como los Rolling cuando se pusieron a estudiar el *blues*.

Una vez más, estábamos creando un sitio al que nos habría gustado ir, y eso significaba tener una carta de platos técnicamente perfectos y una de vinos larga y excepcional, todo servido por un equipo joven y enérgico en un espacio fantástico de Nueva York con una maravillosa lista de canciones sonando a buen volumen. Si el Eleven Madison Park era el lugar que habríamos elegido para celebrar una ocasión especial (o cuando la comida en sí era la ocasión especial), el NoMad era el lugar al que nos gustaría ir para pasar una noche fabulosa.

Como empresarios, para Daniel y para mí abrir el NoMad era un gran salto adelante, y comportaba todas las dificultades que acechan a los negocios en periodos de crecimiento y expansión. Aunque algunas cosas nos salieron mal, hubo muchas que nos salieron bien, en gran parte porque nos esforzamos mucho en llevar con nosotros la cultura de hospitalidad que habíamos instaurado en el Eleven Madison Park.

Sería imposible exagerar lo importante que fue para nuestra nueva empresa el éxito de NoMad. Muchos grupos de música tienen un gran *hit*, pero si tu segundo disco es un fiasco, te conviertes en un grupo de una sola canción. Queríamos ser los Beatles, Nirvana, los Rolling Stones, queríamos ser eternos y no como el pobre Gary Wright, que solo es conocido por su canción «Dream Weaver». Y en Nueva York, los periódicos de referencia tienen un papel gigantesco a la hora de determinar en qué categoría acabarás, así que no había nada más trascendental que asegurarnos de que la primera reseña del NoMad en *The New York Times* fuera buena.

La presión era intensa.

Para centrarnos y filtrar nuestras ideas, inventé un personaje ficticio (aficionado a la buena comida, de cincuenta y tres años, amante de la música, que vivía y rompía corazones en el sur de Francia) para diseñar las áreas públicas del NoMad como si fueran las habitaciones de su casa. Después llevamos a cabo numerosas lluvias de ideas sobre qué elementos harían únicos esos espacios. Invariablemente, en todos los grupos nuevos con los que nos reuníamos alguien decía: «Es que yo no tengo tanta creatividad», lo que hacía que yo me lo llevara aparte y le explicara que la creatividad no funciona así.

Parafraseando al gurú del *marketing* Seth Godin, la creatividad se practica. Hasta las grandes mentes, como sir Paul

McCartney, explica Godin, tienen sistemas que los ayudan a ser creativos, a pulir sus ideas. En el caso de McCartney era la presión del tiempo; él necesitaba fijarse plazos, adoptar un horario regular y sentirse cómodo usando una palabra o una frase musical no del todo perfecta hasta dar con una mejor para crear canciones que aún se aprecian cincuenta años después. Tu práctica puede ser distinta, y ninguno de nosotros somos Paul McCartney, pero ha llegado el momento de desmontar el mito de que la creatividad debe ser espontánea y está limitada a los genios. **La creatividad es un proceso activo, no pasivo.**

Cuando estábamos diseñando el NoMad, las reuniones que hacíamos estaban estructuradas; sin embargo, también eran colaborativas y de exploración. Éramos disciplinados y teníamos la intención de crear un espacio donde pudiéramos soñar con libertad, lo que implicaba dejar las preocupaciones en la puerta para poder entregarnos al proceso. En aquellas salas se podía considerar una idea en apariencia tonta aunque con el potencial de volverse brillante. No había malas ideas (no de primeras) y no había de qué avergonzarse si se presentaba un brote muy tierno y a medio formar con la esperanza de que otra persona lo hiciera crecer o lo usara como trampolín para algo mejor. Hasta los Beatles solían aportar cosas constantemente a las canciones de los demás.

De nuevo estábamos dirigiendo la brillantez colectiva del equipo, jugando entre nosotros de una forma tan eficaz que, en muchos casos, cuando me preguntaban de quién había sido la idea, lo cierto era que no lo sabía.

Maya Angelou dijo en una ocasión: «La creatividad no se gasta. Cuanto más se usa, más se tiene». Cuanto más espacio nos damos para soñar, y cuanto más confiamos los unos en los otros, más mejoramos.

Las noches en las que dedicamos horas a debatir la mejor forma de servir el ahora famoso pollo para dos de nuestra carta, agradecí que mi experiencia en el EMP me hubiera ayudado a entender que mi obsesión por la atención al detalle era un superpoder. (Presentábamos el ave entera en una fuente de cobre, cortábamos las pechugas y servíamos aparte una *fricassée* con los muslos, los contramuslos y las alas, al estilo casero.)

Y como el NoMad ofrecía desayunos, dediqué una cantidad irracional de tiempo a buscar la cafetera perfecta. Y cada minuto invertido valió la pena cuando la encontré: un guiño al *cezve* turco, fabricada por Mauviel, el especialista francés en utensilios de cocina de cobre.

Yo tuve claro desde el principio que el bar biblioteca sería el corazón del hotel, así que supervisé todos los aspectos de su diseño y ejecución. Fui con una furgoneta al gran mercadillo de segunda mano de Brimfield para elegir una a una todas las sillas que luego tapizaríamos con la tela del NoMad. Y aunque es habitual comprar libros usados a peso para llenar las estanterías decorativas, no estaba dispuesto a tener en las nuestras una mezcla genérica de libros de texto de derecho anticuados y novelas olvidadas. En este aspecto, como en todos, teníamos que encontrar nuestro propio camino. Pedimos a un especialista que nos seleccionara libros para la biblioteca de nuestro personaje ficticio, y así es como acabamos con secciones sobre historia de Nueva York, gastronomía y vino, música... y ocultismo. Como dijo Walt Disney, la gente percibe la perfección.

Con ánimo de fomentar la sorpresa y la diversión, escondimos petacas de whisky en tomos huecos por todo el espacio. Si encontrabas uno de esos tesoros, te lo podías beber.

Poner en marcha la cultura

La mayoría de los responsables de la inauguración del NoMad procedían del Eleven Madison Park. Fue una decisión consciente. Como nuestro plan era llevar a gente con mucha experiencia al nuevo restaurante, unos meses antes empezamos a contratar personal para el Eleven Madison Park.

Mi idea era que esos empleados a los que trasladábamos fueran como la masa madre: no solo nos beneficiaríamos de su formación técnica impecable, sino que además ellos plantarían la semilla de nuestra cultura. Comunicarían, mediante sus palabras y actos, todo lo que defendíamos y en lo que creíamos. Su pasión y su conocimiento, y todos los valores que habían acumulado en el tiempo que habían pasado en el Eleven Madison Park, contagiarían a todas las demás personas que contratáramos.

Al crecer, no hay que perder aquello que te dio la oportunidad de hacerlo. Cuando estás valorando expandirte, en cualquier ámbito, el primer paso es identificar qué hace única a tu cultura y decidir por adelantado proteger esos rasgos.

Para nosotros, era nuestra cultura de hospitalidad irracional, hacer más de lo necesario, proporcionar siempre a nuestros clientes más de lo que esperaban. Y una cultura depende de la gente que la alimenta día tras día; si hacíamos eso bien, las demás piezas encajarían.

La única gran contratación que efectuamos de alguien ajeno a la empresa fue la del director general, Jeff Tascarella.

Teníamos buenos motivos para hacer una excepción en su caso. Jeff ya había sido director general, y queríamos a alguien con experiencia en ese terreno; además, lo había sido de un restaurante de hotel, un ámbito desconocido para nosotros. Como el NoMad sería un poco más estridente y menos formal que el Eleven Madison Park, necesitábamos a alguien con experiencia en un restaurante con mucho volumen de actividad conocido por su talento, y Jeff había dirigido el Scarpetta, un excelente restaurante de tres estrellas, muy valorado y con mucho movimiento, situado en el Meatpacking District de Nueva York. Por último, queríamos que el NoMad fuera un sitio genial, y Jeff era uno de los tipos más geniales que conocía.

Jeff contribuyó enormemente al éxito del NoMad. Aun así, que la suya fuera la única contratación externa de un director general deja patente lo importante que era para mí cuidar nuestra cultura mediante ascensos del personal.

En los meses previos a la inauguración del NoMad nos tomamos muy en serio la formación. El presupuesto que le habíamos asignado era desorbitado en comparación con lo que dicta la costumbre en el sector, pero estaba seguro de que la ingente cantidad de energía y dinero que estábamos dedicando acabaría siendo una buena inversión. Siempre me sorprende que la gente gaste una fortuna en un nuevo proyecto y luego escatime en la formación de las personas encargadas de hacerlo realidad: un ejemplo perfecto de ese refrán que dice que la avaricia rompe el saco.

Cuando abrimos, las ciento cincuenta personas que conformaban nuestra brigada de sala llevaban semanas alternando clases teóricas y prácticas sobre el terreno. Conocían todos los vinos que servíamos por copas, todos los platos, todo lo relacionado con el servicio. Y lo que es más importante: habían recibido una buena dosis de nuestra cultura directamente de la fuente: los responsables veteranos del EMP o incluso yo mismo.

Algunos miembros del equipo del EMP que no pasaron al NoMad también participaron en esas formaciones. Antes de la apertura, imprimimos cientos de páginas de notas de los *briefings* que habíamos llevado a cabo durante los tres años anteriores y pedí a los jefes de sector y encargados del Eleven Madison Park que eligieran los conceptos con los que más se habían identificado, los que siempre recordaban, los que les habían causado más impresión, tanto a ellos como al equipo en su conjunto.

Recopilar aquellas ideas en un libro nos obligó a poner por escrito las palabras que nos habían definido. La experiencia fue tan positiva que ahora creo que todas las empresas, al margen de su tamaño, deberían dedicar unas cuantas semanas a debatir cada uno de sus valores centrales y comprometerse con ellos por escrito.

Al principio, el manual de campo eran unas fotocopias encuadernadas, pero un par de años después contratamos a un diseñador e imprimimos un librito rojo, que nos permitía dar la bienvenida a los nuevos empleados con la misma calidez y energía con las que recibíamos a nuestros clientes.

Cásate

Volvíamos a estar en temporada de reseñas.

Los siguientes seis meses transcurrieron en un suspiro hasta la noche que vimos a Pete Wells, el crítico gastronómico de *The New York Times* que había sustituido a Frank Bruni, entrar en el comedor del NoMad.

El trance de la reseña no fue menos estresante de lo que lo habían sido los anteriores. Era imposible dejar de pensar en lo mucho que nos jugábamos, pero lo dimos todo y pusimos en práctica todas las lecciones que habíamos aprendido por el camino. Por suerte, el proceso fue breve; unas pocas semanas después, en junio de 2012, el NoMad obtuvo tres estrellas en *The New York Times*.

La reseña se tituló «Una banda estelar crea nuevos arreglos para sus grandes éxitos».* En ella, Wells reconocía que podríamos haber tomado una senda más predecible y conocida que la que habíamos elegido, algo que según él era «ciertamente novedoso y magnífico». A pesar de las muchas reseñas maravillosas que habían dedicado al Eleven Madison Park, nunca me había echado a llorar delante de todos al leer una de ellas, como me ocurrió esa noche.

Aquellas lágrimas eran una mezcla de alegría, alivio y orgullo. Nuestro progreso en el EMP había sido gradual; habíamos tomado el timón de un restaurante que ya existía para convertirlo en uno de otro tipo, y las pequeñas mejoras que habíamos ido implementando habían sido tan progresivas que parecían inevitables.

* Pete Wells, «A Stellar Band Rearranges Its Hits», *The New York Times*, 19 de junio de 2012, <https://www.nytimes.com/2012/06/20/dining/reviews/the-nomad-in-new-york.html>.

El NoMad era distinto; lo habíamos concebido desde cero. Para hacerlo realidad, habíamos tomado una cultura que habíamos ido desarrollando poco a poco y de forma orgánica en el EMP y la habíamos aplicado a una operación completamente nueva.

Como es obvio, era de recibo celebrarlo a lo grande con nuestro equipo aquella misma noche. Pero el chef Magnus Nilsson, del restaurante sueco Fäviken, de quien nos habíamos hecho amigos en aquella primera y humillante fiesta de los cincuenta mejores, participaba en un acto relacionado con un libro de cocina en una terraza ajardinada llamada Brooklyn Grange. Y allí nos dirigimos a toda prisa, para darle la bienvenida a Nueva York.

Solo menciono esto porque fue allí donde conocí a Christina Tosi, que llegaba cuando nosotros nos íbamos.

Aunque no nos habían presentado, llevaba años prendado de ella. Era la repostera y propietaria del Milk Bar, conocido en todo el mundo por su Cereal Milk Soft Serve y sus Compost Cookies, y por su enfoque creativo, nostálgico e irreverente de los postres. Yo sabía que había alquilado un local diminuto sin mesas al lado del Momufuku Ssäm Bar y lo había convertido en una de las marcas más apreciadas de Estados Unidos; y también que era una de las mujeres más bellas que había visto en mi vida. Y aquella noche, con la reseña de tres estrellas de *The New York Times* bajo el brazo y, en consecuencia, un poco de fanfarronería de más, fui directo a presentarme.

Solo hablamos un minuto, que bastó para que viera lo generosa, brillante y extremadamente graciosa que era. Ella también sabía quién era yo, aunque después de casarnos reconoció que le había sorprendido un poco descubrir que el tipo que llevaba el Eleven Madison Park era una persona normal, no un pijo estirado.

Después me subí a un taxi y regresé al hotel para brindar con mi equipo. Fue una gran noche.

Por si no ha quedado claro, la lección en este punto es la siguiente: cásate con alguien mejor que tú. Mi asociación con Daniel me hizo mejor restaurador. Mi asociación con Christina me ha hecho un mejor líder y un mejor hombre.

Los líderes piden perdón

A pesar de lo mucho que reflexionamos sobre cómo trasladar y preservar nuestra cultura, en los primeros meses de funcionamiento del NoMad cometí uno de los mayores errores de mi carrera.

Cuando decidimos crearlo, miré a mi equipo del Eleven Madison Park y no vi a nadie preparado para sustituirme como director general. No quería contratar a una persona externa; creíamos demasiado en nuestra cultura de ascender a los empleados. Pero como no había ninguno preparado para ocupar el puesto, decidí seguir siendo director general del Eleven Madison Park mientras abría el NoMad.

¿Adivinas cómo acabó la cosa?

Si has abierto alguna vez un negocio, sabrás que los días se te hacen cortos. Durante meses, cuando no dormía, estaba en el NoMad (y, como se encontraba en un hotel, a veces también dormía allí).

El Eleven Madison Park quedaba a solo unas manzanas de distancia, pero era fácil no prestarle mucha atención porque el equipo que lo llevaba era muy veterano y trabajaba al más alto nivel. De hecho, aquel año alcanzamos la posición veinticuatro en la lista de los cincuenta mejores, una prueba de que el restaurante iba de maravilla y que hacer hincapié en la hospitalidad para con nuestros clientes nos estaba granjeando éxito. Sin embargo, hasta la organización más impecable y colaborativa necesita un jefe.

Aunque el debate y las aportaciones son maravillosas, tiene que haber alguien *in situ* para tomar decisiones. Y si nadie lo hace, los problemas se acumulan: el progreso se estanca o alguien se lanza a cubrir el vacío, se responsabiliza de una decisión y se enfrenta al resentimiento de sus compañeros («¿Desde cuándo eres tú quien manda?»). Dejé el restaurante en un limbo y la moral se resintió.

Afortunadamente, hubo gente de mi confianza que me habló claro. Mantuve unas cuantas conversaciones con los miembros más veteranos del equipo, que me dijeron que había ambigüedades que no deberían darse. «Nadie está tomando decisiones, y cuando alguien da un paso al frente, se le acusa de intentar hacerse con el poder. Tienes que nombrar a un director general, Will.»

Sin embargo, lo que yo oí fue: «Tienes que esforzarte más. No estás aquí, y deberías; tienes que encontrar la manera de embutir una hora más en tus días para poder compatibilizar tu nuevo trabajo con este». Por muy culpable que me sintiera, encontré una forma de racionalizarlo: «Tan mal no irá cuando nuestros clientes están tan satisfechos».

Lo que no estaba entendiendo era que una cultura sólida puede soportar cierto grado de maltrato, pero luego el desgaste empieza a asomar. Aunque la moral decaiga mucho, los clientes no lo perciben enseguida. Nuestro equipo profesaba mucho cariño al EMP, y proporcionar un servicio espectacular era algo que se tomaban muy a pecho y de lo que estaban muy orgullosos como profesionales. Eran capaces de dejar de lado lo que les estuviera pasando y hacer un gran trabajo. No obstante, si el cántaro va mucho a la fuente, acaba por romperse.

Y un día, una jefa de sector muy veterana llamada Sheryl Heefner me pidió reunirse conmigo. Sheryl era una de las mejores personas de nuestro equipo y una de mis incondicionales, confiaba en ella a ciegas.

Lo que me comunicó tuvo un gran impacto en mí precisamente porque no me dijo que no estaba haciendo suficiente. En lugar de eso, me puso frente a un espejo para que viera dónde me había equivocado. Y aunque Sheryl no solía mostrar sus sentimientos, se enfadó al describir cuánto estaba perjudicando al restaurante mi negativa a nombrar a un sucesor. Recuerdo que me preguntó: «¿De verdad crees que no hay ni una sola persona en el equipo capaz de hacer ese trabajo? Tú siempre dices que no hay nada más importante que confiar en los demás, pero ¿cómo nos lo vamos a creer si solo confías en ti para dirigir el restaurante?».

No hay nada más devastador que oír decir a tu madre o a tu padre: «No estoy enfadado. Estoy decepcionado». Y eso era lo que me estaba diciendo Sheryl, eso fue lo que yo oí. Y por mucho que me dolieran sus palabras, créeme si te digo que le agradecí que fuera a verme.

Mi padre dice: «Abre bien los ojos», que significa: «Escucha, mira, fíjate y aprende; asegúrate de que no vas dando tumbos por la vida. Y lo que es más importante: sé consciente de cuándo te están mostrando una verdad».

Aquella reunión con Sheryl fue uno de esos momentos. Como empresa, nos encontrábamos en un punto de inflexión y yo la estaba cagando. Había pasado años diciéndole a mi gente que no se volvieran irreemplazables porque eso supondría que no podríamos ascenderlos, pero me habían faltado recursos para ver que mi función también debía cambiar.

Peor aún: había traicionado uno de los valores más valiosos y sólidos de nuestra empresa. Después de hartarme de repetir lo importante que era confiar en el equipo, cuando había llegado mi momento de retirarme, me había aferrado a la silla.

Supe de inmediato lo que tenía que hacer: lo que debía haber hecho en el instante en el que habíamos firmado el contrato para hacer realidad el NoMad. Me reuní con Kirk Kelewae, quien años antes había sido responsable del área de cervezas. Había subido de camarero de cocina a encargado, y aquel día lo ascendí a director general.

Tras mi reunión privada con Kirk, organicé otra con todo el equipo y les pedí perdón.

«Es la primera vez que fundo una empresa —les dije—, y no es el último error que cometeré. Pero este ha sido grave.» Les había negado la confianza que durante años les había pedido que establecieran entre ellos y, en consecuencia, había dañado la cultura que tanto nos habíamos esforzado en crear. Después de mis disculpas, anuncié que Kirk sería su nuevo director general.

Había unas cuantas personas allí que seguramente habrían preferido que dijera su nombre, pero se había tomado una decisión, y aquello lo cambió todo. La tensión que se había estado generando se evaporó como el aire de un globo al pincharse.

Que un líder reconozca sus errores y pida perdón por ellos es algo muy potente. La idea de que no cometerás errores es de una estupidez supina, como lo es pensar que si no los reconoces nadie los verá. Por difícil que resulte asumir la responsabilidad en público, hacerlo refuerza el vínculo entre tu equipo y tú, porque si estás dispuesto a dar un paso al frente y criticar tus actos, los demás estarán más predispuestos a escuchar las críticas que vengan de ti. La experiencia fue un bonito ejemplo de lo poderosa que es la vulnerabilidad y de su importancia en el liderazgo.

No había confiado en nadie para que fuera director general del EMP porque no creía que nadie pudiera hacer el trabajo igual de bien que yo, y, siendo justos, es muy probable que tuviera razón. Kirk aún no estaba preparado para ser director general, como yo tampoco lo estaba cuando me dieron aquel empleo en el MoMA. (Y, al parecer, tampoco estaba listo para ser propietario.) **A veces, el mejor momento para ascender a alguien es antes de que esa persona esté preparada**, porque mientras sea ambiciosa, se esforzará aún más en demostrar que has tomado la decisión correcta.

Kirk maduró mucho en ese puesto, igual que lo había hecho cuando dirigió el área de cervezas y en los demás cargos que le habíamos asignado. Y fue muy significativo para el resto del personal ver que quien dirigía el equipo era alguien que había empezado como camarero de cocina. Les decíamos que no había límites y se lo estábamos demostrando. Ahora todo el mundo podía ver con sus propios ojos que era verdad.

Todos los clientes merecen lo mismo

El NoMad fue un éxito desde el principio.

Te apeteciera lo que te apeteciese, el NoMad lo servía. Teníamos habituales del desayuno, del almuerzo, de la cena y de la coctelería nocturna; había días que todos eran las mismas personas. Era exactamente como había esperado que la gente usara los distintos espacios que habíamos creado. Y el NoMad hizo otro regalo, inesperado, a nuestra empresa.

A medida que el EMP seguía ascendiendo en la lista de los cincuenta mejores, nuestro menú se volvió también más complejo, más intrincado y exigente, y nuestras presentaciones, más teatrales. Nuestras comidas requerían cada vez más producción, más tiempo, más minuciosidad, más excelencia. Aquellos cambios habían complicado la vida a nuestros habituales: ¿cuántas veces por semana puede una persona dedicar cuatro horas a comer?

Sin embargo, con el NoMad a la vuelta de la esquina, pudimos ir un paso más allá con el EMP sin defraudar a nuestros habituales; el NoMad les proporcionaba un lugar al que ir más a menudo. Muchos de sus platos habían sido grandes éxitos del EMP, y allí nos encontramos con multitud de rostros conocidos: la atención al servicio era reconocible, aunque un poco menos formal. La flexibilidad del hotel y la relativa informalidad del lugar permitían, por ejemplo, programar allí una reunión a la hora del desayuno y culminar la noche tomando la última copa. Y el EMP seguiría estando ahí para las noches que requerían del lujo absoluto de una cena espectacular.

A veces sobrepasas a tus clientes habituales; eso es inevitable en cualquier empresa en evolución. Pero nosotros no queríamos perder a los nuestros, queríamos que formaran parte de la familia. Si consideras familia a tu equipo, tienes que invertir en él y darle la oportunidad de crecer con tu organización, y debes hacer lo mismo con tus clientes más preciados. En lugar de canibalizar nuestra marca, el NoMad la amplió.

Mientras tanto, en el EMP ya no había nada que pudiera frenarnos..., o eso creíamos.

20

Volver a lo básico

Durante los años que fuimos escalando puestos en la clasificación de los cincuenta mejores, Daniel y yo acudíamos a congresos de gastronomía y vinos y a actos culinarios en todo el mundo. Y siempre que llegábamos a una nueva ciudad dedicábamos una noche a ver qué hacía nuestra competencia.

Todos los restaurantes de aquella lista nos inspiraron profundamente. En el Narisawa, en Japón, mientras degustábamos los aperitivos, vimos cocer masa de pan en un bol de piedra a gran temperatura al lado de nuestra mesa en una demostración de un proceso elemental y ancestral que suele llevarse a cabo entre bambalinas. Se convirtió en uno de los bocados más deliciosos de la comida.

En el Fäviken, en Suecia, en vez de tener a veinte camareros describiendo veinte platos distintos en veinte mesas, nuestro amigo Magnus salía de la cocina, daba una palmada y anunciaba el siguiente plato, que todas las personas del comedor degustaban al mismo tiempo, como los invitados a una cena en casa.

En el Mugaritz, en España, molimos especias y semillas para la sopa en un almirez. Después, un jefe de sector nos invitó a pasar la mano del almirez por su borde como si fuera un cuenco tibetano, y por un precioso instante que nos hizo contener el aliento, todo el comedor se unió en comunidad para crear música.

En el Alinea, en Chicago, los reposteros llevaban los ingredientes del postre al comedor y distribuían con gracia chocolate, crema, praliné, trozos de pastel y frutos rojos sobre un mantel de silicona: un Kandinsky, si el pintor hubiera empleado azúcar en vez de pintura. Cuando el resto del mundo miraba una mesa, veía una mesa; el chef Grant Achatz miraba una mesa y veía un plato.

Estos *crescendos* eran tan bellos como fruto de la reflexión. Añadían a unas comidas que ya eran extraordinarias un signo de exclamación dentro de la propia experiencia, un momento inolvidable que era igual de delicioso de explicar semanas después como había sido comerlo.

Y confirmaban por qué la lista de los cincuenta mejores había sido tan beneficiosa para nuestro sector. Los mejores restaurantes del mundo se animaban e inspiraban mutuamente para alcanzar nuevas cimas cuando, de lo contrario, quizá se habrían vuelto complacientes. La competencia amistosa y el intercambio de ideas supusieron un impulso para toda la profesión.

Nosotros confiábamos en los *crescendos* que habíamos añadido a la experiencia de cenar en el EMP; lo que faltaba ahora era una sensación espacial. Era la época del Noma, y todos los restaurantes que ocupaban los primeros puestos de la lista ofrecían vivencias tan intrínsecas al lugar donde se producían que su comida no habría tenido sentido en ninguna otra parte. Esto resultaba aún más importante en un mundo cada vez más globalizado y homogéneo, donde tras dieciséis horas de avión te ves caminando por una calle llena de tiendas de lujo prácticamente idénticas a las que hay en la ciudad de la que procedes.

Además, vimos en ello una auténtica oportunidad. Nuestro restaurante estaba en Nueva York, cuna de muchísimo arte, música e industria (y también muchas tradiciones culinarias), pero con una importante región agrícola apenas reconocida. Y aunque los mejores restaurantes de lujo de Nueva York tenían un fuerte sentido del lugar, los lugares que celebraban no eran Nueva York, sino Japón, Italia y Francia. Por ello, cuando el EMP llegó al décimo puesto de la lista de los cincuenta mejores, en 2012, decidimos explorar qué significaba ser un restaurante en, de y sobre Nueva York.

Nos lanzamos a una investigación tan inspiradora que abandonamos nuestro nuevo formato de menú (y con él, la posibilidad de que el cliente eligiera qué quería comer). Adoptamos un menú degustación convencional en torno a Nueva York para asegurarnos de que todos nuestros clientes experimentaran aquello que nos emocionaba.

La comida empezaba con una versión salada de la icónica galleta neoyorquina *black and white* y acababa con *pretzels* recubiertos de chocolate. En la mesa aparecía un esturión ahumado bajo una campana de cristal. Aprendimos que las patatas chips se inventaron en Nueva York, así que creamos las nuestras e hicimos imprimir bolsas personalizadas tan caras que casi tuve que esconderme a mí mismo la factura. (Eh, 95/5.)

Dado que el tartar también tiene raíces neoyorquinas, recurrimos a las zanahorias de Nueva York, que crecen en un cieno que los granjeros del norte del estado denominan «fango negro» para elaborar tartar de zanahoria. Y en lugar de dejar una botella de coñac en la mesa al final de la comida, nuestro regalo era un aguardiente de sidra con etiqueta personalizada de Laird's, la primera destilería con licencia de la zona, que se fundó en 1780.

Nuestro plato de queso se convirtió en un pícnic en Central Park. Encargamos a la Ithaca Beer Company que produjera una ale de pícnic, que usábamos para hacer la masa de los *pretzels* y para bañar un queso de la icónica tienda especializada neoyorquina Murray's Cheese, con la que también establecimos un acuerdo. El plato se servía en cestas de pícnic fabricadas al norte del estado y en platos de porcelana que parecían de papel de una artista de Brooklyn llamada Virginia Sin.

Como a muchos turistas ensimismados, un día que fui a ver a mi padre al trabajo desde Westchester me desplumó un trilero. Quería incorporar un toque de aquel aire canalla de antaño y un juego de manos a la experiencia de cenar con nosotros, lo que me llevó a reunirme con un equipo de magos para idear un truco en el que el cliente elegía una carta que determinaría cuál sería el ingrediente principal de su postre, aunque en la mesa ya se había escondido previamente chocolate de ese sabor. (Un final más dulce que perder la semanada a manos de un timador, te lo aseguro.)

Por cierto, la experiencia de incorporar un truco de magia fue fascinante. Había escrito a una empresa llamada theory11 porque quería que nos hicieran una baraja de cartas personalizada. Sin embargo, el propietario, Jonathan Bayme, se plantó en nuestra primera reunión con el mago Dan White, por lo que no me sorprendió que, en lugar de las cartas, nos sugiriese un truco.

Aquello me intrigó al instante. Le había dicho tantas veces al equipo que nuestra responsabilidad era hacer magia en un mundo que la necesita que la posibilidad de hacerla literalmente era demasiado buena para dejarla pasar. Sobre todo cuando, tras un par de horas barajando ideas, Dan White hizo que me explotara la cabeza al describirme el truco por el que nos decantamos.

Me quedé boquiabierto.

—¡Es increíble! Pero ¿cómo vamos a hacer eso?

Dan negó con la cabeza.

—Pues no tengo ni idea. Tendremos que ver qué se nos ocurre.

Aquello me encantó, lo sincero que fue al reconocer no saberlo y lo seguro que estaba de que se nos ocurriría algo.

Demasiadas personas abordan las propuestas creativas planteándose demasiado pronto las limitaciones prácticas que presentarán. Trabajar con Jonathan y Dan reforzó lo que siempre había creído: **empieza por lo que quieras conseguir, en lugar de limitarte a lo que es realista o sostenible**, o como me gusta decir: no destroces una historia con los datos. Al final, harás ingeniería inversa con tu idea y averiguarás qué es posible y rentable y todas las demás cosas aburridas de adultos. Pero deberías empezar con lo que quieras conseguir. (Cuando Dan oyó el título de este libro, me citó una frase tremendamente apropiada de Teller, la mitad silenciosa del famoso dúo de magos estadounidense Penn y Teller: «A veces la magia no es más que alguien que dedica más tiempo a algo del que cualquier persona racional esperaría».)

También presentamos al equipo una nueva declaración de objetivos, mucho más larga, junto con un gráfico inspirado en el mapa del metro de Nueva York. Aquella nueva declaración incluía todo lo que estábamos intentando encarnar: ser un restaurante de Nueva York dirigido a partes iguales por la cocina y el comedor, comportarnos de forma genuina y buena, no dejar de aprender y liderar, equilibrar lo clásico y lo contemporáneo, asumir riesgos en busca de la reinvención, y crear una cultura de familia y diversión. Por último, nos fijamos el objetivo de obtener cuatro estrellas Michelin para igualar el número de hojas de nuestro logo, ¡a pesar de que Michelin ni siquiera concede cuatro estrellas!

Cuando el nuevo menú debutó, yo quería que todas las mesas entendieran el valioso pasado cultural y la riqueza de las historias que había detrás de cada uno de los platos de la nueva carta. Como no quería dejar nada al azar ni a la discreción personal, escribí a los jefes de sector lo que quería que dijeran exactamente, hice que lo memorizaran e insistí en ello una y otra vez.

Presentamos el nuevo menú un martes de septiembre de 2012. Cuatro días después, fue a comer el crítico gastronómico de *The New York Times*, Pete Wells.

Fue una sorpresa verlo allí; por lo general, después de un gran cambio, solían concederte algo de tiempo para que todo lo nuevo se asentara, aunque fuera un poco. No obstante, suspiré aliviado cuando vi que había aterrizado en el sector de Natasha McIrvin. Natasha era, sin duda, una de nuestros mejores jefes de sector: poesía un talento excepcional, estaba comprometida con la excelencia y mantenía la calma incluso cuando se veía sometida a la mayor de las presiones. Sabía que ella entendía a la perfección la historia que contábamos.

De camino a la salida, mientras yo perdía el tiempo en una esquina al lado de la barra, intentando no entrometerme, Pete Wells me miró directamente a los ojos y asintió. Eso se salía por completo del guion habitual: crítico y restaurador nunca se saludan. Yo me lo tomé como una señal de que habíamos triunfado.

Así que puedes imaginar mi sorpresa cuando, al cabo de pocos días, *The New York Times* publicó su artículo, una feroz humillación titulada: «Hablar por hablar: en el reinventado Eleven Madison Park, los platos no están a la altura de las palabras».*

Te lo voy a ahorrar, pero incluía joyitas muy descriptivas como «rebuscado», «inflado» y su golpe final, y mi favorito: «Al final de las cuatro horas, me sentí como si hubiera asistido a una Pascua judía organizada por presbiterianos». El artículo era tan terrible que en la divertida pieza que le dedicó la revista *Eater* (sí, la crítica era tan dura que se escribieron artículos de opinión que se mofaban de ella) apodaron al crítico «Pete *El Castigador* Wells».

Y lo cierto era que podría haber orientado su crítica directamente a mí. No le gustó todo lo que comió, pero sí muchos de los platos. El problema era lo que denominó «los discursos».

Fue una humillación tremenda. Y no había nada que me apeteciera menos que dar un paso al frente y confesar que mis malas decisiones eran la causa de aquella reseña salvaje. En momentos así, en un esfuerzo por no dar mala imagen frente al equipo, los líderes tienden a esconder los errores bajo la alfombra con la vana esperanza de que todo el mundo olvide lo sucedido. En lugar de hacer eso, yo volví a asumir mi responsabilidad y a pedir disculpas en el siguiente *briefing*.

* Pete Wells, «Talking All Around the Food: At the Reinvented Eleven Madison Park, the Words Fail the Dishes», *The New York Times*, 17 de septiembre de 2012, <https://www.nytimes.com/2012/09/19/dining/at-the-reinvented-eleven-madison-park-the-words-fail-the-dishes.html>.

Sin embargo, había una pequeña buena noticia. La pieza en sí no era una reseña con estrellas, algo que habría destruido nuestro negocio, sino una «Nota del crítico», que sería el equivalente a un disparo de advertencia. Y su efecto fue justo el deseado: me permitió ver mi error y cambiar el rumbo.

Después de investigar un poco, comprendí que había cometido dos errores en la presentación del menú Nueva York. De uno no me arrepiento, aunque de todos modos lo corregimos. Del otro, sí.

El primer error fue pasarnos de la raya. (De este es del que no me arrepiento.) Sí, parte de la exuberancia era puro pavoneo: «¡Mirad de lo que somos capaces!», pero forzar los límites es una de las fases ineludibles del proceso creativo. Si no exploras el perímetro exterior, ¿cómo vas a saber dónde está la frontera? Muchas de aquellas ideas eran buenas; si no nos hubiéramos dado la libertad de investigarlas, nunca habríamos sabido con cuáles quedarnos.

Ese error, intentar hacer demasiado, era fácil de corregir. No lo cambiamos todo; sabíamos que no podíamos serlo todo para todo el mundo. Conservamos el truco de magia, porque todas las noches saltaba a la vista que a la gente le encantaba; era un *crescendo* que seguirían comentando semanas e incluso años después. En cambio, sí eliminamos un montón de «discursos». Y también el plato de patatas chips, lo que supuso, lamentablemente, tener que reciclar aquellas bolsas carísimas.

El segundo error que había cometido era más grave. Quería asegurarme de que todas las ideas que teníamos se comunicaran de forma adecuada, así que insistí en que el equipo se aprendiera una perorata. Los convertí en intérpretes, lo que cortaba de raíz cualquier posibilidad de tener una conversación real y de calidad con los clientes. Pues claro que la experiencia le había resultado falsa a Wells: Natasha no había tenido margen para conectar con él. Yo le había robado la capacidad de ser ella misma en la mesa.

No a todos los clientes les apetecía escuchar una lección de historia durante la cena. A muchos les encantaba y querían interactuar con nosotros, pero otros habían ido a charlar con sus acompañantes o a comer; querían que les sirviéramos la comida y los dejáramos en paz. Yo había arrebatado al equipo su autoridad para leer la mesa y proporcionar un nivel apropiado de detalle: adaptar la experiencia del servicio al cliente. Con la intención de crear una sensación de lugar, lo que había conseguido era que las comidas resultaran menos hospitalarias.

Y lo que es peor: en esencia, era el mismo error que había cometido el año anterior al dudar de si debía designar o no a un director general. De nuevo, el tipo con fama de hablar a todas horas sobre lo mucho que confiaba en su equipo había actuado como si no se fiara ni un pelo de él.

En realidad, no me sorprende haber cometido ese error y estoy casi seguro de que lo volveré a cometer en el futuro. Mi atención compulsiva al detalle es uno de mis superpoderes: es la manera en que busco la perfección. Sin embargo, esa tendencia implica también que siempre camine en la cuerda floja entre el deseo de garantizar la excelencia controlándolo todo y la voluntad de generar un ambiente de empoderamiento, colaboración y confianza entre quienes trabajan para mí. Como ocurre con la excelencia y la hospitalidad, estas dos cualidades, el control y la confianza, no se llevan bien.

Me gusta pensar que cada vez que cometo un error gano algo de conciencia. Me he rodeado de personas en quienes confío, que me dicen cuándo debo rectificar. Pero estoy bastante convencido de que gestionar la tensión entre ambas cosas será algo complicado para mí durante el resto de mi carrera. Lo único que puedo hacer es estar atento para que mi superpoder no sea el punto de partida de mi historia como villano. Y cuando (inevitablemente) me equivoque, deberé enmendar el error cuanto antes y con el menor ego posible.

Volví a confiar en los miembros de la brigada de sala para que presentasen el menú como ellos considerasen adecuado y con el nivel apropiado de información para sus mesas.

Mientras tanto, seguíamos escalando puestos en la lista de los cincuenta mejores. En 2013 (a pesar de la Pascua judía presbiteriana) ascendimos al quinto puesto. En 2014 quedamos cuartos. Y a principios de 2015 regresó Pete Wells. En su segunda visita, sabíamos que nos haría una reseña en plena regla, sin disparos de advertencia.

Verlo me puso frenético, porque nos habíamos mantenido firmes con algunas cosas que a él no le habían gustado nada. Pero habíamos usado sabiamente sus críticas: habíamos cambiado lo que habíamos querido cambiar y estábamos orgullosos de la experiencia que ofrecíamos a nuestros clientes.

En marzo de aquel año nos dio cuatro estrellas. Fue, como me gusta decir, la peor reseña de cuatro estrellas de la historia de *The New York Times*. Aún me río cuando la releo. ¡Menudo cascarrabias! No pudo evitar evocar su primera experiencia con el menú Nueva York en 2012 y llamarla «la comida más ridícula de mi vida».

Después procedía a enumerar un fallo tras otro de la nueva experiencia, pero al final se veía obligado a reconocer la derrota: «Las objeciones [...] zumbaban ante mis ojos con tanta insistencia que a veces me impedían ver lo que sucedía en el inmenso espacio *art déco* situado frente al Madison Square Park. Y lo que sucedía era lo siguiente: una sala llena de gente casi ebria de felicidad [...], y al final incluso yo mismo, el concienzudo buscador de fallos y errores. Al final, víctima de la hábil e impenitente campaña del restaurante para propagar la alegría, me rendí».* Aquella noche lo celebramos, aunque debo decir que conservar cuatro estrellas es muy distinto a ganarlas por primera vez: sentíamos más alivio que alegría.

En el *briefing* del día siguiente felicité al equipo y reconocí que la reseña era una confirmación de su compromiso con la hospitalidad irracional. Wells no estaba de acuerdo con todo lo que hacíamos y, de hecho, había muchas cosas que no le gustaban. Sin embargo, al ceñirnos a los principios de la hospitalidad irracional no le habíamos dado más opción que confesar que le encantaba cómo hacíamos que la gente se sintiera.

Sirve lo que tú quieras recibir

En la designación de los cincuenta mejores de 2015, los rumores campaban a sus anchas, como siempre, y uno de los más gordos era que quedaríamos primeros. Es mejor no hacer caso a las habladurías, claro está, pero es difícil no hacerlo: somos humanos. Así que teníamos grandes esperanzas.

Sin embargo, los rumores estaban más que equivocados: en lugar de pasar del cuarto puesto al primero, bajamos al quinto.

Fue un golpe en toda regla. Que te nombren uno de los cinco mejores restaurantes del mundo es increíble, claro,

* Pete Wells, «Restaurant Review: Eleven Madison Park in Midtown South», *The New York Times*, 17 de marzo de 2015, <https://www.nytimes.com/2015/03/18/dining/restaurant-review-eleven-madison-park-in-midtown-south.html>.

quedes en la posición que quedes. Aun así, era la primera vez que retrocedíamos desde que habíamos entrado en la lista. Aunque nos esforzábamos al máximo, había algo que no estaba funcionando.

Visto en perspectiva, creo que aquel retroceso fue lo mejor que nos podía pasar, porque nos motivó para cambiar una última vez. Y teníamos que hacerlo; el runrún ya existía.

En el transcurso de aquel año, Daniel y yo habíamos hecho nuestras habituales excursiones a los mejores restaurantes para ponernos al día y habíamos empezado a detectar otra característica, o quizá sería mejor llamarlo «fallo», que compartían la mayoría de aquellas comidas espectaculares.

Eran excesivas.

Por mucho que nos inspiraran aquellos *crescendos* increíbles, por boquiabiertos que nos dejara aquella sucesión de platos impecables maridados con vinos más que notables, todo aquello nos superaba un poco. Aunque suene mal, empezaba a cansarnos. La excelencia del servicio y la teatralidad de algunos platos eran impresionantes, pero, aun así, al día siguiente nos costaba recordar qué habíamos comido exactamente o de qué habíamos estado hablando. Lo cierto es que cuando solo habíamos completado tres cuartas partes de aquellas comidas, ya estábamos para el arrastre: con la tripa llena, inquietos y con ganas de irnos. Teníamos todo esto en mente cuando nos sentamos a probar nuestro propio nuevo menú a finales de 2015.

Daniel y yo cenábamos juntos en el restaurante todas las temporadas, el día que cambiaba el menú. Era sobre todo por motivos prácticos; como ya sabrás, creo que es de vital importancia que un líder experimente el servicio que ofrece como si fuera un cliente cualquiera. A menudo, las ideas son distintas en la teoría y en la práctica, y degustar un menú como clientes nos ofrecía la posibilidad de hacer ajustes si, por ejemplo, observábamos que una presentación que nos había emocionado resultaba demasiado recargada o que, al intentar ser generosos, estábamos atiborrando a los clientes más allá de lo placentero.

Aquellas cenas también eran una ocasión para que Daniel y yo nos pusiéramos al corriente, una oportunidad para conectar con más intención que mediante los diez mil mensajes y las apresuradas conversaciones en el pasillo de la cocina que constituían la mayoría de nuestras interacciones diarias.

De hecho, aquella noche no solo analizamos la comida, sino que además entablamos una conversación más profunda e intensa sobre el sentido de la vida. O al menos lo intentamos, y digo esto porque, por muy sintonizado que estuviera el servicio, la sensación era que nos interrumpían constantemente. Y cada nueva distracción me molestaba más; al final, nos fuimos antes del postre y acabamos en un pub irlandés que había a un par de manzanas para poder charlar en paz.

Cuando volví a casa, sumé dos y dos.

Con cada plato se cambiaban los cubiertos y las copas, se servía la comida, se explicaba y se servía también el vino. Al terminar de comer, se retiraban los platos y se limpiaba la mesa. Aquellas seis acciones tenían lugar con uno de los platos, lo que significaba que en un menú de quince platos, nos habían interrumpido noventa veces. Y eso sin contar la presentación del menú en sí ni la comprobación durante cada plato.

Noventa veces, cuando nuestro objetivo inicial había sido crear un ambiente en el que la gente pudiera conectar en la mesa; en el que, como no me había cansado de repetir, el servicio, la comida y el contexto fueran meros ingredientes en la receta de la conexión humana. Aquello era irracional, pero no era hospitalidad.

Siempre habíamos creído que teníamos que servir lo que queríamos recibir. Si solo sirves lo que quieres servir, estás presumiendo. Si solo sirves lo que crees que quieren los demás, estás siendo indulgente. Si sirves lo que de verdad quieres recibir, la experiencia será auténtica.

Por eso el restaurante había cambiado tanto a lo largo de los años. No porque tuviéramos escritas en la pared las palabras *reinvención constante*, sino porque nosotros habíamos cambiado, al igual que lo que queríamos recibir. Cuando me había hecho cargo por primera vez del comedor del Eleven Madison Park tenía veintiséis años; cuando me separé de Daniel tenía cuarenta. Entre los veintiséis y los cuarenta se cambia mucho y, al hacerlo, también cambia lo que quieres recibir.

Ya no estábamos sirviendo lo que queríamos recibir.

Recuperar los principios básicos

En todas las organizaciones, la declaración de objetivos sirve para articular lo que no es negociable. Tiene que ser clara, simple y fácil de entender para que puedas usarla de filtro siempre que tomes una decisión, ya sea grande o pequeña. ¿Te ayudará esa acción a alcanzar un objetivo planteado en tu declaración? ¿O te alejará de él? Así, la decisión ya está tomada de antemano: lo único que debes hacer es plantearte la pregunta.

La complicada declaración de objetivos que habíamos planteado con el menú Nueva York contenía todo lo que queríamos encarnar: el compromiso con el otro, nuestro amor por Nueva York, nuestras absurdas ambiciones y nuestro deseo de cuidar de nuestros clientes. Pero era demasiado.

Aunque Pete Wells no había visto aquella declaración compleja y enrevesada, la había percibido. ¡Cómo no le iba a costar entender de qué iba el restaurante! Nos costaba incluso a nosotros.

Había llegado el momento de volver a lo esencial. Daniel y su equipo elaboraban comida increíblemente deliciosa; mi comedor era tan bueno como el que más a la hora de propagar la alegría mediante la hospitalidad irracional. Y así, al reafirmarnos en nuestros superpoderes, redescubrimos qué era lo innegociable para nosotros, que se convirtió en una sencilla y elegante frase que colgamos sobre el reloj de fichar para que todo el mundo la viera a diario:

«Ser el restaurante más delicioso y amable del mundo».

No dejaríamos de ser «de» Nueva York ni de tratar a nuestros compañeros como si fueran nuestra familia. No dejaríamos de intentar obtener la cuarta estrella Michelin, una ambición imposible de satisfacer. Pero los criterios básicos eran: sabores deliciosos y amabilidad. Y punto.

Como dice mi padre: «No huyas de lo que no quieres; corre hacia lo que quieres». Con los cambios que hicimos durante aquel año no pretendíamos huir de la complejidad, la dificultad ni la ambición, sino correr en dirección a una experiencia más pura.

Todos los cambios que habíamos hecho antes habían sido adiciones: más intensidad, más platos, más complejidad, más componentes en el plato, más vinos, más pasos en el servicio, más, más, más.

Aquella vez tomamos la dirección opuesta. Estábamos orgullosos de lo que éramos capaces de hacer, pero no todo era necesario. Por ello nos detuvimos y destilamos lo que hacíamos para quedarnos con lo que nos hacía especiales: el reconocimiento de que toda aquella excelencia estaba al servicio de la hospitalidad irracional.

El primer cambio, y el más radical, fue eliminar la mitad del menú: lo acortamos de quince a siete platos. Todos serían memorables, extraordinarios. Y a pesar de esa reducción tan drástica, no prescindimos de una sola de las personas de la brigada de sala. En lugar de eso, apostamos por doblar el número de Dreamweavers, de dos a cuatro.

En el proceso de elaboración del menú Nueva York, habíamos abandonado el formato revisado de menú y nuestra creencia fundamental de que el comensal debía tener la capacidad de elegir. ¿Por qué habíamos eliminado eso, cuando ejemplificaba el tipo de hospitalidad irracional que queríamos ofrecer?

Recuperamos la idea de que la comida fuera un diálogo. Y, además, estábamos listos para hacerlo como habíamos querido en un principio, como lo hacían en el Rao's. No habría cartas impresas, solo una conversación sobre qué te apetecía y qué no.

Una conversación que, más que nada, forjara una conexión. Sin guiones. Sería el principio de una relación.

Kirk se había ido a abrir un nuevo restaurante para nosotros, así que Billy Peelle, que había dejado el EMP para trabajar en el NoMad, regresó como director general, la persona perfecta para guiar esa nueva singladura. Billy disfrutaba de verdad creando un entorno cálido para las personas con las que trabajaba y experiencias importantes para nuestros clientes. De todas las personas con quienes he trabajado, es quien mejor encarna la hospitalidad irracional, y dirigió el restaurante con autenticidad y humildad.

El día que presentamos el nuevo menú, Daniel y yo nos sentamos a cenar. Después de una comida de tres horas realmente extraordinaria, sentimos que, tras tantos cambios y tantos años, el restaurante se había convertido en lo que estaba destinado a ser. Al reducir nuestra visión a lo esencial, por fin nos habíamos encontrado. Creo de corazón que en ese momento estábamos operando, ahora sí, como el mejor restaurante del mundo.

Pocos meses después, la entrega de los premios a los cincuenta mejores restaurantes de 2016 se celebró por primera vez en Nueva York. Como la práctica totalidad de los que votan en estos premios asisten a la ceremonia, de repente muchos de ellos acudieron a nuestra ciudad, lo que significaba que podíamos recibirlos en el EMP. Los cambios que habíamos hecho eran tan eficaces, la sensación en el restaurante era tan buena que ni siquiera estábamos nerviosos, solo ansiosos por mostrar al mundo quiénes éramos y qué defendíamos. Servimos nuestra mejor comida, pero, sobre todo, dimos la bienvenida a nuestra casa a nuestros colegas con confianza y calidez. Y fue maravilloso.

Aquel año quedamos terceros en los premios. Y lo que es más importante: ganamos el Premio al Arte de la Hospitalidad en su primera edición, lo que reflejaba la influencia que estábamos teniendo en la industria.

Desde 2002, los premios solo habían reconocido a los cocineros y su comida. La introducción de un premio al servicio era una pista de que el péndulo estaba oscilando en la otra dirección, arrojando luz sobre quienes trabajan incansablemente en el comedor para proporcionar el mejor trato posible. Para mí significaba mucho haber ganado aquel premio inaugural. La hospitalidad irracional había dejado de preocuparnos solo a nosotros: empezaba a preocupar a todo nuestro sector.

El restaurante más delicioso y amable del mundo

El año siguiente fuimos a la entrega de premios a los cincuenta mejores, que tuvo lugar en Melbourne.

El día de la ceremonia di un largo paseo con Christina, intentando que la ansiedad no me consumiera, antes de regresar al hotel para ponerme el esmoquin. Gary Obligacion, del Alinea, me anudó la pajarita porque yo nunca he sabido hacerlo.

Como siempre, empezaron por el quincuagésimo y fueron ascendiendo: el cuarenta, luego el treinta, luego el veinte. Cuanto más avanzaban, más emocionado y nervioso estaba; y cuanto más tardara en oír nuestros nombres, mejor.

Casi me desconecté del todo cuando llegaron al número diez y solo me reconecté cuando dijeron el tres. Tampoco éramos nosotros, así que debíamos de estar en la primera o en la segunda posición. Entonces anunciaron el Osteria Francescana (propiedad de nuestro amigo Massimo, que se había reído de nuestras caras largas durante aquella humillante primera ceremonia) y supimos que habíamos ganado.

Después de siete años de mucho trabajo, mucha creatividad, una atención obsesiva al detalle y una dedicación a la hospitalidad totalmente irracional, el Eleven Madison Park fue nombrado el mejor restaurante del mundo.

Fue una sensación increíble, de las mejores de mi vida. Di un beso a mi esposa, y Daniel y yo subimos al escenario con Billy Peelle y Dmitri Magi, nuestro jefe de cocina. Al recoger el premio, no me pasó por alto el hecho de que era la primera persona del comedor en participar en la aceptación de un premio para su restaurante.

En mi discurso hablé de la nobleza del servicio, de la importancia de decirnos que el trabajo que hacemos es importante. Aquello era muy significativo porque todas las personas de aquella sala habían dedicado sus carreras a crear experiencias memorables. Hasta el último asistente a la ceremonia había ayudado a otras personas a celebrar sus momentos más importantes y los había consolado cuando habían necesitado una vía de escape. Todos estábamos creando mundos mágicos en un mundo que necesitaba un poco más de magia.

Di las gracias a nuestro maravilloso equipo (y les pedí que no destrozaran el restaurante durante la celebración; ya lo haríamos todos juntos cuando regresáramos), no solo a las ciento cincuenta personas que trabajaban para nosotros en ese momento, sino también a las muchas que durante los últimos once años habían dado tanto de sí en el cuidado de los demás. Y di las gracias a Daniel por entender que lo que hiciéramos sentir a nuestros clientes era tan importante como los platos que les servíamos.

Aquel reconocimiento me proporcionó un instante para reflexionar sobre lo lejos que habíamos llegado y todo lo que nos había llevado hasta allí. En cierto sentido, es ridículo afirmar que un restaurante es el mejor del mundo. Pero ese premio reconoce al que más está influyendo en la industria en un momento dado, el que está cambiando el contexto y marcando un nuevo rumbo a todos los demás.

Habíamos ganado porque tanto el personal de la cocina como el del comedor nos habíamos unido para crear una experiencia pensada, amable y muy muy bonita. Habíamos ganado por nuestra dedicación colectiva a la hospitalidad irracional.

Nos habíamos puesto un objetivo en apariencia imposible de alcanzar: encarnar tanto la excelencia como la hospitalidad, dos ideas que no siempre encajan del todo, cuando no entran directamente en conflicto. Habíamos tomado la decisión de ser tan alegremente irracionales en nuestra búsqueda creativa de la hospitalidad en el comedor como los mejores restaurantes de todo el mundo ya eran en sus cocinas. Habíamos decidido no reservar nuestros mayores esfuerzos solo a lo que había en el plato, sino usar todo cuanto teníamos a nuestro alcance para que las personas con quienes trabajábamos y a las que servíamos se sintieran vistas y escuchadas, para proporcionarles un sentimiento de pertenencia y crear un entorno donde pudieran conectar con los demás.

Era la búsqueda de la excelencia lo que nos había llevado a superarnos, pero fue la búsqueda de la hospitalidad irracional lo que nos llevó a lo más alto.

Epílogo

Llegamos a casa triunfantes: siete años de concentración absoluta habían convertido en realidad un objetivo lejano garabateado en una servilleta de papel.

Había llegado el momento de comenzar un nuevo capítulo.

Por primera vez, hicimos planes para una renovación completa del restaurante. La sala había experimentado muchos cambios físicos a lo largo de los años, pero siempre eran pequeñas modificaciones de lo que seguía pareciendo el restaurante de Danny Meyer. Había llegado el momento de convertirlo en algo total y completamente nuestro.

Aunque la reforma implicaría cerrar unos meses, para entonces ya sabíamos que sin nuestro equipo el restaurante no era más que cuatro paredes, cuatro mesas y unos fogones. No podíamos permitirnos perder ni a uno solo de ellos, así que abrimos un nuevo restaurante en los Hamptons, una especie de franquicia más informal, a la que llamamos EMP Summer House, y nos mudamos allí con toda la plantilla. Aquel proyecto fue satisfactorio en lo creativo y exitoso en lo comercial, además de increíblemente divertido.

Reabrimos el Eleven Madison Park en otoño ofreciendo la misma experiencia depurada que habíamos establecido el año anterior, en una sala elegante diseñada en exclusiva para nosotros. Y durante un tiempo todo fue bien, hasta que dejó de hacerlo.

La gente ha dedicado mucho tiempo a especular por qué Daniel y yo decidimos emprender caminos separados. La verdad es muy sencilla: nos desenamoramos. Las personas evolucionamos de formas distintas. Un día descubres que tu socio y tú ya no compartís intereses ni prioridades, que ya no miráis el mundo del mismo modo. Nada os puede quitar lo que habéis compartido. Pero cuando algo se acaba, se acaba.

Cuando Daniel y yo comprendimos que la mejor forma de seguir era por separado, pedí consejo a mi padre, como siempre he hecho en los peores momentos. Él me dijo: «Este año será uno de los más complicados de tu vida, te enfrentarás a muchísimas decisiones difíciles, y siempre que te veas en una encrucijada, quiero que te preguntes qué te parece lo "correcto" y que lo hagas». Después me dijo que ese consejo no siempre sería fácil de seguir, porque a menudo hacer lo «correcto» no siempre es lo mejor para ti a corto plazo.

Dividir la empresa no fue sencillo. Para entonces teníamos hoteles NoMad en Nueva York, Los Ángeles y Las Vegas, y un restaurante de comida rápida e informal en Nueva York llamado Made Nice. Teníamos también el EMP Summer House en los Hamptons, el EMP Winter House en Aspen y estábamos trabajando en tres proyectos nuevos, dos en Londres y uno en Nueva York. Y, por supuesto, seguía estando el Eleven Madison Park.

Dedicamos varios meses a pensar en cómo hacer una repartición que pudiera funcionar, pero no avanzábamos. Entonces, una noche, acogimos un acto benéfico de una organización dedicada a paliar la precariedad alimentaria y llamada Rethink Food, que había lanzado uno de nuestros antiguos colegas.

La noche fue todo un éxito; el maestro de ceremonias fue Neil Patrick Harris y recaudamos muchísimo dinero para una causa en la que yo creo mucho. Casi al final, una vez servida y retirada la comida, mi amigo Jon Batiste se sentó al piano. Llamé a los miembros del equipo que seguían allí para que salieran de la cocina y todos, yo incluido, nos quedamos en la puerta viendo a Jon cantar seis temas en acústico, el último de los cuales fue una versión absolutamente preciosa del clásico de Louis Armstrong «What a Wonderful World».

Aquella noche llegué tarde a casa. Christina estaba de viaje, así que me serví una enorme copa de vino tinto, como las que se suelen tomar al final de un turno, y puse una grabación de esa misma canción. La escuché unas doce veces seguidas y rellené la copa al menos dos. Cuando iba por la tercera, tenía clarísimo qué era lo «correcto».

En nuestro deseo por aferrarnos a una parte de la empresa que habíamos construido a lo largo de los últimos catorce años, la estábamos rompiendo. Lo «correcto» era permitir que la empresa que habíamos construido juntos permaneciera de una pieza. Lo «correcto», por inconcebible e imposible que pareciera, era que uno de los dos la abandonara del todo.

Un par de meses después, Daniel y yo reunimos al equipo para despedirme.

Yo amaba el Eleven Madison Park. Pero la hospitalidad irracional que habíamos estado ofreciendo no tenía nada que ver con la decoración de la sala ni con las sillas, ni con el arte, ni con la cocina ni con la dirección. El corazón de la empresa era su equipo, el conjunto de individuos de quienes me había rodeado, y el trabajo que habíamos hecho juntos todos los días, cuidándonos entre nosotros y cuidando a quienes servíamos. Siempre estaré orgulloso de todas las tradiciones que creamos, de todas las ideas locas que convertimos en realidad y de las incontables personas a quienes hicimos felices. También sabía que podría hacerlo de nuevo, usando todo lo que había aprendido en el EMP y los principios desarrollados durante los catorce años que había estado allí.

Dejar ir aquello fue difícil. ¡Sigue siéndolo! Pero escribir este libro ha sido una catarsis, revivir aquel viaje y reaprender las lecciones. Ha reforzado mi gran amor por la hospitalidad, tanto en el servicio como en el liderazgo.

La pandemia global nos golpeó pocos meses después de que yo dejara el EMP, y vi cómo algunos de mis amigos y colegas más cercanos lo pasaban mal para mantener sus negocios a flote. Una llamada telefónica hizo que un pequeño grupo lanzáramos la Coalición de Restaurantes Independientes, cuya presión consiguió que restaurantes independientes de todo Estados Unidos recibieran ayudas federales. En un momento en el que, de otro modo, podría haberme quedado al margen, abogué por una industria a la que amo..., con un surrealista viaje a la Casa Blanca incluido.

Y por si Christina y yo no estuviéramos lo bastante ocupados, también dimos la bienvenida a un nuevo miembro de la familia: nuestra hija Frankie, llamada así en honor a su extraordinario abuelo. He pasado gran parte del último año en la mesa de la cocina de mi casa sirviendo a la clienta vip más importante de mi carrera, sentada en una trona.

A medida que el mundo va reabriendo sus puertas, me veo reuniéndome con líderes de muchas y distintas industrias, desde la médica hasta la del lujo, la inmobiliaria y muchas más. Todos reconocen el importante poder que conlleva dar a sus equipos y a sus clientes más de lo que esperan, y todos ellos han decidido ser irracionales en ese objetivo. Todos han tomado la decisión de sumarse a la economía de la hospitalidad, y espero que tú también lo hagas.

Agradecimientos

Escribir este libro ha sido una de las grandes experiencias de mi vida, y mientras hago los últimos retoques en el manuscrito y trabajo en estas últimas páginas, no puedo evitar tomarme un momento para reflexionar sobre lo agradecido que estoy a las muchas personas que han sido importantes para que haya llegado a existir.

Uno de los motivos por los que elegí trabajar en restaurantes fue que no me gusta hacer las cosas solo; siempre funciono mejor cuando formo parte de un equipo. Y en Laura Tucker hallé a la mejor compañera que podría haber soñado para escribir este libro. Me ayudó a extraer todas las ideas locas de mi cabeza y las convirtió en palabras en estas páginas. Su excepcional calidez, su increíble talento y su paciencia inagotable fueron justo lo que necesitaba para avanzar en este proceso. Siempre le estaré agradecido por la infinidad de horas que pasamos juntos dando vida a esto.

Simon Sinek fue el mejor apoyo que podría haber pedido en este viaje. Pasamos un sinfín de días juntos sentados a la mesa y revisando el libro página por página, buscando cualquier pequeña oportunidad de mejorarlo. Me desafió, me inspiró, me animó y me empujó a crear algo de lo que estuviera orgulloso. Que creyera en mí me hizo creer en mí mismo.

Adrian Zackheim y Merry Sun, de Penguin Random House, han sido unos socios increíbles a lo largo de todo el proceso. El interés que suscitaba en ellos lo que yo tuviera que decir me dio la confianza para querer comunicárselo al mundo.

Estaré agradecido eternamente a David Black por estar a mi lado y apoyarme todos estos años. Es una de las personas más amables y cariñosas que conozco, y se convierte en un pitbull cuando es necesario. Me hace muy feliz tenerlo cerca.

Nadie sabe mejor que un restaurador cuántas personas trabajan con denuedo entre bambalinas para hacer realidad una idea. Estoy muy agradecido por el excelente trato que me ha dado el magnífico equipo de PRH y Optimism Press: Kirstin Berndt, Ellen Cipriano, Linda Friedner, Tara Gilbride, Jen Heuer, Katie Hurley, Brian Lemus, Andrea Monagle, Niki Papadopoulos, Jessica Regione, Mary Kate Skehan, Laila Soussi, Margot Stamas, Sara Toborowsky y Veronica Velasco. Su pasión por el oficio y su atención al detalle fueron inspiradoras.

Este libro no existiría sin Danny Meyer, que sentó las bases en mí para que yo construyera mis propias ideas sobre servicio y liderazgo. Él abrió las puertas a muchos de mis compañeros del sector y nos mostró que la hostelería es una profesión en verdad noble.

Tom Clifton dedicó una cantidad extraordinaria de tiempo a brindarme sus puntos de vista, muy reflexivos, algo que mejoró mucho este libro, como lo hicieron numerosas personas increíbles que fueron lo bastante generosas durante el último año para leer y releer este manuscrito mientras me ayudaban a asegurarme de que fuera la mejor versión posible: Kevin Boehm, John Erickson, Seth Godin, Ben Leventhal, Roger Martin y Jann Schwarz.

Tengo la suerte de contar con amigos y antiguos colegas que dedicaron su tiempo generosamente cuando yo daba los últimos pasos de este proceso: Katy Foley y Kate Fraser por correr la voz sobre este libro, y Juliette Cezzar por ayudar a que fuera bello.

Trabajo con un equipo excepcional, Billy Peelle y Natasha McIrvin, que se esforzaron de forma extraordinaria para que nuestra empresa funcionara y yo tuviera tiempo y espacio para centrarme en este libro. Y Michael Forman, Bill Helman y Gaurav Kapadia son socios y apoyos increíbles. Les doy las gracias por su pasión y dedicación y por creer en mí. Me emociona todo lo que hemos construido juntos.

Y no podría estar más agradecido a mi preciosa familia, mi esposa, Christina, y nuestra hija, Frankie, por insuflar vida a mi vida... Os amo con toda el alma, con irracionalidad y sin límite.